本书获中央民族大学少数民族地区经济发展与科技创新研究平台资助

中俄能源合作
年度报告
（2018）

解树江 贾渊培 侯超惠 ◎ 主编

ДОКЛАД О СОТРУДНИЧЕСТВЕ
КНР И РФ В СФЕРЕ ЭНЕРГЕТИКИ (2018)

经济管理出版社
ECONOMY & MANAGEMENT PUBLISHING HOUSE

图书在版编目（CIP）数据

中俄能源合作年度报告（2018）/解树江，贾渊培，侯超惠主编.—北京：经济管理出版社，2018.12
ISBN 978-7-5096-6036-2

Ⅰ.①中… Ⅱ.①解… ②贾… 侯… Ⅲ.①能源经济—经济合作—研究报告—中国、俄罗斯—2018 Ⅳ.①F426.2 ②F451.262

中国版本图书馆 CIP 数据核字（2018）第 288099 号

组稿编辑：张莉琼
责任编辑：张莉琼　许　兵
责任印制：黄章平
责任校对：陈　颖

出版发行：经济管理出版社
　　　　　（北京市海淀区北蜂窝 8 号中雅大厦 A 座 11 层　100038）
网　　址：www.E-mp.com.cn
电　　话：（010）51915602
印　　刷：三河市延风印装有限公司
经　　销：新华书店
开　　本：720mm×1000mm/16
印　　张：16.75
字　　数：279 千字
版　　次：2020 年 1 月第 1 版　2020 年 1 月第 1 次印刷
书　　号：ISBN 978-7-5096-6036-2
定　　价：98.00 元

·版权所有　翻印必究·
凡购本社图书，如有印装错误，由本社读者服务部负责调换。
联系地址：北京阜外月坛北小街 2 号
电话：（010）68022974　　邮编：100836

前　言

　　自中央民族大学中俄能源研究院成立以来，每年组织多位专家学者和研究骨干编撰《中俄能源合作年度报告》。该报告成为中俄能源研究院的重要成果之一，对中俄能源领域年度重大事件和热点问题进行剖析，经过跟踪分析中俄能源行业发展脉络，形成对中俄能源行业发展态势的认识和判断，以此编写《中俄能源合作年度报告》，为政府部门、行业组织、企业及研究机构等了解中俄能源行业发展状况、把握中俄能源行业发展趋势提供参考。

　　《中俄能源合作年度报告（2018）》注重中俄两国能源合作的归纳与总结。在表现形式上，力求通过数据图表更加形象直观地展示我们对2018年中俄能源行业发展的认识，以精练的文字简明扼要地展现中俄能源行业的年度特点和趋势。《中俄能源合作年度报告（2018）》包括中俄文版主报告，5篇专题报告，以及中俄两国当年发布的相关行业发展规划。中俄文版的主报告浓缩提炼了对中俄能源行业发展合作特点和趋势的总体判断。专题报告主要对原油期货、人民币国际化、"一带一路"倡议下的能源合作等问题进行了梳理。值得一提的是，本报告在国内首次全文翻译并发布了《2035年前俄罗斯能源战略规划》，这是研究俄罗斯能源政策走向的重要资料。

　　本报告获得中央民族大学少数民族地区经济发展与科技创新研究平台资助，是基于中央民族大学中俄能源研究院团队科研成果编撰而成，中俄能源研究院是以中央民族大学为依托，以国家发展与改革委员会能源研究所、中国社会科学院国际能源安全研究中心、俄罗斯能源金融研究院、俄罗斯国际科技研究院、中俄国际经贸关系发展协会为共建单位。助力中俄加强全面战略协作伙伴关系，深化两国在能源领域的务实合作，推动"一带一路"建设与"欧亚经济联盟"建设深度对接，打造服务于中俄两国政府能源战略决策和能源政策制定、能源企业合作与发展、能源科学研究与学术交流的高端智库。主报告由贾渊培、龙贺兴、程春华编写完成，专题报告由侯超惠、朱斌斌、马海霞、刘会、杨小宇编写完成，附录中的俄罗斯能源政策由贾渊培、贾汇丽编译完成。

受编者水平所限，书中难免存在不尽如人意之处，真诚地希望能够听到您的意见和建议。

编者

2018 年 9 月

目 录

主报告

中俄能源合作年度主报告（2018）（中文） …………………… 3
中俄能源合作年度主报告（2018）（俄文） …………………… 19

专题报告

俄罗斯能源企业发展状况简析 …………………………………… 53
论石油美元地位的衰退与人民币国际化的推进 ………………… 71
"一带一路"倡议与中国对外能源政策研究 …………………… 83
上海原油期货起源、发展与述评 ………………………………… 95
中国能源业十大上市公司对比分析（2017） ………………… 115

附 录

2035 年前俄罗斯能源战略规划 ………………………………… 145
能源发展"十三五"规划 ………………………………………… 191
石油发展"十三五"规划 ………………………………………… 223
天然气发展"十三五"规划 ……………………………………… 241

主报告

中俄能源合作年度主报告（2018）

贾渊培　程春华　龙贺兴

当前，国际能源格局处于深度调整和剧烈变革时期。美国借助页岩气革命不断提高其在国际油气市场的地位，俄罗斯、欧佩克成员国等传统油气出口国对国际能源市场的影响力受到冲击，中国、欧盟成员国、印度等油气消费国的市场影响力持续提高。油气市场的供应日益多元，卖方市场继续向买方市场转变，油气生产的中心继续西移，油气消费的中心继续东移。能源结构的多元化、清洁化、低碳化转型不可逆转，风电、太阳能、生物质等可再生能源在能源供应和消费中发挥着越来越大的作用。国际能源格局的深刻调整改变国际地缘政治格局，地缘政治和地缘经济之间的互动日趋强化。

国际能源格局转型为中俄能源合作带来机遇与挑战。一方面，俄罗斯外部能源市场遭到其他能源出口国的严峻挑战与挤压，可谓前狼后虎、左险右峻。在石油领域，面临美国、沙特阿拉伯等国竞争；在天然气领域，面临美国、澳大利亚、卡塔尔、中亚国家等对手挑战。西方对俄制裁、页岩油气革命、欧洲能源需求疲软，使俄罗斯在竞争激烈的欧洲能源"红海市场"地位吃紧。面对能源地缘政治经济风险，俄罗斯迫切需要加强对华能源合作。另一方面，中国面临雾霾与气候治理压力（如煤改气等），与美国、中亚国家等能源出口方合作起伏不定，经济转型升级对清洁、安全能源的需求上升，同样具有进一步加强对俄能源合作的动力。

在此背景下，2017年中俄能源合作继续保持高水平发展的良好势头。中俄两国元首年内5次会晤为中俄能源合作打下坚实基础。双方在能源领域的交流机制不断巩固，两国关系发展的根基扎得更深、更实、更牢。俄罗斯连续两年成为中国最大的原油供应国，而中国也成为俄罗斯原油出口国。中俄东线天然气管道、亚马尔液化天然气项目、华电捷宁斯卡娅燃气蒸汽联合循环供热电站项目等中俄能源合作重大项目顺利实施。能源合作继续发挥中俄关系"压舱石"和"稳定器"的作用，为中国能源安全、生态文明建设、供给侧改革提供有力保障。

一、2017年中俄能源合作状况

（一）中俄关系进展为能源合作提供保障

2017年，中俄全面战略协作伙伴关系继续保持高水平发展，不断为两国和两国人民带来实实在在的利益。习近平主席和普京总统保持了年内5次会晤的高频率，特别是2017年5月，俄罗斯总统普京出席了在北京召开的"一带一路"国际合作高峰论坛，对"一带一路"倡议给予高度评价。中俄多家金融机构签署了金融合作协议，俄罗斯央行在中国开设代表处，俄罗斯人民币清算中心在莫斯科启动。两国在边境贸易与资源开发、生产加工、商贸物流、电子商务等领域合作项目也相继实施。两国跨境铁路桥和大型交通走廊建设稳步推进。中国长江中上游地区和俄罗斯伏尔加河沿岸联邦区、中国东北地区和俄罗斯远东地区的地方合作如火如荼。两国成功举办"国家年""语言年""旅游年""青年友好交流年"，进一步增进了两国人民相互了解和友谊，使两国民众对彼此好感度持续攀升。据俄罗斯最新民调显示，中国是俄罗斯最友好国家之一。双方在二十国集团、亚太经合组织、金砖国家、上海合作组织、亚信、中俄印等机制内广泛开展合作，包括推进全球经济治理，提高新兴市场国家（地区）和发展中国家发言权和代表性，推进区域经济一体化，促进经济创新发展，打击国际恐怖主义，维护国际信息和外空安全，共同应对气候变化等。"一带一路"建设和欧亚经济联盟建设战略对接已取得早期收获。中俄能源合作是两国务实合作全方位丰硕成果的重要组成部分，助推中俄全面战略协作伙伴关系继续保持高水平运行。

作为俄罗斯多年来的第一大贸易伙伴国及全面战略协作伙伴，中国与俄罗斯的经贸合作一直务实推进。据海关总署数据显示，2017年中俄两国贸易总额达到了840.71亿美元，这一金额比2016年增加了20.8%，且中国连续7年成为俄罗斯最大的贸易伙伴。其中，中国对俄罗斯出口总额为428.76亿美元，同比增长14.8%；中国自俄罗斯进口总额为411.95亿美元，同比增长27.7%。2014年，中俄贸易额曾达到900多亿美元，但之后能源危机、卢布贬值等打击让俄罗斯经济陷入困境。受此影响，中俄贸易额大幅下滑，仅2015年，因原材料价格暴跌，中俄双边贸易额下降约1/3。不过，这一局面在2017年得到扭转，中俄双边贸易无论是数量还是质量，都取得较大提升；其中，贸易增长在

2017年前三个季度就达到25%。中俄双边贸易的快速回升对俄罗斯经济发展非常重要，促进了俄罗斯经济从2017年开始走出衰退泥潭。

（二）2017年中俄能源贸易状况

1. 石油贸易进展

2017年，俄罗斯连续两年成为中国最大原油进口来源国。俄罗斯2017年全年对中国的整体原油销售量同比上涨13.9%，至5980万吨，出口额237.2亿美元，同比增长40.3%。居于俄罗斯之后的中国石油进口来源国为沙特阿拉伯和安哥拉，进口量分别为5218万吨和5042万吨。2017年中国约占俄罗斯原油出口的23.5%，为俄罗斯最大的原油出口对象，连续五年保持了年均3个百分点的高速增长。2017年，俄罗斯石油产量5.468亿吨，日均1098.1万桶，同比增长0.1%，其中，石油出口收入933.06亿美元，同比增长26.6%，出口量为2.526亿吨，同比下降0.8%；油品出口1.484亿吨，同比下降4.9%；创汇82.244亿美元，同比增长26.8%。

来自俄罗斯的石油有效缓解了中国国内石油减产带来的压力。2012年以来，中国原油生产基本稳定，近两年虽略有减产，但仍保持在1.9亿吨以上。中国国家统计局数据显示，2017年中国原油产量19151万吨，比上年下降4.1%，降幅较上年收窄2.8个百分点。2017年中国石油进口依存度升至72.3%，包括原油、成品油、液化石油气和其他产品在内的石油净进口量达4.188亿吨，比2016年上升10.7%。中国继续作为第一大石油进口国和第二大石油消费国。

俄罗斯出口至中国的原油量呈逐年上升态势，得益于东西伯利亚和远东的油田项目发展、石油运输基础设施改善和签订长期原油供应协议等诸多有利因素。在中国石油需求量继续攀升的情况下，2017年扩大连接新油田的输油管道基础设施建设按计划运行。2017年开工的新项目在未来的几年里将增加新的供应量。供应中国的俄罗斯原油主要是通过中俄原油管道实现运输，目前泰舍特—斯克沃尔基诺管道年输油能力5800万吨，其中，斯克沃尔基诺—库兹明诺年输油量3000万吨，斯克沃尔基诺—漠河年输油量2000万吨。未来几年，太平洋原油管线将全线提升输送量，斯克沃尔基诺—漠河年输油量已提高到3000万吨，到2020年泰舍特—斯克沃尔基诺管道年输油能力提高到8000万吨，到2020年斯克沃尔基诺—库兹明诺年输油量提高到5000万吨。这将进一步提升俄罗斯对中国市场的原油供给数量。

2. 天然气贸易进展

2017年中国共计进口天然气955.47亿立方米，同比增长26.99%，对外依存度达到38.43%，主要进口国为土库曼斯坦、卡塔尔、澳大利亚等国家。俄罗斯2017年天然气产量6905亿立方米，同比增长7.9%；出口2102亿立方米，同比增长5.7%；为俄罗斯创汇381亿美元，同比增长22.1%。然而，中国目前仅从俄罗斯进口少量的LNG。2017年中俄两国LNG贸易量44.5万吨，仅占中国天然气进口总量的0.67%。2017年俄罗斯天然气出口至中国的份额仅占其出口量的0.3%。除了中俄天然气管道（西伯利亚力量）还未完工之外，大规模供应中国LNG的"亚马尔LNG"项目也刚刚投产，还未达到预期的出口量。2017年底，作为"一带一路"倡议提出后实施的首个海外特大型项目和中国在俄最大投资项目，亚马尔项目第一条液化天然气生产线正式投产，第二条、第三条生产线将陆续投产。俄罗斯"西伯利亚力量"输气管道预计2019年底将向中国开始供气。

2017年，中国天然气的生产和进口量呈现双升态势。受《京津冀及周边地区2017年大气污染防治工作方案》等相关政策以及煤炭消费减量替代、工业和民用"煤改气"工程全力推进等因素影响，国内天然气消费需求旺盛，拉动天然气产量快速增长。国家统计局发布的数据显示，2017年，中国天然气产量1480.3亿立方米，比上年增长8.2%，增速较上年加快6.5个百分点；与2012年相比，产量增加374.3亿立方米，年均增长6.0%。中国天然气进口持续快速增长。2017年，中国天然气进口946.3亿立方米，比上年增长26.9%；进口量与国内产量之比由2012年的0.4∶1扩大到0.6∶1。

3. 电力贸易进展

2017年俄罗斯出口中国电力总量为31亿千瓦时，占俄罗斯出口电力总量22%，占中国进口电力总量（83.84亿千瓦时）的35%。2017年累计中国发电量为62758.2亿千瓦时，同比增长5.7%。俄罗斯2017年总发电量为1.07万亿千瓦时，同比增长0.2%。尤其值得一提的是，2017年6月20日，中国和俄罗斯合资建设的华电捷宁斯卡娅燃气蒸汽联合循环供热电站项目在雅罗斯拉夫尔市投产。该项目额定总装机容量483兆瓦，工程总投资约5.7亿美元，设计年发电量30.2亿千瓦时，年供热量81.4万吉卡，是目前中国在俄罗斯最大电力能源类投资项目。该项目是中俄两国电力能源领域合作的示范项目，填补了当地用电缺口，成为了当地经济社会发展的新引擎。

4. 煤炭贸易进展

中国从俄罗斯的进口煤种比较齐全，2017年煤炭进口量近2807万吨，同比增长51.2%，是增速最快的国家。中国市场占俄罗斯煤炭出口总量（1.85亿吨）的15.2%，而俄罗斯进口煤炭占中国进口煤炭总量的10%，位于印度尼西亚、澳大利亚、蒙古之后第四位。2017年，中国进口煤炭27090万吨，同比增加1547万吨，增长6.06%。全年煤炭平均进口价格566.86元/吨，较上年进口均价367.32元/吨，增加了199.54元/吨，同比增长54.3%。近年来中国煤炭进口量走势，2013年达到峰值3.27亿吨，之后逐年下滑，至2015年跌至谷底2.04亿吨，2016年，借国内煤炭供给侧改革之势，进口煤量反弹至2.55亿吨，同比增速高达25.2%。2017年，虽然增速大幅放缓，进口煤总量仍然突破2.7亿吨。

二、2017年中俄能源合作成就

（一）中俄两国元首年内5次会晤为中俄能源合作打下坚实基础

2017年中俄元首保持了年内5次会晤的高频率。特别是2017年5月，俄罗斯总统普京出席了"一带一路"国际合作高峰论坛，对"一带一路"倡议给予高度评价，两国元首再次强调"一带一路"倡议与欧亚经济联盟建设对接的重要性和必要性，双方围绕"一带一路"合作的规划、部署和互动备受瞩目。2017年7月初，习近平主席成功访俄，两国元首签署了《中俄关于进一步深化全面战略协作伙伴关系的联合声明》，批准了《中俄睦邻友好合作条约》新的实施纲要，对中俄关系发展作出了全面规划。两国元首在随后的德国汉堡G20峰会、中国厦门金砖峰会和越南岘港亚太经合组织第二十五次领导人非正式会议期间分别举行了会晤，就深化中俄全面战略协作伙伴关系达成许多重要共识。为中俄能源领域的务实深入合作打下坚实政治基础。

（二）张高丽与俄罗斯副总理德沃尔科维奇举行中俄能源合作委员会第十四次会议

9月20日，国务院副总理、中俄能源合作委员会中方主席张高丽20日在北京与俄罗斯副总理、委员会俄方主席德沃尔科维奇举行中俄能源合作委员会第十四次会议。

张高丽表示，在习近平主席和普京总统的亲自关注和推动下，中俄能源合作稳步发展，不断取得新成果。双边能源贸易成绩显著，俄罗斯是中国第一大原油进口来源国、第一大电力进口来源国和第五大煤炭进口来源国。中俄东线天然气、亚马尔液化天然气等能源领域重大合作项目积极推进，合作领域和方式不断拓展创新。中俄能源合作取得的丰硕成果，为巩固和发展中俄全面战略协作伙伴关系注入强劲动力。双方要继续努力，推动两国能源合作取得更多实际成果，助力两国发展振兴。

德沃尔科维奇表示，近年来，俄中全面战略协作伙伴关系保持高水平发展，两国高层交往频繁，政治互信不断深化，在涉及彼此核心利益问题上相互坚定支持。在双方共同努力下，能源领域合作进展顺利，成果显著。俄方愿同中方一道，进一步加强包括能源领域在内的全方位合作，推动双边贸易和投资合作稳步发展。

会议期间，双方就天然气、石油、电力、煤炭、核能、新能源、标准互认等领域合作深入交换意见，一致认为要切实落实两国元首达成的能源领域合作共识，充分发挥好中俄能源合作委员会机制作用，实施好能源领域战略性大项目，加强标准对接、能源技术装备、工程建设等非传统领域合作，不断提高两国能源合作水平。

（三）亚马尔项目第一条生产线投产

12月8日，被誉为"北极圈上的能源明珠"的中俄能源合作重大项目——亚马尔液化天然气项目正式投产，这个项目是目前全球在北极地区开展的最大液化天然气工程。马哲睿号冰级LNG（液化天然气）运输船破冰前行，首船LNG共17万立方米，相当于中国2.3亿人口一天用气量。

亚马尔项目是"一带一路"倡议提出后实施的首个海外特大型项目，也是中国在俄最大投资项目。亚马尔项目实现了丝绸之路直通北极，一期工程正式投产标志着极地天然气将成为未来全球能源新的增长点，亚洲尤其是中国将成为重要的目标市场，全部投产后，每年将有超过400万吨LNG运往中国。亚马尔北气南下后，世界LNG市场竞争将更加激烈。专家预测，到2040年全球天然气需求量增长40%以上，液化天然气增长率可达70%左右。

（四）中俄原油管道二线工程实现整体贯通

11月12日，中俄原油管道二线工程完成最后一道焊口，实现整体贯通。中俄二线原油管道全长941千米，管径813毫米，起于黑龙江省漠河县漠河首站，止于大庆市林源末站，过境中国最北点的北纬53度，与2011年投产的漠大原油管道并行敷设。工程由中国石油管道公司建设并管理，于2016年8月13日开工。按照中俄双方合同，将于2018年1月1日投入商业运营。

这条管道与漠大原油管道和在建的中俄东线天然气管道共同构成中国东北能源战略通道。按照合同，俄方将在前期向中国年出口原油 1500 万吨的基础上，再增加年出口 1500 万吨。中俄二线原油管道投产后，将承接每年新增的 1500 万吨俄方原油。2018 年 1 月 1 日起，中国从东北方向通过陆上管道每年引进的俄油将达到 3000 万吨。

（五）中俄东线天然气管道工程境内段全面加速建设

12 月 13 日，随着中俄东线黑河—长岭段 11 个点段同时打火开焊，中俄东线天然气管道工程境内段全面加速建设。中俄东线天然气管道工程于 2015 年 6 月开工建设，将分期建设北段（黑河—长岭）、中段（长岭—永清）和南段（永清—上海），预计 2019 年 10 月北段投产，2020 年底全线贯通。

中俄东线天然气管道工程起点位于黑龙江省黑河市的中俄边境，途经黑龙江、吉林、内蒙古、辽宁、河北、天津、山东、江苏、上海 9 个省区市，终点为上海市，全长 3371 公里，是中国目前口径最大、压力最高的长距离天然气输送管道。这一工程对带动中国钢铁冶炼、制管、装备制造等基础工业的发展将产生积极推动作用，也将有力推动中国国内气田、管道、储气库、天然气利用项目等上中下游产业链协同发展。

中俄东线天然气管道工程建成投产后，每年将从俄罗斯引进 380 亿立方米天然气。这对提升中国清洁能源供应量，优化能源结构，实现节能减排，改善大气环境等，都将产生积极而深远的影响。

（六）中俄合作阿穆尔天然气加工厂开工建设

8 月 3 日，位于俄罗斯远东地区、临近中国黑龙江省的阿穆尔州斯沃博金区，中俄合作的阿穆尔天然气加工厂，在施工现场举行了开工仪式。俄罗斯总统普京亲自参加了仪式并致辞。在听取了俄罗斯天然气公司总裁米勒的汇报，同天然气来源地萨哈（雅库特）共和国的恰扬金气田工作人员视频连线后，普京宣布：项目开工。

阿穆尔天然气加工厂建设共分三个标段，均由中方企业以投标方式参加。3 日的开工仪式，也是 P1 标段的正式动工。根据规划，阿穆尔天然气加工厂项目建成后，设计能力为年加工天然气 420 亿立方米，年产氦气 600 万立方米。建成后，它不仅是俄罗斯最大的天然气处理厂，也将成为世界最大的天然气处理厂之一。不过，阿穆尔天然气加工项目的战略意义不止于此。它是中俄天然气管道东线建设项目的源头，这也是被俄罗斯总理梅德韦杰夫称为"世界上最大的能源合作项目之一"。

（七）中俄合资华电捷宁斯卡娅燃气蒸汽联合循环供热电站项目投产

6月20日，中国和俄罗斯合资建设的华电捷宁斯卡娅燃气蒸汽联合循环供热电站项目投产仪式在俄罗斯雅罗斯拉夫尔市举行。该项目额定总装机容量483兆瓦，工程总投资约5.7亿美元，设计年发电量30.2亿千瓦时，年供热量81.4万吉卡，是目前中国在俄罗斯最大电力能源类投资项目。俄罗斯能源部副部长莫洛佐夫表示，电站投产见证了俄中两国合作的快速发展，希望有更多项目惠及民生。

华电捷宁斯卡娅电站由中国华电香港有限公司与俄罗斯第二地区电力股份公司共同投资建设，是中俄两国在俄罗斯能源发电领域接受中国银行项目直接投资的第一个合作项目。该项目于2013年9月正式动工。该项目的建成是中俄在电力能源领域合作取得的重要成绩。这一标杆项目也将为深化两国能源领域合作注入强劲动力。

雅罗斯拉夫州代州长米罗诺夫表示，这一项目是该州发电量最大的电站，在填补当地巨大用电缺口的同时，还为当地创造了140多个专业技术岗位。他认为，项目的顺利投产为俄中两国在电力领域合作提供了新的机遇，具有典型的示范意义。

（八）中俄煤炭工作组第五次会议在京召开

9月19日，中俄煤炭工作组第五次会议在北京召开。中方组长国家能源局副局长王晓林和俄方组长俄罗斯能源部副部长亚诺夫斯基共同主持会议并讲话。

王晓林表示，双方煤炭部门积极贯彻两国元首指示，坚持密切交往、加深理解、强化信任、扩大合作，达成了一系列重大合作协议，取得了显著的合作成果。在新的历史条件下，双方应着眼长远、脚踏实地，继续深化提高煤炭领域多层次、多主体的务实合作，共同开创中俄煤炭领域合作长期健康发展的新局面。

亚诺夫斯基表示，煤炭是中俄能源合作的重要组成部分，双方在煤炭合作方面取得积极进展。加强和推进两国煤炭领域合作，符合双方共同利益。俄方将高度重视并积极推动中俄煤炭领域合作开拓新水平。

（九）北京燃气完成收购俄油上乔纳斯科油气田开发公司20%股权

6月29日，北京燃气与俄罗斯石油公司完成了收购上乔纳斯科油气田开发公司20%股权的交割。俄罗斯石油公司下属的上乔公司负责开发的位于伊尔库茨克州的上乔油气田,是西伯利亚东部最大的油气田之一。拥有原油地质储量约7.9亿吨,可采储量约2.1亿吨,天然气地质储量约1722亿立方米,可采储量约967亿立方米。目前,上乔油田已进入成熟开发阶段,年产原油约850万吨,天然气田计划于2021年投入开发生产,预计年产30亿立方米天然气,通过在建的"西伯利亚力量"管道输往中国。

北京燃气介绍,上乔项目双方仅谈判就有50余次,北京燃气内部讨论会60余次,审阅文件13758个,共计651528页资料,其中,翻译材料600余万字。从项目启动至签约前后经历了7个多月的时间,最终北京燃气与俄罗斯石油公司达成共识。

三、中俄能源合作面临的挑战

2017年中俄能源合作进展显著,日益深入。然而,中俄能源合作的水平、形式和内容,与中俄两国分别作为全球最大能源消费国和全球最大石油生产国之一的地位相比,与中俄两国紧密的"政热"关系相比,与同样具有毗邻和市场优势的欧盟相比,都有待提升:中俄能源合作以能源贸易为主,而能源贸易又主要采取"贷款换石油"的方式,合作模式亟待从能源贸易为主转向贸易和项目共同投资、合作开发并重;中俄能源合作大多停留在初级原料进出口贸易和基础设施建设,页岩油气、核能、新能源、特高压输电等方面的技术研发与投资合作仍显不足,投融资、技术研发、勘探、开采、运输等领域的合作空间仍很巨大;油气价格分歧难以消除,甚至影响到了西线输油管道的开启。中俄能源合作面临的挑战主要包括:

(一)中俄互信有待进一步加强

当前,中俄关系继续处于历史最好时期,高层互访频繁、合作水平不断提升、国际事务方面配合紧密、人文交流蓬勃发展,但两国的"政热"紧密程度远远高于包括能源合作在内的经济合作程度。表现在能源合作方面,中俄双方合作意向较多,签署的不具法律约束力的备忘录和框架协议也较多,最终签署合同并付诸实施的项目则相对较少。中俄两国的地缘关系是制约中俄能源深层次合作的重要原因。中俄两国面临的地缘政治压力是两国政治互动频繁的共同利益基础,但这种外部的地缘政治压力并没有能够完全抵消两国之间的地缘政治压力。作为相互毗邻且都有伟大抱负的大国,中俄两国内部不少人士对两国能源合作不可避免地存在猜疑、戒备和防范心理，这增加了两国能源合作的复杂性、脆弱性和不确定性。

油气资源是俄罗斯外交的武器。俄罗斯倾向于把中俄能源合作置于整体能源战略和地缘战略中考虑，强调对外能源合作需要同时为经济利益和地缘政治利益服务。虽然中俄双方成立了中俄能源合作委员负责双边能源事宜，但由于缺乏长期、框架性的能源合作长期规划，中俄能源合作极易受到地缘政治、俄罗斯内部政治博弈等内外部因素的扰动。俄罗斯"能源外交"的特性使其能源政策和供应缺乏稳定性，能源出口政策的频繁调整阻碍了中俄双方将潜在的经济互补转化为实实在在的经济合作。

俄罗斯对华能源合作战略处于矛盾的心态，一方面希望在管道线路选择、价格等关键议题方面掌握主导权，另一方面又不愿意失去中国这个庞大的消费市场。例如，亚马尔 LNG 项目投资巨大、技术标准极高，要求中方应对竞争风险、价格风险、资金风险等挑战。俄罗斯中国问题专家认为，俄罗斯企业似乎并不急于吸引投资，而更愿意申请贷款。俄罗斯资源部代表在内的专家对吸引中国企业参与有关建设和资源开采等方面的项目表示担忧。他们认为，这种合作会对环境造成严重污染，甚至导致吸引外资和保护环境的支持者之间发生激烈冲突。"预付款""石油换贷款"的形式容易使中俄能源合作处于被动地位，难以主动应对地缘环境和国际能源市场的风险和保障自身权益。

（二）国际地缘竞争和能源格局变化带来新的不确定性

中俄能源合作不仅受到双方国家内部政治经济情况和能源战略的影响，也受到国际能源形势、周边国家能源供需及地缘战略的影响。最为典型的是，经济制裁或者经济困难往往成为俄罗斯寻求中俄能源合作的"契机"。页岩气革命、欧盟对俄经济制裁、欧盟能源多元化政策等因素减少了欧洲对俄罗斯油气的需求量，加上俄罗斯国内宏观经济不断恶化，俄罗斯面临巨大的能源战略转向压力。这坚定了俄罗斯对外能源"向东看"政策，推动能源出口多元化。《2020 年前俄罗斯能源战略》《2030 年前俄罗斯能源战略》都提出了重点开拓东方的能源路线。2017 年，俄罗斯"向东看"政策效果显著，俄罗斯向亚太地区国家出口的液化天然气达到 154.8 亿立方米，比 2016 年增长了 5.3%。中俄能源合作近些年取得的进展，如东线天然气管道工程、亚马尔项目、中俄原油管道二线工程，就受益于国际地缘政治和国际能源格局带来的积极变化。

然而，地缘政治经济形势的新变化有可能使中俄战略互信和能源合作变得脆弱。欧盟外交事务委员会官员本·犹大（Ben Judah）表示："欧盟官员以及精英阶层在内部讨论中曾多次提出通过对俄罗斯远东地区进行投资制衡中国影响的话题。目前，西方达成完全共识，即'我们必须确保俄罗斯不会将自己的经济主权交与雄心勃勃的中国。必要时应当伸出援手或进行投资，使远东地区不会成为北京的势力范围。'"

美国页岩气革命对全球能源格局的重塑仍在持续，俄罗斯的对外能源战略尚存在不确定性，这给中俄能源合作带来了变数。在国际油气市场日益由"卖方市场"向"买方市场"转变的背景下，俄罗斯等"卖方"面临在对手如云的市场如何顺利出口销售油气并获得足够盈利的难题。俄罗斯目前已探明的天然气储量（约50.2万亿立方米）已经过剩，储量的增加已可使开采量每年增加1.3万亿立方米。俄罗斯油气业者联盟首席专家鲁斯塔姆·坦卡耶夫指出："俄罗斯甚至无法保证目前每年6000亿立方米天然气产量的销路。"这主要是由俄罗斯天然气工业公司对欧洲出口萎缩造成的。俄罗斯天然气在欧洲售价最高（2016年均价为402美元/千立方米），但欧洲消费者正努力削减需求。削减量最大的是乌克兰，该国已将申购量从采购合同中的520亿立方米减少到实际的200亿立方米。下游油气滞销难免影响上游勘探开发领域的投资。为此，俄罗斯推动能源出口多元化，中国也推动进口能源多元化。随着"一带一路"布局展开、中巴经济走廊建设与瓜达尔港的开通运营、中国新能源技术的发展与运用，加上国际能源向买方市场的转变，有可能使中国对俄罗斯油气的依赖程度降低，缓解中俄能源合作的紧迫性。

美国是中俄能源合作的主要供应端竞争者。在地缘战略上，美国担心中俄能源合作会进一步强化中俄战略伙伴关系，威胁美国在亚太地区的影响；在能源战略上，美国希望增加对华能源出口，降低中国对俄罗斯油气资源的依赖。2017年中国从美国进口天然气29.2亿立方米，而2016年进口仅为4.9亿立方米，一年增幅达6倍，中国成为仅次于墨西哥、韩国的美国天然气第三大进口国。美国的"页岩气革命"以及放松对外油气出口限制为中美能源合作提供了新的空间。中美在液化天然气领域的合作可以为中国提供新的进口天然气来源选择，有利于中国在进口天然气长期协议价格谈判方面提高议价能力。

日本、韩国、印度等亚洲国家是中俄能源合作的主要需求端竞争者。上述国家都存在与俄罗斯开展能源合作以保障能源安全和能源多元化的需求，这必然会引起上述国家与中国在能源投资和管道输送等方面的竞争，中俄能源合作的外部环境复杂化（尤立杰，2018）。中国、日本、韩国、印度都是能源稀缺国，从地缘政治、地理位置、运输安全、能源政策等角度来讲，对俄罗斯能源都有较大的需求。中国、日本、韩国、印度历史问题、领土争端复杂，并未形成区域性的统一能源市场，俄罗斯倾向于采取双边谈判的方式来供应亚洲市场，而不是试图在亚洲建立如欧亚经济联盟整体秩序的构想。这一方面可以增加俄罗斯的讨价还价能力，另一方面，也可以从地缘政治和外交方面牵制亚洲各国。这使得各国与俄罗斯的能源合作都面临着激烈的竞争。21世纪初的中日俄石油管线之争就是一个典型的例子。东亚地区政治经济博弈复杂，中俄能源合作难以避免出现类似于日本搅局中俄原油管道建设的情况（张国宝，2018）。随着俄罗斯战略东移和扩大亚太地区油气出口数量，有可能加大中国、日本、韩国、印度等主要油气消费国之间对油气进口份额的竞争。例如，日本有可能会继续利用资金和技术优势拉拢俄罗斯，同俄罗斯签订一系列的油气开发项目，与中国争夺俄罗斯的油气资源。

（三）投资环境有待优化

能源贸易容易受到国际地缘政治、国际能源格局以及俄罗斯国内政治的影响，但共同投资与技术合作则依赖稳定和良好的投资环境。近年来，中俄能源合作不断从单纯的能源贸易向上、中、下游领域拓展，例如亚马尔项目建设、中俄合作阿穆尔天然气加工厂建设、华电捷宁斯卡娅燃气蒸汽联合循环供热电站项目投产等。然而，远东、东西伯利亚、北极等地区将成为中俄油气资源合作的主要产区，但这些地区人烟稀少、环境恶劣、基础设施缺乏，开发新的油气资源需要建设新的开采设施和输送管道（徐洪峰和王海燕，2017）。俄罗斯在勘探开发、管道修建等方面需要技术与资金支持，而中国企业可以进入弥补，将合作领域延伸至产业链的上、中、下游。俄罗斯能源产业的垄断特征和政治特征不利于中俄两国在能源产业的上、中、下游开展合作。俄罗斯能源相关法律法规修改频繁，能源政策缺乏稳定性和连续性，降低了中国企业投资俄罗斯能源市场的积极性与可行性（徐洪峰，2016）。俄罗斯的官僚主义、腐败问题严重影响了中国对俄罗斯能源领域的投资环境。加上俄罗斯政府对能源产业的控制和能源安全的担忧，增加了中国企业进入俄罗斯能源中、上游领域的难度。

此外，中国的油气公司在俄罗斯投资较晚，投资经验和信息相对缺乏和分散，中国企业在与欧盟成员国、日本等国家的竞争中容易处于劣势地位。加上中国企业对俄罗斯国内能源战略和政策缺乏系统了解，难以对瞬息万变的油气市场和复杂的投资环境做出准确判断和应对决策，一定程度上制约了中俄在项目投资和技术合作领域的合作进程。

四、中俄能源合作展望

(一) 制定实施中俄能源战略长期合作规划

中国要充分利用地缘政治和国际能源格局调整的有利契机，将庞大的能源市场和消费能力转化为中俄能源合作的优势，推动尽快制定中俄能源战略长期合作规划，以抵消国际地缘政治和国际能源格局的不确定性和中俄互信的不足。页岩气革命、新能源革命导致能源生产中心西移，形成了油气生产中心中东、俄罗斯、北美三足鼎立的格局。以中国、印度、日本、韩国为代表的亚洲能源市场消费强劲，正使能源消费中心东移。国际石油市场将长期进入买方市场，这给作为全球最大原油进口国的中国带来了机遇，可以更好地利用市场权力提升油气供给稳定性和定价话语权。战略向东移是俄罗斯的长期能源战略，即"面向西方，又面向东方"，以期在开辟亚太新市场、实现能源出口多元化的同时，促进俄罗斯远东地区的社会经济发展。但欧美经济制裁加剧了俄罗斯天然气需求和投资不足的问题，不利于俄罗斯抢抓全球天然气市场快速增长的机会。加上中国坚定不移地推动能源进口多元化，如增加中亚能源进口，来倒逼和促进中俄能源合作，因为，俄罗斯也不想失去中国这个庞大的市场。能源消费中心东移和俄罗斯能源"向东看"战略将对推动制定中俄能源战略长期合作规划创造良好的外部条件（富景筠和张中元，2016）。

推动制定中俄能源合作的战略性和纲领性文件，引领和保障高水平的中俄能源合作。长期合作规划可以进一步扩大两国在油气管道建设、勘探开发、炼化加工、工程技术服务、设备进出口等方面的全方位合作。鼓励中国能源企业参与俄罗斯境内上游气田开发，而俄罗斯能源企业参与中国境内的天然气销售，双方合资建设中俄天然气管道，实现双方优势互补、利益捆绑，将中俄双方的能源合作层次从简单的贸易模式提升至相互投资模式。通过签订中俄能源战略长期合作规划，使中俄能源合作机制化和规范化，将合作中可能出现的风险和利益冲突降低到最小。同时，推动东亚地区能源共同体建设，协调各方利益，避免恶性竞争。

(二) 打造更多示范项目引领高水平合作

全力建设亚马尔LNG项目、中俄东线天然气管道工程、阿穆尔天然气加工厂、华电捷宁斯卡娅电站等现有示范项目，为中俄双方在能源领域积累了投资、建设、管理经验。这些项目作为中俄能源深合作的"试验田"，不仅扩大了中国企业进入俄罗斯的油气开发和精炼领域，有助于打消部分俄罗斯人士成为中国单纯的"资源输出国"的疑虑，也承担着探寻中国企业进入俄罗斯中上游领域的可复制、可推广经验的使命。中国应该充分整理、总结、利用亚马尔 LNG、中俄东线天然气管道工程、阿穆尔天然气加工厂、华电捷宁斯卡娅电站等项目的经验和教训，打造更多的中俄能源合作示范项目。能源贸易只是能源合作中较为初级的阶段，要借鉴中俄在天津炼化厂和亚马尔气田液化天然气项目中的合作模式，通过向俄罗斯企业开放一定程度的下游炼化与销售产业，换取俄罗斯在勘探开发、运输等中上游领域向中国企业开放，从而深化中俄能源上下游产业链的合作。同时，推动中俄两国达成新的管线建设协议，进一步提升能源运输能力。例如，可以谋划经过新疆、北通远东及新西伯利亚、南至印度的纵跨欧亚大陆中部的油气管线建设。

（三）推动中俄能源研究平台联盟建设

在"一带一路"与欧亚经济联盟人文领域对接合作的框架下，加强中俄能源研究平台联盟建设。中国与俄罗斯能源相关的研究机构主要集中在社科院、大学、企业、民间等不同的系统，研究队伍庞大，力量分散，尚不能完全满足政府和企业的需求。双方亟须整合分散在社科院、大学、企业、民间等不同系统的研究资源存量，加强分工协作，形成合力，推动中俄能源研究不断走向深入。各研究机构可以通过开展联合调研、联合课题攻关等方式，探索研究平台建设，鼓励"请进来"和"走出去"，深化中俄能源交流，增强中俄能源合作水平。同时，鼓励中资企业、学术机构、非政府组织与俄罗斯相应官、产、学机构开展合作，加强对俄罗斯能源及其投资环境的系统考察和研究，包括俄罗斯的油气资源数量、质量、分布、开发利用现状、潜力，以及俄罗斯的法律、政策、人文、经济、监管体制等。促进双方能源研究机构加强能源政策和行业发展的研究，定期召开研讨会、互派访问学者或进行联合课题研究，为两国政府相关部门和企业界的务实合作提出参考建议。

参考文献

[1] 冯玉军.国际能源战略格局新变化与中俄能源合作.欧亚经济，2018（3）.

［2］富景筠，张中元．世界能源体系中俄罗斯的结构性权力与中俄能源合作．俄罗斯东欧中亚研究，2016（2）．

［3］许勤华．俄罗斯在国际能源格局中的地位变化及未来趋势．欧亚经济，2018（3）．

［4］徐洪峰．普京第三任期以来中俄能源合作新进展及潜在障碍．俄罗斯东欧中亚研究，2016（6）．

［5］徐洪峰，王海燕．中俄能源合作的新进展及存在的制约因素．欧亚经济，2017（1）．

［6］杨洋，董锁成，李泽红．中蒙俄经济走廊背景下中俄能源合作进展、驱动力、挑战及对策．资源科学，2018（2）．

［7］尤立杰．中俄能源产业合作动因、风险及路径选择——以亚马尔LNG项目为例．国际经济合作，2018（4）．

［8］张国宝．中俄原油管道十五年谈判纪实．中国经济周刊，2018.1.8.

Доклад о сотрудничестве Китайской Народной Республики и Российской Федерации в сфере энергетики (2018)

Цзя Юаньпэй Чэн Чуньхуа Лон Хэсин

В настоящее время Международный энергетический ландшафт находится в период глубокой перестройки и драматических перемен. США увеличили свои позиции на международном рынке нефти и газа с революцией сланцевого газа, и влияние традиционных экспортеров нефти и газа, таких как Россия и члены ОПЕК на международном энергетическом рынке был хит, и влияние рынка Китай, Европейский союз и Индия, а также другие потребители нефти и газа продолжают совершенствоваться. Поставки на нефтегазовый рынок с каждым днем стали станрвиться все более диверсифицированными, рынок продацов продолжил постепенно превращаться в рынок покупателя с предложением, преребладающим над спросом. Центры добычи нефти и газа продолжили сдвигаться на запад, а центры потребления нефти и газа продолжили сдвигаться на восток. Трансформация структуры энергетики в сторону диверсификации, большей чистоты и низкого содержания углерода стала необратимой, а такие возобновляемые источники энергии, как энергия ветра, солнечная энергия и энергия биомасс, стали играть все более важную роль в энергоснабжении и потреблении. Кардинальное переустройство структуры международной энергетики изменило и международную геополитическую структуру, а взаимодействие между геополитикой и геоэкономикой, в свою очередь, усилилось.

Трансформация международного энергетического ландшафта принесла возможности и вызовы российско-китайскому энергетическому сотрудничеству. С одной стороны, внешний энергетический рынок России серьезно оспаривается и сжимается другими экспортерами энергоносителей. На нефтяном месторождении он сталкивается с конкуренцией со стороны США, Саудовской Аравии и других стран. В области природного газа, США, Австралии, Катара, стран Центральной Азии бросилн вызов России. Западные санкции против России, сланцевая нефть и газовая революция и слабый спрос на энергоносители в Европе наносят напряженность позиции России на высоко конкурентном энергетическом рынке Красного моря в Европе. Сталкиваясь с геополитическими и экономическими рисками энергетики, Россия срочно нуждается в укреплении энергетического сотрудничества с Китаем. С другой стороны, Китай сталкивается с давлением дымки и климат-контроля (таких, как уголь на газ и т. д.), и его сотрудничество с США, странамн Центральной Азии и другими экспортерами энергии колеблются; растущий спрос на чистую и безопасную энергетику в сфере экономических преобразований и модернизации также имеет право на дальнейшее укрепление энергетического сотрудничества с Россией.

В этом контексте положительная динамика развития китайско-российского энергетического сотрудничества в 2017 году продолжила поддерживаться на высоком уровне. Пять встреч, которые были проведены между главами Китайской Народной Республики и Российской Федерации в течение года, заложили прочную основу для китайско-российского энергетического сотрудничества. Механизмы обмена опытом между двумя сторонами в области энергетики постоянно совершенствуются, а основа для развития двусторонних отношений стала еще более прочной и надежной. Два года подряд Россия становилась крупнейшим поставщиком сырой нефти в Китае, а Китай, в свою очередь, становился крупнейшим импортером нефти в России. Россия и Китай успешно осуществили такие крупномасштабные совместные проекты в сфере энергетического сотрудничества, как строительство китайско-российского газопровода по восточному маршруту, Ямал СПГ, Хуадянь-Тенинской ТЭЦ комбинированного парогазового цикла и др. Энергетическое сотрудничество продолжает выполнять функцию связующего балласта и стабилизатора в китайско-российских отношениях. Кроме того, оно уже сыграло позитивную роль в обеспечении энергетической безопасности Китая, продвижении строительства экокультуры и углублении реформ в сфере предложения.

Доклад о сотрудничестве Китайской Народной Республики и Российской Федерации в сфере энергетики (2018)

1. Общий обзор китайско-российского сотрудничества в сфере энергетики в 2017 году

1.1 Развитие отношений Российской Федерации и Китайской Народной Республики давало в обеспечении энергетического сотрудничества в 2017 году

В 2017 году развитие российско-китайского всестороннего стратегического и партнерского сотрудничества продолжало поддерживаться на высоком уровне и приносить ощутимую выгоду и пользу обеим странам и их народам. Председатель Китайской Народной Республики Си Цзиньпин и президент Российской Федерации В. В. Путин в течение года провели пять встреч, в частности, в мае 2017 года, Владимир Путин принял участие в саммите по международному сотрудничеству "Один пояс, один путь" в Пекине и дал высокую оценку экономической инициативеодноименным названием. Многие финансовые учреждения обеих стран подписали соглашения о финансовом сотрудничестве, Центральный банк Российской Федерации открыл представительство в Китае, а в Москве был открыт расчетно-клиринговый центр по операциям с китайским юанем. Были также реализованы проекты сотрудничества между двумя странами в сферах приграничной торговли, освоения и добычи природных ресурсов, производства и переработки энергоресурсов, коммерческой логистики, электронной коммерции и т. д. Осуществляется планомерное строительство трансграничных железнодорожных мостов и крупных транспортных коридоров между двумя странами. Активно реализуется региональное сотрудничество между районом верхнего и среднего течения реки Янцзы в Китае и Приволжским Федеральным округом в России, между Северо-восточным районом Китая и Дальневосточным регионом в России. Обе страны успешно провели "Год Китайской Народной Республики" в России и "Год Российской Федерации" в Китае, "Год китайского языка" и "Год русского языка", "Год китайского туризма" и "Год российского туризма", "Год дружественных обменов для молодежи", которые еще больше укрепили взаимопонимание и дружбу между народами двух стран, значительно подняли уровень доброжелательности между ними. Согласно последнему опросу, проведенному среди жителей России, Китай отмечают как одну из самых дружественных стран. Обе стороны активно сотрудничают в рамках G20, АТЭС, БРИКС, ШОС, Совещаний по взаимодействию и мерам доверия в Азии, Организации сотрудничества Китая, России и Индии и т. д., в частности, по вопросам стимулирования управления глобальной экономикой, улучшения условий на развивающихся рынках, усиления права голоса и присутствия Китая на рынках развивающихся стран, а также по вопросам в сферах содействия региональной экономической интеграции и развитию экономических инноваций, борьбы с международным терроризмом, обеспечения безопасности международной информации и космического пространства, совместного решения проблем, связанных с изменениями климата. Сопряжение стратегий двух инициатив: воплощения концепции "Один пояс, один путь" и создание Евразийского экономического союза, уже принесло ранние плоды. Китайско-российское сотрудничество в сфере энергетики является важной составляющей впечатляющих результатов, которые были достигнуты в результате многовекторного делового сотрудничества между двумя странами. Все это будет содействовать тому, что китайско-российское всестороннее стратегическое партнерство будет по-прежнему находиться на высоком уровне.

Уже на протяжении многих лет Китайская Народная Республика является крупнейшим торговым и важнейшим стратегическим партнером Российской Федерации, а китайско-российское торгово-экономическое сотрудничество непрерывно развивается и движется вперед. Согласно данным Главного таможенного управления, общий объем торговли между Китаем и Россией в 2017 году составил 84,71 млрд. долл. США, что на 20,8% больше, чем в 2016 году. Это сделало Китай крупнейшим торговым партнером России седьмой год подряд. Доля экспорта Китая в Россию составила 42,88 млрд. долл. США, что на 14,8% больше, чем в прошлом году, а импорт Китая из России составил 41,2 млрд. долл. США, что на 27,7% больше по сравнению с аналогичным периодом прошлого года. В 2014 году общий объем торговли между Китаем и Россией достиг более 90 млрд. долл. США, но последовавший далее энергетический кризис и девальвация российского рубля привели к серьезным проблемам российской экономики. В результате этих событий объем торговли между Китаем и Россией резко сократился и только в 2015 году снизился примерно на 1/3 из-за резкого падения цен на сырье. Однако уже в 2017 году ситуация изменилась. Торговые отношения между Китаем и Россией вновь наладились и достигли значительного улучшения как по количеству, так и по качеству, в частности, рост объема торговли за первые три квартала 2017 года составил 25%. Быстрое возобновление двусторонней торговли между Китаем и Россией сыграло важную роль для экономического развития России в тот период и способствовало тому, что, начиная с

Доклад о сотрудничестве Китайской Народной Республики и Российской Федерации в сфере энергетики (2018)

2017 года, российская экономика начала выходить из застоя.

1.2 Общий обзор торговли энергоресурсами между Китаем и Россией в 2017 году

1.2.1 Развитие нефтяной торговли

В 2017 году Россия второй год подряд стала крупнейшим источником импорта сырой нефти в Китае. Общий объем реализации российской сырой нефти в Китае за весь 2017 год увеличился на 13,9% по сравнению с аналогичным периодом прошлого года и составил 59,8 млн. тонн, экспортная стоимость достигла 23,72 млрд. долл. США, что на 40,3% больше, чем в прошлом году. Другими крупными импортерами нефти в Китае после России являются Саудовская Аравия и Ангола, на импортную долю которых приходится 52,18 млн. тонн и 50,42 млн. тонн соответственно. В 2017 году на Китай приходилось 23,5% российского экспорта сырой нефти, что сделало его крупнейшей страной-импортером этого энергоресурса в России. Уже пять лет подряд среднегодовой темп роста объема экспорта нефти в Китай составляет 3 процентных пункта. В 2017 году объем добычи нефти в России составил 546,8 млн. тонн, среднесуточный объем – 10,98 млн. баррелей, что на 0,1% больше по сравнению с аналогичным периодом прошлого года. Выручка от экспорта нефти составила 93,31 млрд. долл. США, что на 26,6% больше по сравнению с 2016 годом, а объем экспорта составил 252,6 млн. тонн, что на 0,8% меньше, чем в прошлом году; объем экспорта нефтепродуктов снизился на 4,9% и составил 148,4 млн. тонн. Прибыль в иностранной валюте составила 8,22 млрд. долл. США, что на 26,8% больше, чем в прошлом году.

Нефть, импортируемая из России, ослабила некоторое напряжение в Китае, связанное с сокращением объемов добычи нефти внутри страны. Начиная с 2012 года, добыча сырой нефти в Китае в целом была стабильной. И хотя за последние два года её производство несколько сократилось, объемы добычи по-прежнему сохраняются на отметке выше 190 млн. тонн. По данным Национального бюро статистики, добыча сырой нефти в Китае в 2017 году составила 191,51 млн. тонн, что на 4,1% меньше, чем в предыдущем году. Объем снизился на 2,8 процентных пункта по сравнению с предыдущим годом. В 2017 году зависимость от импорта нефти в Китае выросла до 72,3%, а чистый объем импорта, включая сырую нефть, нефтепродукты, сжиженный нефтяной газ и другие продукты, достиг 418,8 млн. тонн, что на 10,7% больше, чем в 2016 году. Китай по-прежнему является крупнейшим импортером нефти и вторым по величине потребителем нефти.

Объем импорта российской нефти в Китае растет из года в год благодаря многим важным факторам, таким как развитие проектов на нефтяных месторождениях в Восточной Сибири и на Дальнем Востоке, улучшение инфраструктуры, связанной с транспортировкой нефти, и подписание долгосрочных соглашений о поставках нефти. В связи с тем, что спрос на нефть в Китае продолжает расти, расширение строительства трубопроводной инфраструктуры, связывающей новые нефтяные месторождения, в 2017 году осуществлялся в соответствии с планом. Новые проекты, начатые в 2017 году, в ближайшие несколько лет еще больше увеличат новые объемы снабжения. Поставка российской сырой нефти в Китай в основном осуществляется по китайско-российскому нефтепроводу. В настоящее время годовая пропускная способность нефтепровода на участке Тайшет-Сковородино составляет 58 млн. тонн, из которых на участок Сковородино-Козьмино приходится поток в 30 млн. тонн нефти, а на участок Сковородино-Мохэ－20 млн. тонн. В ближайшие несколько лет на Тихоокеанском трубопроводе на всех участках увеличится пропускная способность нефти. Уже сейчас на участке Сковородино-Мохэ годовая пропускная способность увеличилась до 30 млн. тонн. К 2020 году на участке Тайшет-Сковородино она увеличится до 80 млн. тонн, а на участке Сковородино-Козьмино—до 50 млн. тонн. Эти факторы постепенно увеличат объем поставок сырой нефти из России на китайский рынок.

1.2.2 Развитие торговли природным газом

В 2017 году Китай импортировал в общей сложности 95,55 млрд кубометров природного газа, что на 26,99% больше, чем в предыдущем году. Внешняя степень зависимости от этого энергоресурса достигла 38,43%. Основными странами-поставщиками являются Туркменистан, Катар, Австралия и др. Добыча природного газа в России в 2017 году составила 690,5 млрд. кубометров, что на 7,9% больше по сравнению с аналогичным периодом прошлого года, а объем экспорта составил 210,2 млрд. кубометров, что на

Доклад о сотрудничестве Китайской Народной Республики и Российской Федерации в сфере энергетики (2018)

5,7% больше, чем в прошлом году. Прибыль от экспорта в иностранной валюте составила 38,1 млрд. долл. США, что на 22,1% больше, чем в 2016 году. Однако в настоящее время Китай импортирует небольшое количество сжиженного природного газа (СПГ) из России. В 2017 году объем поставки СПГ из России в Китай составил 445 000 тонн, что составляет всего 0,67% от общего объема импорта природного газа в Китае и 0,3% экспорта природного газа в России. В дополнение к пока еще не завершившемуся проекту строительства китайско-российского газопровода "Сила Сибири", недавно был введен в эксплуатацию и другой проект "Ямал СПГ" по крупномасштабной поставке российского природного газа в Китай, однако на настоящий момент по этому проекту не достигнут ожидаемый объем экспорта. В конце 2017 года была официально введена в эксплуатацию первая производственная линия проекта "Ямал СПГ". После выдвижения инициативы "Один пояс, один путь", этот был первый реализованный крупномасштабный китайский проект за рубежом и крупнейший инвестиционный проект Китая в России. Вскоре будут последовательно запущены вторая и третья производственные линии. Ожидается, что уже к концу 2019 года Россия начнет поставлять в Китай СПГ по газопроводу "Сила Сибири".

В 2017 году в Китае проявилась тенденция к росту как объема производства природного газа, так и его импорта. Под влиянием таких факторов, как осуществление "Рабочего проекта на 2017 год по профилактике загрязнения воздуха в Пекине-Тяньцзине-Хэбэе и окрестностях", а также благодаря активному продвижению проекта "газ вместо угля" по сокращению потребления каменного угля в производстве и обществе и его постепенному замещению природным газом, спрос на природный газ на внутреннем рынке Китая является высоким и, тем самым, приводит к быстрому увеличению объема добычи природного газа. Согласно данным, опубликованным Национальным бюро статистики Китая, в 2017 году добыча природного газа в Китае составила 148,03 млрд. кубометров, что на 8,2% больше, чем в 2016 году, темп прироста по сравнению с прошлым годом составил 6,5 процентных пунктов. По сравнению с 2012 годом объем производства увеличился на 37,43 млрд кубометров, а среднегодовой показатель прироста составил 6,0%. Импорт природного газа в Китай продолжает быстро увеличиваться. В 2017 году он составил 94,63 млрд. кубометров, что на 26,9% больше, чем в предыдущем году. Соотношение импорта и объема внутреннего производства природного газа с 2012 года увеличилось с 0,4 : 1 до 0,6 : 1.

1.2.3 Развитие торговли электроэнергией

В 2017 году Россия экспортировала в Китай 3,1 млрд. кВт-ч электроэнергии, что составляет 22% от общего объема экспорта электроэнергии в России и 35% от общего объема импорта (8,38 млрд. кВт-ч) электроэнергии в Китае. В 2017 году общий объем выработки электроэнергии в Китае составил 6 275,82 млрд. кВт-ч, увеличившись за год на 5,7%. Общая выработка электроэнергии в России в 2017 году составила 1,07 трлн. кВт-ч, увеличившись за год на 0,2%. Особенно следует отметить, что 20 июня 2017 года в г. Ярославле был официально введен в эксплуатацию совместный китайско-российский инвестиционный проект по строительству Хуадянь-Тенинской ТЭЦ с комбинированным парогазовым циклом. Номинальная полная установленная мощность проекта 483 мегаватт, общий объем инвестиций составил около 570 млн. Долл. США, плановый годовой объем выработки электроэнергии по проекту – 3,02 млрд. кВт-ч, а годовой объем теплоснабжения – 814 000 Гкал. В настоящее время из всех инвестиционных проектов в Росси в сфере электроэнергетики, в которых участвует Китай, данный проект является самым крупным. Он также является показательным проектом сотрудничества между Китаем и Россией в области электроэнергетики и не только восполнил дефицит в местном потреблении электроэнергии, но и стал новым двигателем местного экономического и социального развития.

1.2.4 Развитие торговли каменным углем

В Китае представлен практически полный ассортимент типов импортируемого угля из России. В 2017 году импорт угля в Китае составил почти 28,07 млн. тонн, на 51,2% больше, чем в предыдущем году, что сделало Китай страной с самыми быстрыми темпами прироста импорта этого энергоресурса. На китайский рынок приходится 15,2% общего объема экспорта каменного угля (185 млн. тонн) из России, а в Китае российский каменный уголь составляет 10% от общего объема импорта угля страны. Это делает Россию четвертой страной-импортером каменного угля в Китае после Индонезии, Австралии и Монголии. В 2017 году Китай импортировал 270,9 млн. тонн угля,

Доклад о сотрудничестве Китайской Народной Республики и Российской Федерации в сфере энергетики (2018)

на 6,06% (15,47 млн. тонн) больше, чем в прошлом году. Средняя импортная цена на уголь в течение года составила 566,86 юаней за тонну, что на 54,3% (199,54 юаня) выше, чем в предыдущем году. В последние годы наблюдается тенденция к увеличению объема импорта угля в Китае. В 2013 году он достиг максимума в 327 млн. тонн, а затем сокращался из года в год. В 2015 году он снизился до 204 млн. тонн. В 2016 году, с учетом реформы внутреннего предложения касательно каменного угля в Китае, объем импорта вновь увеличился и достиг 255 млн. тонн. Темп прироста в годовом исчислении составил 25,2%. В 2017 году, хотя темпы роста значительно замедлились, общий объем импорта угля по-прежнему превышал 270 млн. тонн.

2. Достижение в энергетическом сотрудничестве Китайской Народной Республики и Российской Федерации в 2017 году

2.1 Пять встреч между главами государств, которые заложили прочную основу для китайско-российского энергетического сотрудничества

В 2017 году главы обеих стран поддерживали высокую частоту встреч и провели в целом пять заседаний в течение года. Особенно в мае 2017 года, когда президент Российской Федерации В. В. Путин посетил саммит по международному сотрудничеству "Один пояс, один путь" и высоко оценил данную экономическую инициативу. Главы двух государств на встрече во время саммита вновь подчеркнули важность и необходимость инициативы "Один пояс, один путь" и проекта создания Евразийского экономического союза. Большое внимание сторон было уделено планам, мероприятиям и взаимодействию в рамках инициативы "Один пояс, один путь". В первых числах июля 2017 года председатель Китайской Народной Республики провел успешный визит в Российской Федерации. Главы обоих государств подписали "Совместное заявление Российской Федерации и Китайской Народной Республики о дальнейшем углублении отношений всеобъемлющего партнерства и стратегического взаимодействия", одобрили "План действий по реализации положений Договора о добрососедстве, дружбе и сотрудничестве между Российской Федерацией и Китайской Народной Республикой" и в целом составили всеобъемлющий план развития китайско-российских отношений. После этого главы государств провели отдельные встречи во время саммита G20 в Гамбурге, на саммите БРИКС, который прошел в китайском городе Сямэне, и во вьетнамском городе Дананг во время 25-го неформального съезда руководителей АТЭС. Во время вышеуказанных встреч председатель КНР Си Цзиньпин и президент РФ В. В. Путин достигли многих договоренностей по вопросам углубления китайско-российского всестороннего стратегического сотрудничества и партнерства. Все это заложило прочную политическую основу для осуществления углубленного сотрудничества в том числе и в энергетической сфере между Китаем и Россией.

2.2 Первый вице-премьер Госсовета КНР Чжан Гаоли и заместитель премьер-министра России А. В. Дворкович провели 14-е заседание Китайско-российской комиссии по энергетическому сотрудничеству

20 сентября 2017 года член Постоянного комитета Политбюро ЦК КПК, вице-премьер Госсовета КНР и председатель Китайско-российского комитета по энергетическому сотрудничеству от китайской стороны Чжан Гаоли совместно с заместителем председателя Правительства Российской Федерации, председателем Китайско-российского комитета по энергетическому сотрудничеству от российской стороны А. В. Дворковичем провели в Пекине 14-е заседание Китайско-российской комиссии по энергетическому сотрудничеству.

Чжан Гаоли подчеркнул, что, благодаря поддержке и персональному вниманию председателя КНР Си Цзиньпина и президента В. В. Путина, китайско-российское энергетическое сотрудничество стабильно развивается и непрерывно демонстрирует новые результаты. В двусторонней торговле в сфере энергетики уже видны заметные успехи: Россия-крупнейший поставщик сырой нефти, крупнейший поставщик энергии и пятый крупнейший поставщик угля для Китая. Активно продвигаются такие крупные и важные проекты сотрудничества в сфере энергетики, как строительство китайско-российского газопровода по восточному маршруту и "Ямал СПГ". Кроме этого, постоянно расширяются и обновляются сферы и методы сотрудничества. Знаменательные успехи китайско-российского энергетического сотрудничества стали мощным импульсом для укрепления и развития китайско-российского всестороннего стратегического взаимодействия и партнерства. Обе

Доклад о сотрудничестве Китайской Народной Республики и Российской Федерации в сфере энергетики (2018)

стороны должны продолжить прилагать усилия, чтобы в энергетическом сотрудничестве между двумя странами было достигнуто еще больше реальных результатов, а взаимодействие на всех уровнях еще больше активизировалось.

В свою очередь, А. В. Дворкович подчеркнул, что в последние годы поддерживается высокий уровень развития всесторонних отношений стратегического взаимодействия и партнерства между Россией и Китаем, стабильно проводятся встречи на высоком уровне, углубляется политическое взаимодоверие, Китай и Россия поддерживают друг друга по вопросам, которые затрагивают их коренные, основополагающие интересы. Благодаря усилиям обеих сторон сотрудничество в энергетической сфере успешно продвигается и в нем достигаются заметные результаты. Российская сторона готова двигаться рука об руку в одном направлении с Китаем, постепенно укреплять всестороннее сотрудничество, в том числе в энергетическом секторе, делать все для устойчивого развития двустороннего торгово-инвестиционного взаимодействия.

В ходе заседания стороны также провели обмен мнениями по вопросам сотрудничества в таких сферах, как нефть и газ, электроэнергия, каменный уголь, ядерная энергетика, новые энергоресурсы, взаимное признание стандартов и т. д.. Оба государства признали необходимым в полной мере реализовывать договоренности по взаимодействию, которых достигли главы Китая и России в сфере энергетики; использовать возможности механизмов Китайско-российской комиссии по энергетическому сотрудничеству; претворять в жизнь стратегические крупномасштабные проекты в энергетическом; укреплять сотрудничество в нетрадиционных сферах, таких как сопоставление и согласование стандартов, энергетические технологии и оборудование, а также инженерное строительство; неустанно повышать уровень энергетического сотрудничества между двумя странами.

2.3 Ввод в эксплуатацию первой производственной линии проекта "Ямал СПГ"

8 декабря был официально введен в эксплуатацию проект "Ямал СПГ" - крупнейший и важнейший проект китайско-российского энергетического сотрудничества, который также получил название "Жемчужина энергетики Северного полярного круга". В настоящее время "Ямал СПГ" является крупнейшим в мире

проектом по СПГ в Арктике. Ледокольный танкер для перевозки сжиженного природного газа "Кристоф де Маржери" был пущен в работу. Первый танкер уже перевез 170 тыс. кубометров СПГ, что эквивалентно объему ежедневного потребления газа 230 миллионов человек в Китае.

Проект "Ямал СПГ" является первым крупным проектом Китая за рубежом, реализованным после выдвижения инициативы "Один пояс, один путь", и крупнейшим инвестиционным проектом Китая в России. Благодаря ему "Шелковый путь" теперь достигает и Северного полюса. Первый этап проекта был официально запущен и ознаменовал собой тот факт, что природный газ полярной области станет новой точкой роста мировой энергетики в будущем. Азия, и в особенности Китай, станет важным целевым рынком. Как только проект будет полностью введен в эксплуатацию и начнет работать на полную мощность, ежегодно на китайский рынок будет поступать более 4 млн. тонн СПГ. После того, как газ с "Ямал СПГ" начнет поставляться в южную часть полушария, конкуренция на мировом рынке СПГ станет более интенсивной. Эксперты прогнозируют, что к 2040 году мировой спрос на природный газ увеличится более чем на 40%, а процент прироста в объеме потребления СПГ составит около 70%.

2.4 Запуск всех участков второй линии китайско-российского нефтепровода

12 ноября был сделан последний сварочный шов на второй линии китайско-российского нефтепровода, тем самым было обеспечено сквозное движение сырой нефти по нему на всех участках. Вторая линия нефтепровода имеет общую длину 941 км и диаметр 813 мм. Он начинается на первой станции "Мохэ" в округе Мохэ провинции Хэйлунцзян в Китае и заканчивается на станции Линьюань в городе Дацин провинции Хэйлунцзян. Нефтепровод проходит через самую северную точку Китая на 53 градусах северной широты. В 2011 году параллельно с запуском первой линии нефтепровода Сковородино-Мохэ началось сооружение второй линии Мохэ-Дацин. Проект был запущен 13 августа 2016 года и находится под контролем Китайской национальной нефтегазовой корпорации (CNPC). Согласно договору между китайской и российской сторонами, он должен быть введен в

Доклад о сотрудничестве Китайской Народной Республики и Российской Федерации в сфере энергетики (2018)

промышленную эксплуатацию 1 января 2018 года.

Вторая и первая линии нефтепровода по маршруту Мохэ-Дацин, а также строящийся китайско-российский газопровод по восточному маршруту в совокупности являются стратегическими каналами для энергетики в Северо-Восточном Китае. Согласно заключенному договору, Россия на основе ранее экспортируемого ежегодного объема сырой нефти в 15 млн. тонн увеличит ежегодные поставки в Китай еще на 15 млн. тонн. После ввода в эксплуатацию второй производственной линии китайско-российского нефтепровода, дополнительные 15 млн. тонн российской сырой нефти будут поставляться в Китай именно по ней. С 1 января 2018 года объем импортируемой российской сырой нефти, которая проходит по нефтепроводам начиная с северо-востока Китая и далее по всей материковой части страны, достигнет 30 млн. тонн.

2.5 Ускоренное строительство на внутреннем участке российско-китайского газопровода по восточному маршруту

13 декабря параллельно с началом сварочных работ одновременно на 11 точках участка Хэйхэ-Чанлин, ускоренными темпами началась прокладка труб на внутреннем участке российско-китайского газопровода по восточному маршруту. Проект строительства данного газопровода был запущен в июне 2015 года и будет строиться поэтапно: северный участок (Хэйхэ-Чанлин), центральный участок (Чанлин-Юнцин) и южной участок (Юнцин-Шанхай). Ожидается, что северный участок будет пущен в эксплуатацию в октябре 2019 года, а уже к концу 2020 года будут запущены все участки маршрута.

Отправная точка китайско-российского газопровода по восточному маршруту находится на китайско-российской границе в городе Хэйхэ провинции Хэйлунцзян, оттуда трубопровод проложен на юг и проходит через 9 провинций, районов и городов, таких как провинции Хэйлунцзян и Цзилинь, автономный район Внутренняя Монголия, провинции Ляонин и Хэбэй, город Тяньцзинь, провинции Шаньдун и Цзянсу, а также город Шанхай, который является конечным пунктом маршрута. Протяженность маршрута составляет 3,371 км, на сегодняшний день данный газопровод является самым длинным в Китае, имеет наибольший диаметр труб и наибольшее давление в них. Этот проект сыграет важную роль в стимулировании развития производства чугуна и стали, труб, оборудования и других основных отраслей промышленности, а также будет активно содействовать согласованному развитию в Китае таких производственных цепочек во вторичном секторе экономики, как проекты по использованию газовых месторождений, трубопроводов, газохранилищ и СПГ.

После завершения и ввода в эксплуатацию проекта строительства китайско-российского газопровода по восточному маршруту из России ежегодно будет поставляться 38 млрд. кубометров природного газа. Это окажет положительное влияние на увеличение поставок чистой энергии в Китай, оптимизацию структуры энергетики, экономию энергии и сокращение выбросов, а также улучшение атмосферной среды.

2.6 Начало китайско-российского проекта по строительству Амурского газоперерабатывающего завода

3 августа была проведена официальная церемония закладки фундамента Амурского газоперерабатывающего завода, проекта китайско-российского сотрудничества. Завод находится на Дальнем Востоке России, в районе города Свободный в Амурской области, соседствующей с китайской провинцией Хэйлунцзян. Президент Российской Федерации В. В. Путин лично присутствовал на церемонии и выступил с речью. После того, как был заслушан доклад председателя правления ОАО "Газпром" А. Б. Миллера и проведен телемост с сотрудниками Чаяндинского газового месторождения в Республике Саха (Якутия), В. В. Путин объявил, что проект официально запущен.

Строительство Амурского газоперерабатывающего завода разделено на три сегмента, в каждом из которых на основе тендера также участвуют и китайские компании. 3 августа, день официальной церемонии запуска проекта, был также и официальным началом тендера Р1. Согласно плану, после завершения строительства Амурского газоперерабатывающего завода проектная мощность составить 42 млрд. кубометров природного газа в год и 6 млн. кубометров гелия в год. В итоге завод станет не только крупнейшим в России, но и во всем мире предприятием по переработке природного газа. Однако стратегическое значение Амурского перерабатывающего завода состоит не только в этом. Он также является отправной точкой проекта по строительству китайско-российского газопровода по восточному маршруту. Премьер-

Доклад о сотрудничестве Китайской Народной Республики и Российской Федерации в сфере энергетики (2018)

министр Российской Федерации Д. А. Медведев назвал этот проект "одним из крупнейших в мире проектов в области энергетики".

2.7 Введение в эксплуатацию совместной китайско-российской Хуадянь-Тенинской ТЭЦ с комбинированным парогазовым циклом

20 июня 2017 года в городе Ярославле состоялась официальная церемония пуска в эксплуатацию совместного китайско-российского проекта "Хуадянь-Тенинская ТЭЦ с комбинированным парогазовым циклом". Проект имеет общую установленную мощность 483 мегаватт, объем инвестиций в проект составил около 570 млн. Долл. США. Планируемый годовой объем выработки электроэнергии—3,02 млрд. кВт-ч, а годовой объем теплоснабжения—814 000 Гкал. В настоящее время в России это крупнейший инвестиционный проект в области энергетики с участием Китая. Заместитель Министра энергетики Российской Федерации К. В. Молодцов отметил, что ввод ТЭЦ в эксплуатацию свидетельствует о стремительном развитии сотрудничества между Россией и Китаем. Заместитель Министра надеется, что двумя сторонами будет реализовано еще больше проектов, которые принесут пользу народу и положительно отразятся на его благосостоянии.

Данная ТЭЦ является совместным проектом российской Территориально генерирующей компании №2 ("ТГК-2") и китайской корпорации "Хуадянь", а также первым совместным проектом России и Китая в сфере выработки электроэнергии в России, под который напрямую были выделены инвестиции из Банка Китая. Проект официально начался в сентябре 2013 года, его завершение является важным достижением китайско-российского сотрудничества в области электроэнергетики. Этот образцовый проект также придаст мощный импульс углублению взаимодействия в энергетическом секторе между двумя странами.

Временно исполняющий обязанности губернатора Ярославской области Дмитрий Миронов отметил, что Хуадянь-Тенинская ТЭЦ является электростанцией с наибольшим объемом выработки электроэнергии во всей Ярославской области Помимо того, что проект решил проблему с дефицитом электроэнергии в области, он также создал более 140 дополнительных рабочих мест для людей со специфическими профессиональными навыками. Д. Миронов считает, что успешное начало работы ТЭЦ открывает новые возможности для сотрудничества России и Китая в области энергетики и является его образцово-показательным примером.

2.8 Пятое заседание китайско-российской рабочей группы по сотрудничеству в угольной сфере в Пекине

19 сентября в Пекине состоялось пятое заседание китайско-российской рабочей группы по сотрудничеству в угольной сфере. Встреча прошла под председательством заместителя Министра энергетики Российской Федерации А. Б. Яновского и заместителя руководителя Госэнергоуправления Китая Ван Сяолиня.

Ван Сяолинь в своем выступлении отметил, что все административные органы в угольной промышленности Китая и России активно выполняют указания глав государств обеих стран, поддерживают тесное общение и осуществляют обмены, углубляют взаимопонимание и укрепляют доверие друг к другу, постоянно расширяют сотрудничество. Стороны уже достигли ряда важных соглашений о сотрудничестве и добились значимых результатов. В новых исторических условиях обе стороны должны сосредоточиться на долгосрочных планах, твердо и уверенно стоять на ногах в угольной отрасли, продолжать углублять многоуровневое и многосубъектное сотрудничество и совместно формировать новые условия для долгосрочного и здорового развития китайско-российского взаимодействия в этой сфере.

Анатолий Яновский, в свою очередь, отметил, что каменный уголь является важной составной частью китайско-российского энергетического сотрудничества, и обе стороны активно развивают взаимодействие в этом направлении. Укрепление и продвижение сотрудничества в угольной сфере отвечает общим интересам обеих сторон. Российская сторона придает большое значение выходу сотрудничества России и Китая в угольной сфере на новый уровень и и активно продвигает эту идею.

2.9 "Роснефть" и китайская Beijing Gas Group Company Limited закрыли сделку купли-продажи 20% акций ПАО "Верхнечонскнефтегаз" (дочернее общество "Роснефти")

29 июня "Роснефть" и китайская Beijing Gas Group Company Limited за-

Доклад о сотрудничестве Китайской Народной Республики и Российской Федерации в сфере энергетики (2018)

крыли сделку купли-продажи 20% акций ПАО "Верхнечонскнефтегаз". Дочернее предприятие "Роснефти" ПАО "Верхнечонскнефтегаз" отвечает за эксплуатацию нефтегазового месторождения, которое находится в Иркутской области. Данное месторождение является одним из самых крупных в восточной части Сибири. Его геологические запасы сырой нефти составляют около 790 млн. тонн, извлекаемые же запасы-всего около 210 млн. тонн. Геологические запасы природного газа составляют около 172, 2 млрд. кубометров, а извлекаемые запасы-около 96, 7 млрд. кубометров. В настоящее время Верхнечонское месторождение нефти вступило в зрелую стадию с добычей сырой нефти объемом около 8, 5 млн. тонн в год. Планируется, что месторождение природного газа будет полностью освоено к 2021 году и, по некоторым оценкам, его годовой объем добычи составит 3 млрд. кубометров. Часть добытого газа будет экспортироваться в Китай по строящемуся трубопроводу "Сила Сибири".

По данным компании Beijing Gas Group Company Limited, встречи по проекту "Верхнечонскнефтегаза" проводились более чем 50 раз, переговоры в Пекине на базе компании проводились более 60 раз, было просмотрено и выверено 13758 документов с материалами объемом в 651 528 страниц, в том числе переведенными материалами объемом более, чем 6 миллионов иероглифов. С момента начала проекта до подписания контракта прошло 7 месяцев, но в результате Beijing Gas Group Company Limited и "Роснефть" достигли консенсуса.

3. Вызовы, которые стоят перед китайско-российским энергетическим сотрудничеством

В 2017 году китайско-российское энергетическое сотрудничество достигло значительных успехов и с каждым днем становилось все более тесным. Однако уровень, форма и содержание китайско-российского взаимодействия в энергетической сфере пока не достигли совершенства. И это при том, что Китай является крупнейшим потребителем энергоресурсов во всем мире, а Россия-крупнейшей страной-производителем нефти, политические связи между Китаем и Россией невероятно тесные, а по соседству располагается Евросоюз со своими преимуществами рынка. В энергетическом сотрудничестве между Россией и Китаем ключевым аспектом является торговля энергоресурсами, а в ней, в свою очередь, основной моделью взаимодействия является "нефть в обмен на кредит". Механизм сотрудничества срочно нуждается в переходе от обычной торговли энергоресурсами к совместной торговле и совместному инвестированию проектов и развитию сотрудничества. На данный момент энергетическое сотрудничество между двумя сторонами в большинстве случаев касается только простейших экспортно-импортных торговых операций и строительства инфраструктуры. Что касается технических исследований, разработок и инвестиционного сотрудничества в сферах, связанных со сланцевой нефтью и газом, ядерной энергетикой, новыми источниками энергии и электропередачей сверхвыского напряжения, то их по-прежнему недостаточно. Есть большой простор для сотрудничества в таких областях, как инвестиции и финансирование, технологии исследований и разработки энергоресурсов, разведка и эксплуатация месторождений, вопросы транспортировки и т. д. Расхождение мнений по поводу цен на нефть и газ часто достаточно трудно уладить, и это, например, негативно повлияло на ход запуска трубопровода "Западный маршрут". На сегодняшний день перед китайско-российским энергетическим сотрудничеством стоит много вызовов. В том числе:

3.1 Требуется дополнительное время для укрепления взаимодоверия между Китаем и Россией

В настоящее время китайско-российские отношения по-прежнему находятся в лучшем историческом периоде. Регулярно проходят визиты на высшем уровне, постоянно повышается уровень взаимодействия, по различным вопросам на международной арене мнения обеих сторон согласованы, бурно развиваются обмены в гуманитарной области. Однако политическая близость между двумя странами намного сильнее экономических связей и сотрудничества в энергетической сфере. Что касается энергетического взаимодействия, у Китая и России есть серьезные намерения для сотрудничества, но большое количество подписанных меморандумов и рамочных соглашений не имеют обязательной юридической силы. Существует относительно мало проектов, которые дошли до подписания договора и были осуществлены на практике. Геополитические отношения между Россией и Китаем являются важной причиной, которая в высокой степени ограничивает возможности тесного

Доклад о сотрудничестве Китайской Народной Республики и Российской Федерации в сфере энергетики (2018)

энергетического сотрудничества между двумя странами. Геополитическое давление, с которым сталкиваются Китай и Россия, является базой, где пересекаются общие интересы и которая дает стимул для частого политического взаимодействия между двумя странами. Однако это внешнее геополитическое давление не может полностью компенсировать геополитическое давление, которое возникает непосредственно между Китаем и Россией. Обе страны занимают большую территорию и являются соседями, имеют большие амбиции. У многих жителей внутри Китая и России неизбежно возникают сомнения по поводу энергетического сотрудничества между двумя странами, они соблюдают чрезмерную бдительность и принимают много мер предосторожности, что усложняет возможности для энергетического взаимодействия, сделало его уязвимым и неопределенным.

В России некоторые жители имеют сомнения и опасения по вопросам о китайско-российских пограничных проблемах, участии Китая в развитии Дальнего Востока, китайско-российском военном сотрудничестве и китайско-российском энергетическом сотрудничестве. Они боятся, что стремительно развивающийся Китай поставит под угрозу возвращение России статуса великой державы и ее влияние в Азиатско-Тихоокеанском регионе. Россия обеспокоена тем, что Китай начнет контролировать российский энергетический рынок и станет китайским сырьевым придатком. "Теория китайской угрозы" по-прежнему достаточно распространена в России, и является относительно навязчивой идеей (Ян Яндэн, 2018). Район Дальнего Востока России богат нефтегазовыми ресурсами и имеет низкую плотность населения, в то время как в Китае ситуация в точности противоположная. Россия обеспокоена тем, что участие Китая в освоении Дальнего Востока приведет к контролю Китая над российскими нефтегазовыми ресурсами и станет угрозой политической и экономической безопасности России. Китайско-российское энергетическое сотрудничество ограничивается игрой, которая ведется разными силами на территории России. На российской политической арене довольно часто встречаются попытки использовать нефтегазовые ресурсы в качестве сдерживающего фактора для Китая. Из-за политических факторов и факторов безопасности китайские компании часто испытывают трудности, пытаясь инвестировать в нефтегазовые месторождения в России. Они используют метод "кредит в обмен нефть" и другие средства, чтобы устранить недоверие и большое количество сомнений со стороны России, а также предотвратить конфликтные вопросы. Для защиты интересов Китая в сфере энергетики и поддержания энергетической безопасности торговое сотрудничество всегда было основным способом взаимодействия в области энергетики между Россией и Китаем. Что касается международного сотрудничества в сфере добычи нефти и газа, то оно ведется очень осторожно, а взаимодействие в области разведки месторождений, сооружения объектов и т. д. не является тесным.

Нефтегазовые ресурсы-это оружие российской дипломатии. (Чэн Чуньхуа, 2017 год). Россия склонна рассматривать китайско-российское энергетическое сотрудничество в рамках общей энергетической стратегии и геостратегии, подчеркивая, что внешнее энергетическое сотрудничество должно служить одновременно как экономическим, так и геополитическим интересам. Хотя Китай и Россия создали китайско-российский комитет по энергетическому сотрудничеству, отвечающий за решение возникающих энергетических вопросов, из-за отсутствия долгосрочного рамочного планирования, его деятельность очень восприимчива к внутренним и внешним факторам, таким как геополитические волнения и внутриполитические игры в России. Характерные особенности "энергетической дипломатии" России делают её энергетическую политику нестабильной. Частые корректировки в стратегии экспорта энергоресурсов препятствуют тому, чтобы произошел переход от потенциальной экономической взаимодополняемости между Китаем и Россией к реальному экономическому сотрудничеству.

Стратегия российского энергетического сотрудничества в отношении Китая весьма противоречива. С одной стороны, Россия надеется на главенствующую роль в решении ключевых вопросов, таких как выбор маршрута для прокладки трубопроводов и цены, но, с другой стороны, она не хочет потерять огромный потребительский рынок Китая. Например, в проект "Ямал СПГ" были вложены огромные инвестиции, он имеет высокие технические стандарты, российская сторона требовала от китайской стороны решения таких проблем, как конкурентные, ценовые и фондовые риски. Российские и китайские эксперты считают, что российские компании, похоже, не стремятся привлекать инвестиции, а более склонны обращаться за

Доклад о сотрудничестве Китайской Народной Республики и Российской Федерации в сфере энергетики (2018)

кредитами. Некоторые специалисты из Министерства природных ресурсов и экологии Российской Федерации выражают озабоченность в связи с привлечением китайских компаний для участия в ключевых проектах, связанных со строительством и добычей ресурсов. Они считают, что такое сотрудничество может вызвать серьезное загрязнение окружающей среды и даже привести к конфликтам со сторонниками, которые привлекают иностранные инвестиции и занимаются охраной окружающей среды в России. Такие формы взаимодействия, как "авансовый платеж" и "нефть в обмен на кредит" неизбежно ставят китайско-российское энергетическое сотрудничество в пассивную позицию, так как становится сложным взять на себя инициативу по решению вопросов геополитики и рисков международного энергетического рынка и одновременно защищать свои права и интересы.

3.2 Международная геополитическая конкуренция и изменения в структуре энергетики создают новые неопределенности

Китайско-российское энергетическое сотрудничество зависит не только от внутренней политической, экономической ситуации и энергетической стратегии обеих стран, но также и от обстановки на международном рынке энергетики, спроса и предложения, а также геополитической стратегии в этой сфере у соседних государств. Как правило, экономические санкции или экономические трудности часто становятся поводом для России искать новые возможности для китайско-российского энергетического сотрудничества. Сланцевая революция в США, экономические санкции ЕС против России, политика ЕС в области диверсификации энергетики и другие факторы привели к снижению спроса на российские нефть и газ в Европе. Кроме того, внутренняя макроэкономика в России все больше ухудшается, и сейчас перед Россией стоит огромная проблема, связанная с изменением курса энергетической стратегии. Это стало поводом утверждения российской внешней энергетической политики, которая теперь стала направлена на Восток, и способствовало диверсификации экспорта энергоресурсов. В планах об "Энергетической стратегии России до 2020 года" и "Энергетической стратегии России до 2030 года" подчеркивается важность освоения возможных энергетических маршрутов на Востоке. В 2017 году российская "восточная" политика уже показала свою эффективность: было экспортировано 15,48 млрд. кубометров сжиженного природного газа в страны Азиатско-Тихоокеанского региона, что на 5,3% больше, чем в 2016 году. За последние несколько лет китайско-российское энергетическое сотрудничество получило видимый прогресс, примерами являются реализация проекта совместного строительства газопровода по восточному маршруту, проект "Ямал СПГ", проект по запуску второй линии китайско-российского нефтепровода. Во всех приведенных примерах обе стороны выиграли от позитивных изменений в международной геополитике и в международной энергетической структуре.

Однако новые изменения в геополитической и экономической ситуации, возможно, сделают китайско-российское стратегическое взаимное доверие и энергетическое сотрудничество еще более хрупким. В. В. Путин всячески пытался наладить отношения с администрацией Д. Трампа, поддерживал французское движение "национального фронта" во главе с политиком Марин Ле Пен, пытался различными способами вовлечься в политическую ситуацию в Европе и США, чтобы наладить отношения с Западом. Однако осуществить вэто полностью, к сожалению, не удалось. Как только отношения между Россией и Западом наладятся, напряжение между сторонами будет значительно ослаблено, а стимул к российско-китайскому нефтегазовому сотрудничеству неизбежно снизится. Член комиссии внешнеполитической деятельности ЕС Бен Джуда отмечает: "Официальные лица Евросоюза и представители элиты неоднократно во время обсуждений поднимали вопрос о том, чтобы снизить влияние Китая путем капиталовложений в Дальневосточный регион России. На данный момент Запад достиг полного согласия по вопросу о том, что они "не должны позволить России передать свой экономический суверенитет амбициозному Китаю. В случае необходимости надо оказать всяческую помощь или вложить инвестиции, чтобы Дальний Восток не стал сферой влияния Пекина".

Влияние сланцевой революции, которая произошла в США, на структуру энергетики во всем мире до сих пор продолжается, однако внешняя энергетическая стратегия России по-прежнему остается неопределенной, что привело к переменам в китайско-российском энергетическом сотрудничестве. В условиях, когда международный рынок нефти и газа все больше переходит от рынка продавцов к рынку покупателей, страны-продавцы, такие как

Доклад о сотрудничестве Китайской Народной Республики и Российской Федерации в сфере энергетики (2018)

Россия, сталкиваются с проблемой, как на рынке, полном конкурентов, успешного экспортировать нефть и газ и получать достаточную прибыль. На сегодняшний день разведанных месторождений с запасами природного газа в России (около 50,2 трлн. кубометров) уже имеется в избытке, а еще большее количество разведанных месторождений может увеличить объем добычи на 1,3 триллиона кубометров в год. Рустам Танкаев, ведущий эксперт Союза нефтегазопромышленников России, отметил, что "Россия уже даже не может гарантировать продажу 600 миллиардов кубометров природного газа в год". Это в основном связано с тем, что объем природного газа, экспортируемого "Газпромом" в Европу значительно снизился. Цена на российский газ является самой высокой в Европе (средняя цена в 2016 году составила $ 402 / тыс. кубометров), а европейские потребители всячески пытаются снизить потребление природного газа. Наибольшее сокращение потребления природного газа наблюдается в Украине, где закупки сократились с 52 млрд. кубометров, оговоренных в контракте, до фактических 20 млрд. кубометров в год. Нехватка рынков сбыта нефти и газа неизбежно влияет на инвестиции в сфере разведки и добычи этих энергоресурсов. С этой целью Россия всячески продвигает диверсификацию экспорта энергоресурсов, а Китай, в свою очередь, стимулирует диверсификацию импортируемых энергоресурсов. С запуском инициативы "Один пояс, один путь", началом строительства китайско-пакистанского экономического коридора и функционирования порта Гвадар в Пакистане, развитием и применением технологий, связанных с новыми источниками энергии, а также постепенной трансформацией международного энергетического рынка продавца в рынок покупателя, степень зависимости Китая от российской нефти и газа, возможно, снизится, как и актуальность китайско-российского энергетического сотрудничества.

Соединенные Штаты Америки играют роль основного конкурента России в поставках энергетических ресурсов на китайский рынок. С точки зрения геостратегии, США обеспокоены тем, что китайско-российское энергетическое сотрудничество еще больше укрепит китайско-российское стратегическое партнерство и станет угрожать влиянию США в Азиатско-Тихоокеанском регионе. Что касается стратегии в сфере энергетики, Соединенные Штаты надеются увеличить экспорт своих энергоресурсов в Китай и тем самым снизить зависимость Китая от российских нефтегазовых ресурсов. В 2017 году Китай импортировал 2,92 млрд. кубометров природного газа из Соединенных Штатов, в то время как, для сравнения, импорт в 2016 году составил всего 490 млрд. кубометров. То есть за год объем увеличился в шесть раз, что сделало Китай третьим по величине импортером природного газа в США после Мексики и Южной Кореи. "Сланцевая революция", которая произошла в Америке, и ослабление ограничений на экспорт нефти и газа открыли новые возможности для китайско-американского энергетического сотрудничества. Взаимодействие между Китаем и Соединенными Штатами в области СПГ предоставит Китаю альтернативный источник для импорта природного газа, что поможет ему усилить свою позицию в переговорах по поводу цены на поставки газа по долгосрочным соглашениям.

Азиатские страны, такие как Япония, Южная Корея и Индия, являются основными конкурентами Китая с точки зрения импорта российских энергоресурсов. Все эти страны наладили энергетическое сотрудничество с Россией для обеспечения своей энергетической безопасности и диверсификации энергоресурсов. Это неизбежно приводит к конкуренции между этими странами и Китаем в области инвестиций в энергетический сектор, прокладки трубопроводов и усложняет внешнюю среду для китайско-российского энергетического сотрудничества (Ю Лицзе, 2018 год). Китай, Япония, Южная Корея и Индия являются странами с дефицитом энергоресурсов. С точки зрения геополитики, географического положения, безопасности транспортировки и энергетической политики, у всех них есть достаточно большой спрос на российские энергоресурсы. Китай, Япония, Южная Корея, Индия на протяжении истории иногда имели конфликты, сложные территориальные споры, поэтому у них до сих пор не сформирован единый региональный энергетический рынок. Россия решает вопросы с поставками своих энергоресурсов в эти страны путем двусторонних переговоров и не стремится продвигать идею о создании единой налаженной системы на азиатском рынке на подобие Евразийского экономического союза. С одной стороны, это усиливает позицию России в переговорах по цене на поставки. С другой стороны, с точки зрения геополитики и дипломатии, это помогает сдерживать азиатские страны. Эта ситуация привела к ожесточенной конкуренции между азиатскими странами за энергетическое сотрудничество с Россией. Показательным примером является спор, который произошел в

Доклад о сотрудничестве Китайской Народной Республики и Российской Федерации в сфере энергетики (2018)

начале этого столетия, между Китаем и Японией по поводу российского нефтепровода. Политическая и экономическая ситуация в Восточной Азии сложна и запутана, поэтому в китайско-российском энергетическом сотрудничестве неизбежно возникают ситуации, подобные тому случаю, когда Япония вмешалась в процесс строительства китайско-российского трубопровода для поставок сырой нефти (Чжан Гобао, 2018 год) По мере того, как Россия стратегически продвигается все дальше на Восток и увеличивает объемы экспорта нефти и газа в Азиатско-Тихоокеанском регионе, конкуренция за долю импорта между основными государствами-потребителями российских энергоресурсов, таких как Китай, Япония, Южная Корея и Индия, значительно увеличится. Например, Япония будет продолжать использовать фондовые и технологические преимущества для того, чтобы "перетянуть" Россию на свою сторону, будет подписан ряд соглашений по разработке новых месторождений нефти и газа, тем самым Япония заберет у Китая определенную долю российских энергоресурсов.

3.3 Необходимость в улучшении инвестиционного климата

Сфера торговли энергоресурсами легко восприимчива к изменениям в международной геополитической обстановке, международной энергетической структуре и внутренней политике России, однако инвестиционное и технологическое сотрудничество зависят от стабильного и благоприятного инвестиционного климата. В последние годы китайско-российское энергетическое сотрудничество непрерывно расширяло границы и перешло от простой торговли энергоресурсами к совместным проектам на различных производственных стадиях в нефтегазовой отрасли. Примерами являются проект строительства "Ямал СПГ", китайско-российский проект по строительству Амурского газоперерабатывающего завода, введение в эксплуатацию совместной китайско-российской Хуадянь-Тенинской ТЭЦ с комбинированным парогазовым циклом и т. д. И хотя регионы Дальнего Востока, Восточной Сибири, Арктики и др. в будущем станут основными производственными площадями для китайско-российского сотрудничества в области нефти и газа, эти районы все же малонаселены, климатические условия там суровые, инфраструктура отсутствует, а для освоения новых нефтегазовых месторождений необходимо строительство новых сооружений для добычи нефти и газа, а также трубопроводов для их транспортировки (Сюй Хунфэн и Ван Хайянь, 2017 год).

| 中俄能源合作年度报告(2018)

Россия нуждается в технической и финансовой поддержке в области разведки и разработки энергоресурсов, в также в строительстве трубопроводов и т. д. Китайские компании могут компенсировать это направление и тем самым расширить сферу сотрудничества на всех уровнях промышленной цепочки. Монополистические и политические особенности российской энергетики не способствуют расширению сотрудничества между Китаем и Россией на верхнем, среднем и нижнем уровнях энергетической отрасли. Российские законы и нормативные акты, связанные с энергетикой, часто изменяются и правятся, отсутствует стабильность и преемственность в энергетической политике, все это значительно снизило активность и возможность китайских компаний инвестировать на российском энергетическом рынке (Сюй Хунфэн, 2016 год). Вопросы, связанные с бюрократией и коррупцией в России, серьезно повлияли на инвестиционный климат и участие Китая в российском энергетическом секторе. Кроме того, поскольку российское правительство жестко контролирует сферу энергетики и озабочено вопросами энергетической безопасности, китайским компаниям стало еще труднее попасть на верхний и средний уровни российской промышленной энергетической цепочки.

Поскольку китайские нефтегазовые компании начали инвестировать в России достаточно поздно, у них не имеется достаточно инвестиционного опыта, а имеющаяся информация относительно скудная и фрагментированная. Китайские компании легко уступают позиции в ходе конкуренции с Европейским Союзом и Японией. Помимо этого у китайских компаний отсутствует систематическое понимание российской стратегии и политики в области энергетики. Становится слишком трудно сделать точные умозаключения и выработать какой-то план в условиях постоянно меняющегося рынка нефти и газа и сложного инвестиционного климата. Все это в определенной мере препятствует дальнейшему развитию взаимодействия между Китаем и Россией в сфере инвестирования проектов и технологического сотрудничества.

4. Перспективы китайско-российского энергетического сотрудничества

4.1 Продвижение идеи о составлении плана долгосрочного китайско-российского стратегического сотрудничества в сфере энергетики

Китай должен в полной мере использовать благоприятную возможность,

Доклад о сотрудничестве Китайской Народной Республики и Российской Федерации в сфере энергетики (2018)

связанную с изменениями в геополитике и международной энергетической структуре, сделать преимуществом китайско-российского энергетического сотрудничества огромный энергетический рынок и изменения в потребительской способности общества, содействовать скорейшему созданию конкретного плана долгосрочного китайско-российского стратегического сотрудничества в сфере энергетики, чтобы компенсировать неопределенность в международной геополитике и энергетического структуре, а также отсутствие полного взаимного доверия между Китаем и Россией. Сланцевая революция и новая энергетическая революция привели к тому, что центр производства энергоресурсов сместился на запад, сформировав трехстороннюю структуру с центрами добычи нефти и газа на Ближнем Востоке, в России и Северной Америке. На азиатском энергетическом рынке, представленном Китаем, Индией, Японией и Южной Кореей, потребление ресурсов происходит очень интенсивно, что способствует смещению центра энергопотребления на восток. Международный нефтяной рынок еще долго будет рынком покупателя, что дает возможность Китаю, крупнейшему импортеру нефти в мире, лучше использовать рыночную силу для повышения стабильности поставок энергоресурсов и ценообразования. Ориентир на Восток- это долгосрочная энергетическая стратегия России, которую можно описать как "одновременный ориентир как на Запад, так и на Восток". Ее целью является открытие новых рынков в Азиатско-Тихоокеанском регионе, диверсификация экспорта энергоресурсов и содействие социально-экономическому развитию на Дальнем Востоке России. Однако экономические санкции Евросоюза и Соединенных Штатов обострили вопросы недостатка спроса на российский природный газ и недостатка инвестиций, что не дает возможности России взять под свой контроль быстро растущий мировой рынок природного газа. В дополнение к этому Китай всячески стремится к диверсификации импорта энергоресурсов, например, увеличивает объем импорта энергоресурсов из Центральной Азии. Все это в значительной степени стимулирует китайско-российское сотрудничество в энергетической сфере, так как Россия не хочет потерять огромный рынок Китая. Смещение центра энергопотребления на Восток, а также энергетическая стратегия России "ориентир на Восток" создадут хорошие внешние условия для создания конкретного плана долгосрочного китайско-российского стратегического сотрудничества в сфере энергетики (Фу Цзинъюань и Чжан

Чжунъюань, 2016 год).

Продвижение идеи разработки стратегических и программных документов для китайско-российского энергетического сотрудничества будет гарантировать его осуществление на высоком уровне. Долгосрочный план сотрудничества может способствовать дальнейшему расширению всестороннего взаимодействия между двумя странами в области строительства нефтегазопроводов, разведки и эксплуатации энергоресурсов, их переработки, инженерного и технического обслуживания, а также импорта и экспорта оборудования. Стимулирование китайских энергетических компаний участвовать в разработке газовых месторождений на территории России, а российских энергетических компаний-в продаже природного газа на территории Китая, совместное строительство китайско-российских газопроводов, а также взаимодополняемость и взаимовыгода двух сторон приведут к тому, что уровень энергетического сотрудничества между Китаем и Россией изменится, перейдет от модели простой торговли к взаимному инвестированию. Подписание плана о долгосрочном китайско-российском стратегическом сотрудничестве придаст взаимодействию между сторонами институализированный и стандартизированный характер, а риски и конфликты интересов, которые могут возникнуть в процессе, будут сведены к минимуму. В то же время подписание плана будет содействовать созданию цельных энергетических сообществ в Восточной Азии, поможет учитывать интересы всех сторон и избегать недобросовестной конкуренции.

4.2 Создавать еще больше показательных совместных проектов для обеспечения высокого уровня сотрудничества

Такие показательные китайско-российские проекты, как строительство "Ямал СПГ", китайско-российский газопровод по восточному маршруту, Амурский газоперерабатывающий завод, совместная китайско-российская Хуадянь-Тенинская ТЭЦ с комбинированным парогазовым циклом помогли обеим сторонам накопить инвестиционный, строительный и управленческий опыт в области энергетики. Эти проекты были "подопытным полем" в китайско-российском энергетическом сотрудничестве и не только расширили область участия китайских предприятий в освоении и переработке энергоре-

Доклад о сотрудничестве Китайской Народной Республики и Российской Федерации в сфере энергетики (2018)

сурсов, но и помогли развеять сомнения некоторых россиян о том, что Россия для Китая является сугубо экспортером ресурсов, его сырьевым придатком. Китай также берет на себя миссию по изучению опыта участия китайских предприятий на всех уровнях промышленной цепочки российской нефтегазовой отрасли. Китай должен в полной мере структурировать, обобщить и использовать опыт и уроки проектов "Ямал СПГ", китайско-российский газопровод по восточному маршруту, Амурский газоперерабатывающий завод, совместная китайско-российская Хуадянь-Тенинская ТЭЦ с комбинированным парогазовым циклом, чтобы воплотить в жизнь еще больше показательных проектов по китайско-российскому энергетическому сотрудничеству. Торговля энергоресурсами-это лишь начальный этап во всем процессе энергетического взаимодействия. В первую очередь необходимо перенять и изучить модель сотрудничества Китая и России по проектам строительства Тяньцзиньского нефтеперерабатывающего завода и "Ямал СПГ", чтобы в определенной степени дать российским компаниям доступ к сферам переработки и сбыта в нефтегазовой отрасли Китая, а Россия, в свою очередь, должна открыть доступ китайским компаниям в сферу разведки и разработки энергоресурсов, а также их транспортировки. В результате китайско-российское сотрудничество углубится на всех уровнях производственной энергетической цепочки. В то же время необходимо продвигать идею о заключении нового соглашения между Китаем и Россией по поводу строительства трубопроводов для дальнейшего расширения возможностей транспортировки энергоресурсов. Например, можно запланировать строительство нефте-и газопроводов, которые будут проходить по центральной части Евразии, через Синьцзян-Уйгурский автономный район в Китае, на севере-через Дальний Восток и Новосибирск и дальше идти на юг вплоть до самой Индии.

4.3 Продвигать идею о создании общей платформы для исследований в сфере энергоресурсов Китая и России

Важность китайско-российского энергетического сотрудничества как для Китая, так и для России очевидна. Китайские научно-исследовательские учреждения, связанные с исследованиями российской энергетической сферы, в основном представлены академией общественных наук КНР, некоторыми университетами, отдельно взятыми предприятиями и частными организациями. Сообщество, занимающееся исследованиями, очень большое, однако его усилия рассредоточены, поэтому достигнутые результаты по-прежнему не в полной мере отвечают потребностям китайского правительства и предприятий. Необходимо продвигать идею о создании общей платформы для исследований в сфере энергоресурсов Китая и России, интегрировать имеющиеся ресурсы для исследований, рассредоточенные на данный момент в различных системах (академия общественных наук, университеты, предприятия и частные организации), усиливать разделение труда и объединять усилия, всячески способствовать непрерывному углублению китайско-российских исследований в области энергетики. Различные учреждения могут изучить вопрос строительства исследовательских платформ, проводя совместные изыскания и обсуждения, поощряя как политику привлечения иностранного капитала, так и политику "выхода во вне" (инвестирования за рубежом), осуществлять китайско-российские международные энергетические обмены и рассказывать истории о китайско-российском сотрудничестве в области энергетики. В то же время необходимо стимулировать предприятия с китайским капиталом, научные учреждения и неправительственные организации сотрудничать с соответствующими российскими должностными лицами, производственными и научными учреждениями в целях углубления систематического изучения и понимания в области российской энергетики и инвестиционного климата. Это касается в том числе исследований вопросов о количестве нефтегазовых ресурсов в России, их качестве, распределении, используемых способах добычи, потенциале, а также о российской законодательной, политической, гуманитарной, экономической и управленческой системах. Важной составляющей является содействие исследовательским организациям в углублении изучения сферы энергетической политики друг друга и развития отрасли, а также проведение регулярных форумов и конференций, обменов визитами ученых или совместных исследований. Исследовательские организации могут вносить соответствующим правительственным органам или деловым кругам двух стран предложения по более качественному осуществлению сотрудничества.

Используемая литература:

Фэн Юйцзюнь. Новые изменения в структуре международной энергетической стратегии и китайско-российское энергетическое сотрудничество. Евразийская экономика, 2018 год (3)

Фу Цзинъюань, Чжан Чжунъюань. Структурная власть России в мировой энергетической системе и китайско-российское энергетическое сотрудничество. Исследования России, Восточной Европы и Центральной Азии, 2016 год (2)

Сюй Циньхуа. Изменение статуса России в международной энергетической структуре и тенденции развития. Евразийская экономика, 2018 год (3)

Сюй Хунфэн. Новые вехи развития и скрытые препятствия в китайско-российском энергетическом сотрудничества во время третьего президентского срока В. В. Путина. Исследования России, Восточной Европы и Центральной Азии, 2016 год (6)

Сюй Хунфэн, Ван Хайянь. Новые вехи развития и сдерживающие факторы в китайско-российском энергетическом сотрудничестве. Евразийская экономика, 2017 год (1)

Ян Ян, Дун Сочэн, Ли Цзэхун. Развитие, движущие силы, вызовы и альтернативы китайско-российского энергетического сотрудничества на фоне формирования экономического коридора Китай-Монголия-Россия. Наука о природных ресурсах, 2018 год (2)

Ю Лицзе. Мотивы, риски и выбор различных путей китайско-российского сотрудничества в области энергетики на примере проекта "Ямал СПГ". Международное экономическое сотрудничество, 2018 год (4)

Чжан Гобао. Записи 15-летних переговоров по строительству китайско-российского трубопровода сырой нефти. China Economic Weekly, 2018. 1. 8

专题报告

俄罗斯能源企业发展状况简析

马海霞

一、全球能源分布及发展趋势

(一) 油气煤资源世界用量比例

到目前为止,以煤炭、石油和天然气为代表的化石能源在能源消费中的主体地位仍不可撼动,但其内部结构却在不断发生变化。根据BP统计数据,石油占世界一次能源消费量的比重在1973年达到峰值(占比48.7%)后逐年降低,到2015年,石油占比为32.9%;天然气所占份额不断提升,由1965年的15.8%上升到2015年的23.9%,提高了约8个百分点;煤炭的占比在1999年降到最低点后(约25%),又出现小幅回升,近几年占比维持在30%左右;核能的占比在经历了短暂上升后又开始下滑,到2015年占比不到4.5%;可再生能源的消费量在过去几十年间一直稳步增加(主要以水电为主),所占比重由1965年的5.6%上升到2015年的9.6%,提高了4个百分点。由此可见,迄今为止,石油仍然是最重要的能源。另外,化石能源内部此消彼长,它占世界一次能源消费量的比重一直维持在85%以上,核能以及可再生能源的占比依旧很小。

随着世界经济规模的不断增大,世界能源消费量持续增长(见表1)。过去30年来,世界能源消费量年均增长率为1.8%左右。经济合作与发展组织(简称经合组织)成员国能源消费占世界的比例由1973年的68.0%下降到2016年的41.65%。其主要原因有两点:一是发达国家的经济发展已进入到后工业化阶段,经济向低能耗、高产出的产业结构发展,高能耗的制造业逐步转向发展中国家;二是发达国家高度重视节能与提高能源使用效率。欧盟成员国的能源消费占比从2006年的16.24%下降到2016年的12.37%。

表 1 一次能源消费量

单位：百万吨油当量

年份	总计	经合组织	非经合组织	欧盟	独联体
2006	11266.7	5677.4	5589.3	1830.2	963.6
2007	11626.6	5713.2	5913.4	1804.2	994.6
2008	11783.8	5662.2	6121.7	1796.7	1002.1
2009	11601.5	5391.6	6209.9	1691.3	926.8
2010	12170.0	5693.8	6576.2	1754.5	969.5
2011	12455.3	5536.3	6919.0	1695.9	1010.6
2012	12633.8	5481.8	7152.0	1681.2	1014.6
2013	12866.0	5540.4	7325.6	1669.3	991.9
2014	12988.8	5497.6	7491.3	1605.0	993.2
2015	13105.0	5505.5	7599.5	1626.7	967.4
2016	13276.3	5529.0	7747.1	1642.0	965.6

资料来源：《BP 世界能源统计年鉴（2017）》并自行整理。

近年来，世界能源消费结构趋向优质化，但地区差异仍然很大。初期主要是以煤炭为主，进入 20 世纪以后，特别是第二次世界大战以来，石油和天然气的生产与消费持续上升，石油于 20 世纪 60 年代首次超过煤炭，跃居一次能源的主导地位。虽然 20 世纪 70 年代世界经历了两次石油危机，但世界石油消费量却没有丝毫减少的趋势。此后，石油、煤炭所占比例缓慢下降，天然气的比例上升。同时，核能、风能、水力、地热等其他形式的新能源逐渐被开发和利用，形成了目前以化石燃料为主和可再生能源、新能源并存的能源结构格局。到 2016 年底，化石能源仍是世界的主要能源，在世界一次能源供应中约占 85.52%，其中，石油占 33.28%、煤炭占 28.11%、天然气占 24.13%。非化石能源和可再生能源虽然增长很快，但仍保持较低的比例，约为 14.48%（见表 2）。由于中东地区油气资源最为丰富、开采成本极低，故中东能源消费的 97% 左右为石油和天然气，该比例明显高于世界平均水平，居世界之首。在亚太地区，中国、印度等国家煤炭资源丰富，煤炭在能源消费结构中所占比例相对较高，其中，中国能源结构中煤炭所占比例高达 68% 左右，故在亚太地区的能源结构中，石油和天然气的比例偏低（约为 47%），明显低于世界平均水平。除亚太地区以外，其他地区石油、天然气所占比例均高于 60%。

表2 一次能源分燃料消费量

单位：百万吨油当量

	石油	天然气	煤炭	核能	水电	可再生能源	总计
合计（2015）	4341.0	3146.7	3784.7	582.7	883.2	366.7	13105.0
合计（2016）	4418.2	3204.1	3732.0	592.1	910.3	419.6	13276.3
经合组织（2016）	2086.8	1495.2	913.3	446.8	316.8	270.1	5529.0
非经合组织	2331.4	1708.9	2818.7	145.2	593.4	149.5	7747.1
欧盟	613.3	385.9	238.4	190.0	78.7	135.6	1641.9
独联体	195.5	492.0	157.9	63.3	56.2	0.7	965.6
经合组织（2015）	2062.4	1464.9	972.7	446.7	309.9	248.9	5505.5
非经合组织	2278.5	1681.8	2812.0	136.0	573.4	117.8	7599.5
欧盟	600.6	359.2	261.1	194.0	77.2	134.6	1626.7
独联体	191.6	499.8	158.9	64.7	51.7	0.6	967.3

资料来源：《BP世界能源统计年鉴（2017）》并自行整理。

（二）油气煤资源各地区分布重点

世界能源的生产主要分布在中东、亚太、苏联、美洲和西北非。大体分为以下几类："高—高"区域（生产量高，增长率高），包括美洲的美国、哥伦比亚、巴西，非洲的南非、安哥拉，中东的卡塔尔，以及亚太的中国、印度、澳大利亚等15个国家，能源生产量占比从1990年47.85%上升到2015年的60.96%。"高—中"区域，包括中东、俄罗斯、加拿大、委内瑞拉等石油输出国组织（OPEC）成员，生产量持续稳定增长。

原油、天然气、煤炭的空间生产格局各有不同原油生产主要分布在中东（32.38%）、北美（20.87%）、苏联（15.55%）、亚太（9.14%）、中南美洲（9.08%）、西北非（8.83%），几乎无原油生产的国家约85个。天然气生产主要分布在北美（28.14%）、苏联（21.15%）、中东（17.38%）、亚太（15.75%）。其中，美国、俄罗斯、伊朗、卡塔尔、加拿大是世界前五大天然气生产国，几乎无天然气生产的国家约105个；煤炭生产空间分布相对更加紧凑，集中分布在亚太、苏联和北美。高产高增长国家包括中国、印度、澳大利亚、印尼、南非和越南等，几乎无煤炭生产国家有133个。

（三）未来发展方向

2016年全球一次能源消费量增长1.0%，远低于十年平均增速1.8%，且为连续第三年增速不高于1%。与2015年情况一致,除欧洲及欧亚大陆以外,其他所有地区的增速均低于平均水平。除石油和核能外的所有燃料增速均低于平均水平。石油是能源消费中的最大的增量来源(7700万吨油当量),其次是天然气(5700万吨油当量)和可再生能源(5300万吨油当量)。

2016年,全球探明石油储量增加了150亿桶(0.9%)至1.707万亿桶。增长主要来自伊拉克(100亿桶)和俄罗斯(70亿桶),而一些国家和地区则有小幅下降。OPEC国家现在掌握71.5%的全球探明储量。根据《BP世界能源统计年鉴(2017)》相关数据可知,2016年,全球一次能源消费保持低速增长;能源消费转向更低碳能源。

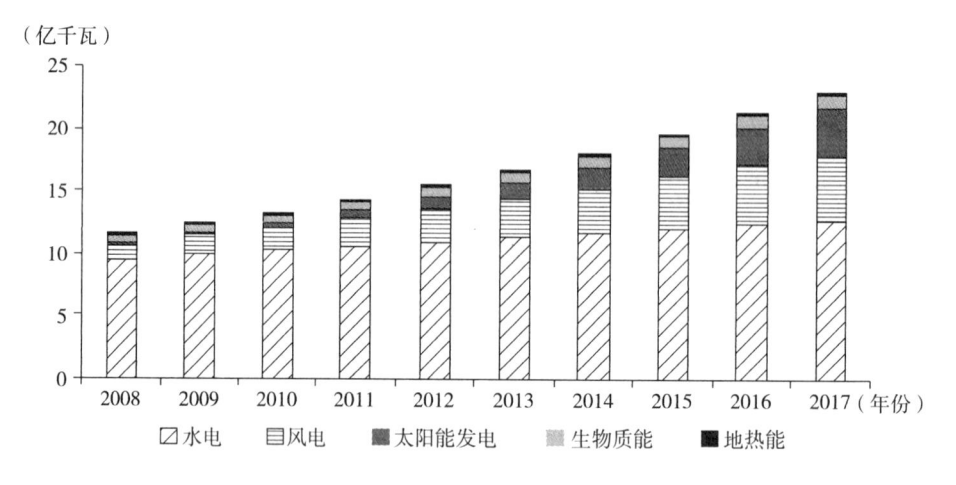

图1 全球可再生能源分布图

资料来源:中图环球数据库。

由于成本快速下滑,技术进步以及越来越有利的政策,2017年可再生能源继续保持快速增长趋势。从图1可以看出太阳能发电在近几年发展迅猛,生物质能也处于缓慢增长中,而水电一直处于稳定趋势。国际能源署数据显示,截至2017年底,全球可再生能源累计装机21.79亿千瓦,其中,2017年新增装机1.67亿千瓦,同比增长8.3%。可再生能源除了可以降低碳排放、减少环境污染、提高能源安全外,同时也可以促进经济增长和创造就业。2017年水电新增装机容量近十年最低。巴西和中国新增占一半以上(1240万千瓦或60%的新增产能)。安哥拉和印度的水力发电能力也增加了

100万千瓦。①

根据以上分析，世界能源未来的发展方向主要为：第一，煤炭需求稳步增长；第二，石油仍是未来主要能源；第三，天然气需求稳步提高。总体来看，北美"页岩气革命"、新兴市场国家经济快速发展、全球气候变化和新能源突破发展等因素促使世界能源格局发生显著的变化。这些变化可以总结为以下五点：①尽管当前能源需求疲软，快速发展的新兴市场国家将带动能源需求持续增长；②未来天然气将取代煤炭成为第二大燃料；③可再生能源的比重迅速上升；④随着页岩油、页岩气等非常规油气的兴起，能源供应更趋多极化、多元化；⑤能源贸易重心从大西洋盆地向亚太地区转移。

二、俄罗斯能源现状

俄罗斯是除OPEC国家之外的世界最大的能源生产、消费和出口大国，拥有丰富的石油、天然气和煤炭资源，不仅可以保证本国能源的消费，还具有一定出口市场。俄罗斯的石油探明储量从2015年的1024亿桶上升到2016年的1095亿桶，但都低于1996年的1139亿桶。俄罗斯石油探明储量现在占全球总量的6.4%，它的储产比为26.6%。俄罗斯的天然气和煤炭探明储量占全球总量都比较高，2016年分别达到17.3%和14.10%。其中，天然气探明储量居世界第二。2014年俄罗斯油气工业面临考验，与乌克兰交恶、欧美实施制裁、国际油价暴跌等外部环境对俄油气生产与出口都带来了一定负面影响。但综观全年发展，俄罗斯国内油气工业在逆境中也表现出众多积极面。

表3、表4可以体现出俄罗斯被称为"能源帝国"。根据相关数据②，截至2016年末，俄罗斯石油产量占比世界第二，达到12.60%；天然气和煤炭产量也分别占世界总量的16.30%和5.30%，石油和煤炭产量在最近十年一直处于稳步上升的趋势。在世界价格处于疲软和世界其他地区平均增速处于低水平时期，俄罗斯的石油和煤炭在2016年增长率分别达到2.20%和3.10%，实属不易。

---

① 数据来自于中图环球能源眼官方网站。
② 该数据由来自英国BP公司出版的《BP世界能源统计年鉴（2017）》计算得出。

表3　俄罗斯石油、天然气、煤炭和电力产量

单位：百万吨油当量（除电力、增长率和占比外）

	石油	天然气	煤炭	电力（千瓦时）
2006	485.6	535.6	141	992.1
2007	496.8	532.8	143.5	1018.7
2008	493.7	541.5	149	1040
2009	500.8	474.9	141.7	993.1
2010	511.8	530	151	1035.7
2011	518.8	546.3	157.6	1050.2
2012	526.2	533	168.3	1064.1
2013	531.1	544.2	173.1	1050.7
2014	534.1	523.6	176.6	1058.7
2015	540.7	517.6	186.4	1063.4
2016	554.3	521.5	192.8	1087.1
2016年增长率（%）	2.20	0.50	3.10	1.90
2016占总量比（%）	12.60	16.30	5.30	4.40

资料来源：《BP世界能源统计年鉴（2017）》并自行整理。

与此同时，俄罗斯一次能源消费量为67390万吨油当量，占总量比为5.10%，居世界第四位；其中，石油消费量居世界第五位，天然气消费量居世界第三位，煤炭消费量居世界第六位，核能消费量居世界第五位，水电消费量居世界第六位。2016年俄罗斯天然气的消费量占全球天然气消费量的11%，这个占比相当高了。但从表4可以看出，2016年除了石油和水电消费量增速达到1%以上，其他一次能源的分燃料消费量都在1%以下，甚至为负值。俄罗斯一次能源消费量在近年来持续下降，增长速度远低于全球一次能源消费量增长率1%。总体来看，俄罗斯的一次能源消费量处于平稳趋势，核能消费量近年来一直处于上升态势。图2可以显示出，俄罗斯一次能源消费结构中天然气、石油和煤炭占比达到87.11%。

俄罗斯能源企业发展状况简析

表4 俄罗斯一次能源及分燃料消费量

单位：百万吨油当量

	一次能源	石油	天然气	煤炭	核能	水电
2006	675.9	130.4	373.5	97	35.4	39.6
2007	680.5	130	379.8	93.9	36.2	40.5
2008	683.3	133.6	374.4	100.7	36.9	37.7
2009	648	128.2	350.7	92.2	37	39.9
2010	673.1	133.3	372.7	90.5	38.5	38.1
2011	694.8	142.2	382.1	94	39.2	37.3
2012	693	144.6	374.6	96.4	40.2	37.2
2013	686.6	144.3	372.1	90.5	39.1	40.6
2014	689.1	152.3	368.7	87.6	40.9	39.6
2015	681.6	144.2	362.5	92.2	44.2	38.5
2016	673.8	148	351.8	87.3	44.5	42.2
2016年增长率（%）	-1.40	2.40	-3.20	-5.50	0.30	9.50
2016占总量比（%）	5.10	3.30	11.00	2.30	7.50	4.60

资料来源：《BP世界能源统计年鉴（2017）》并自行整理。

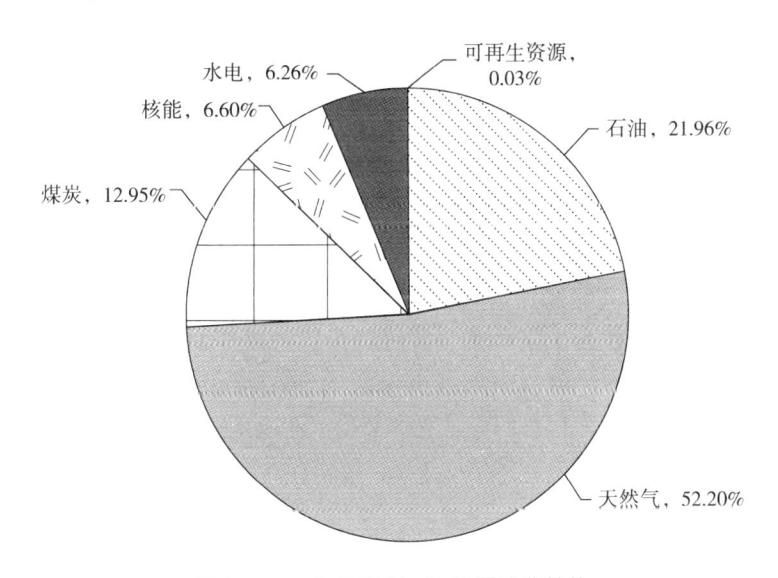

图2 2016年俄罗斯一次能源消费结构

水电，6.26%
可再生资源，0.03%
核能，6.60%
煤炭，12.95%
石油，21.96%
天然气，52.20%

资料来源：《BP世界能源统计年鉴（2017）》并自行绘制。

中俄能源合作年度报告(2018)

随着世界一些地区能源资源的相对枯竭,世界各地区及国家之间的能源贸易量将进一步增大,能源运输需求也相应增大,能源储运设施及能源供应安全等问题将日益受到重视。俄罗斯是世界最大能源出口国之一,它的进出口量对世界能源消费和经济增长具有重要影响。俄罗斯能源主要流向欧洲和中国还有美国。在石油出口方面,俄罗斯主要是出口原油和油品。其中,2016 年原油进口量仅为 80 万吨,而原油出口量则达到 2.74 亿吨,成为沙特阿拉伯后的全球原油出口量第二位。油品出口量从 2015 年的 1.529 亿吨略降至 2016 年的 1.51 亿吨,但还是居世界油品出口量第一位。在天然气出口方面,俄罗斯主要出口管道气和液化天然气。2015 年,管道气出口为 1791 亿立方米,而到 2016 年末出口量就达到 1908 亿立方米。而液化天然气,俄罗斯只出口不进口,出口量在 2015 年和 2016 年没有变化,都为 140 亿立方米。欧洲一直是俄罗斯天然气最重要的出口市场。根据俄罗斯天然气工业有限公司数据,2017 年,俄罗斯向德国出口天然气 534 亿立方米,对奥地利、捷克、斯洛伐克、荷兰和丹麦的供气份额也出现不同程度的增长,其中对奥地利供气增幅达 40%[①]。而在石油出口方面,2017 年俄罗斯出口石油 2.57 亿吨,同比增长 1%。其中,对非苏联加盟共和国出口 2.39 亿吨,同比增长 1.1%;对苏联加盟共和国出口 1800 万吨,同比减少 0.4%。同期,俄向国内市场供油 2.87 亿吨,同比减少 0.2%。2017 年,俄开采石油及凝析油 5.49 亿吨,同比减少 0.1%。

与此同时,我们知道核能发展在确保国家能源安全方面发挥着重要作用,核电是俄罗斯联邦长期以来领先的高科技产业之一。核电的进一步发展不仅在保证 EEC(安装竣工证书)稳定可靠运行方面,而且在保持该行业技术领先地位方面都很重要[②]。从表 4 就可以看出,俄罗斯的核能消费量在逐年增加,并在 2016 年达到最大值 44.5 百万吨油当量;而俄罗斯水电消费量一直在小范围波动,在 2016 年也达到最大值 42.2 百万吨油当量。俄罗斯发展可再生能源(不包括水电)的主要成就指的是在将太阳辐射转化为电能新技术发展方面取得的成就。由于可再生能源占比太小,所以很难看出趋势,但是由于全球气候问题和人们对环境保护意识的提高,可再生能源的消费其实也是逐年增加的。

---

① 数据来自于中国石油新闻中心,发布日期 2018-01-23。
② 引自《2035 年前俄罗斯能源战略》报告。

三、俄罗斯十大上市能源公司整体状况对比

（一）净利润率

如表5所示，从净利润率这个指标看，只有鞑靼石油股份有限公司一直处于稳定上升的趋势，剩余的九大上市能源公司由于外界环境的改变而发生较大变化。卢克石油股份有限公司和巴什石油股份公司在2017年净利润都翻倍了。而苏尔古特石油股份公司的净利润率在近三年持续大幅下滑，在2017年竟下降到了-413.46%。俄罗斯诺瓦泰克股份有限公司利润在2016年翻了两番，但是在2017年净利润几乎只有2016年的一半。俄罗斯诺瓦泰克股份有限公司2015年收入增长的主要原因是液化气销量增加，以及液化气以卢布计算的平均价格上升。同时俄罗斯统一电力股份公司是这十家上市能源公司净利润最少的，在2014年只有78亿卢布，而到2017年净利润上涨到538亿卢布；但从表5可以看出该公司在2015年和2016年净利润上涨迅速，而到2017年却下滑不少。

表5 俄罗斯十大上市能源公司净利润率对比

单位：%

	2015	2016	2017
俄罗斯国家石油公司	2.01	-49.01	22.65
卢克石油股份有限公司	-26.39	-28.97	102.52
俄罗斯天然气工业股份有限公司	394.99	20.91	-24.94
俄罗斯诺瓦泰克股份有限公司	99.47	246.52	-39.34
鞑靼石油股份有限公司	7.27	8.55	14.67
俄气石油股份有限公司	-10.18	82.54	26.52
苏尔古特石油股份公司	-13.93	-108.15	-413.46
俄罗斯统一电力股份公司	188.39	168.84	-11.37
巴什石油股份公司	34.83	-9.42	171.46
俄罗斯水电股份公司	23.17	27.48	-40.27

资料来源：上述十家上市能源公司年报并自行整理。

(二）经营收入及增长率

如表6所示，从经营收入来看，卢克石油、俄罗斯国家石油和俄罗斯天然气工业这三家能源公司经营收入额最大，其他的都只有俄罗斯天然气工业股份有限公司的1/10，甚至更低。两家电力公司的在数额上比其他类型能源公司少得多，但是俄罗斯统一电力股份公司曾经是世界第四大电网系统公司。俄罗斯天然气工业股份有限公司（简称"俄气"）的经营收入在数额上是十家能源公司中最大的，在2017年收入增长率达到近20%。俄气经营收入上涨主要源于出口。欧洲一直是俄罗斯天然气最重要的出口市场。根据俄气数据，2017年，俄罗斯向德国出口天然气534亿立方米，对奥地利、捷克、斯洛伐克、荷兰和丹麦的供气份额也出现不同程度的增长，其中对奥地利供气增幅达40%。惠誉企业部主管德米特里·马林琴科称，俄气创纪录的出口数据得益于欧洲对天然气需求上升，和相对来说具有竞争力的价格。目前俄罗斯天然气占欧洲市场份额约34%。俄罗斯国家能源安全基金会总经理西蒙诺夫认为，2017年欧洲天然气需求旺盛的部分原因是自身天然气产量减少，而天然气发电需求不断增加。①

表6 俄罗斯十大上市能源公司经营收入

单位：百万卢布

年份 公司	2014	2015	2016	2017
俄罗斯水电股份公司	33882	34681	47539	47792
俄罗斯统一电力股份公司	19946	25743	77260	56120
鞑靼石油股份有限公司	106533	130501	143104	161767
俄罗斯诺瓦泰克股份有限公司	127763	140730	225266	163751
巴什石油股份公司	64684	96395	85588	196594
苏尔古特石油股份公司	162800	243991	260529	272387
俄气石油股份公司	212645	198353	234137	299391
卢克石油股份有限公司	337184	279971	410563	503578
俄罗斯国家石油公司	647000	702000	639000	598000
俄罗斯天然气工业股份有限公司	1310424	1228301	725580	870623

资料来源：上述十家上市能源公司年报并自行整理。

① 天然气出口增加分析原因来自于中国石油新闻中心，发布日期2018-01-23。

表7 俄罗斯十大上市能源公司经营收入增长率

单位：%

年份 公司	2015	2016	2017
俄罗斯国家石油公司	8.50	-8.97	-6.42
卢克石油股份有限公司	-16.97	46.64	22.66
俄罗斯天然气工业股份有限公司	-6.27	-40.93	19.99
俄罗斯诺瓦泰克股份有限公司	10.15	60.07	-27.31
鞑靼石油股份有限公司	22.50	9.66	13.04
俄气石油股份公司	-6.72	18.04	27.87
苏尔古特石油股份公司	49.87	6.78	4.55
俄罗斯统一电力股份公司	29.06	200.12	-27.36
巴什石油股份公司	49.02	-11.21	129.70
俄罗斯水电股份公司	2.36	37.08	0.53

资料来源：上述十家上市能源公司年报并自行整理。

（三）资产负债率

资产负债率是用以衡量企业利用债权人提供资金进行经营活动的能力，以及反映债权人发放贷款的安全程度的指标，通过将企业的负债总额与资产总额相比较得出，反映在企业全部资产中属于负债比率。从表8可以看出，俄罗斯的能源公司资产负债率整体在下降，但俄罗斯统一电力股份公司和俄罗斯诺瓦泰克股份有限公司资产负债率较其他公司变动幅度较大。俄罗斯国家石油公司的资产负债率近几年是一路不断上升的，这是由于该公司在2013年、2016年分别收购TNK-BP资产和巴什基尔石油公司股份，导致俄罗斯国家石油公司不得不大量举债。而俄罗斯诺瓦泰克股份有限公司的资产负债率一路大幅下降，从2015年的51.58%下降至2017年的27.42%。

表8 俄罗斯十大上市能源公司资产负债率表

单位：%

年份 公司	2014	2015	2016	2017
俄罗斯国家石油公司	67.12	70.07	70.30	70.40
卢克石油股份有限公司	35.91	35.82	35.77	33.36
俄罗斯天然气工业股份有限公司	35.32	37.90	34.43	36.24
俄罗斯诺瓦泰克股份有限公司	44.97	51.58	32.73	27.42

续表

年份 公司	2014	2015	2016	2017
鞑靼石油股份有限公司	24.15	21.33	35.73	35.72
俄气石油股份公司	49.20	53.45	46.64	46.99
苏尔古特石油股份公司	12.01	11.58	12.15	14.78
俄罗斯统一电力股份公司	41.43	36.11	27.04	26.76
巴什石油股份公司	62.61	54.72	55.20	48.03
俄罗斯水电股份公司	34.49	35.78	34.24	32.62

资料来源：上述十家上市能源公司年报并自行整理。

（四）净资产回报率

如表9所示，从净资产回报率（ROE）这个指标来看，俄罗斯天然气工业股份有限公司和俄罗斯水电股份公司在2014~2017年一直维持较稳定的水平，说明公司在长期中经营稳定；俄罗斯诺瓦泰克股份有限公司、鞑靼石油股份有限公司和巴什石油股份公司的ROE值比其他公司的ROE普遍年份要高，从理论上来看，ROE越高，意味着企业的盈利能力越强。从前文中可以看出苏尔古特石油股份公司的净利润大幅减少，同时在2016年该公司的ROE为负值，有较大的波动，开始侵蚀资产价值。

表9 俄罗斯十大上市能源公司净资产回报率

单位：%

年份 公司	2014	2015	2016	2017
俄罗斯国家石油公司	12.12	12.30	5.48	6.13
卢克石油股份有限公司	13.02	9.03	6.42	12.02
俄罗斯天然气工业股份有限公司	1.62	7.43	8.58	6.14
俄罗斯诺瓦泰克股份有限公司	9.69	17.46	39.76	20.64
鞑靼石油股份有限公司	16.59	15.75	15.26	17.30
俄气石油股份公司	11.46	9.48	14.72	16.31
苏尔古特石油股份公司	30.42	21.26	-1.80	5.39
俄罗斯统一电力股份公司	2.29	6.22	14.57	11.76
巴什石油股份公司	22.03	24.70	20.14	37.69
俄罗斯水电股份公司	4.42	5.23	6.22	3.47

资料来源：上述十家上市能源公司年报并自行整理。

（五）市场价值分析

从表 10 中可以看出俄罗斯十大上市能源公司本身的差距还是挺大的。苏尔古特石油天然气和俄气的股本规模是其他公司无法比拟的，俄气石油的股本是最小的。从市值上看，俄石油无疑是最大的。俄罗斯国家石油公司分别于 2007 年、2013 年完成了对石油尤科斯和 TNK-BP 的收购，成为目前俄罗斯最大的石油企业。2016 年 10 月，俄石油又收购了巴什基尔石油公司 50.075% 的股份。俄石油、卢克石油及苏尔古特石油天然气三巨头承担了俄罗斯 50% 以上的原油产量及 70% 以上的原油出口量。我们可以看到俄水电的市盈率达到一个较高的水平，主要原因是其每股利润过低，根本原因是其亏损严重，公司基本不存在投资价值。俄气石油、苏尔古特石油天然气和统一电力的市净率非常接近，但每股利润之间的差距却很大。同时，从俄石油和俄气这两家大公司的对比上来看，俄气的市盈率较低，每股利润却更高，所以俄气更具有投资价值。

表 10 俄罗斯十大上市能源公司市场价值基本数据

单位：卢布（除 P/E 和股息收入比）

名称	股票代码	总股本	每股利润	市值	P/E	股息收入比（%）
俄罗斯国家石油公司	ROSN	421000000	27.55	418469B	14.15	2.69
卢克石油股份有限公司	LKOH	67298000	589.3	373567B	7.48	4.88
俄罗斯天然气工业股份有限公司	GAZP	1918000000	32.32	353209B	4.6	5.41
俄罗斯诺瓦泰克股份有限公司	NVTK	50790000	42.61	234464B	18.03	1.95
鞑靼石油股份有限公司	TATN	150000000	5.47	155359B	12.36	5.91
俄气石油股份公司	SIBN	31214000	53.68	154638B	6.14	4.55
苏尔古特石油股份公司	SNGS	2009000000	5.45	131067B	5.47	2.01
俄罗斯统一电力股份公司	IRAO	234076000	0.67	41760B	5.95	3.26
巴什石油股份公司	BANE	301000000	875.13	40120B	2.66	6.37
俄罗斯水电股份公司	HYDR	492729000	0.06	31417B	11.55	6.33

注：表中 B 表示十亿，该表中数据截至 2018 年 5 月 18 日。

四、俄罗斯上市能源公司分析

（一）俄罗斯国家石油公司

2015 年，俄罗斯国家石油公司（以下简称"俄罗斯国油"）共实现经营收入 702000 百万卢布，同比增长 8.5%，净利润也增加了 2.01%，达到 355000 百万卢布。但是，俄罗斯国油经营收入在 2016 年和 2017 年分别下降了 8.97% 和 6.42%，而与此同时净利润分别下降了 49.01% 和增长了 22.65%。经济制裁和低油价导致俄罗斯上游行业外来投资骤减，特别是北极海域和页岩项目投资非常困难，所以俄罗斯国油也受此影响。2015 年，俄罗斯国油平均净资产回报率由 12.12% 略上涨到 12.30%，但远远高于 2017 年和 2016 年的 6.13% 和 5.48%。以上指标表明，俄罗斯国家石油公司在近两年内显示出较为一般的盈利能力，不过整体还是呈稳定态势。与此同时，俄罗斯国油的资产负债率由 2013 年的 37.01% 一路上涨到 2017 年的 70.04%。2012 年到 2013 年上涨了约 85%，主要是因为收购 TNK-BP 资产时对外大幅举债所致。而在 2016 年俄罗斯国油又收购巴什基尔石油公司一半以上的股份，这些原因导致俄罗斯国油的资产负债率一路上涨。所以俄罗斯国家石油公司总体来说，经营收入近两年持续下降，盈利能力波幅较大。

（二）俄罗斯天然气工业股份有限公司和俄气石油股份公司

俄罗斯天然气工业股份公司（简称为"俄气"）主要从事石油天然气地质勘探、开发、生产、加工、储运以及销售。俄气不仅在俄罗斯的天然气出口中居垄断地位，而且在世界天然气市场上也发挥着极其重要的作用。其天然气产量占世界的 13%，占俄罗斯的 73%。2013 年，该公司开采天然气 4874 亿立方米，比 2012 年增加 0.1%；开采原油及凝析油 4850 万吨，比 2012 年增加 14.8%。加工天然气 3150 亿立方米，同比 2012 年减少 2.8%；加工原油及凝析油 6610 万吨，同比 2012 年增加 7.5%。该公司主要为东欧和非独联体各国提供所需的几乎全部天然气，是世界最大的天然气开采企业。俄气发布数据称，2017 年该公司向非独联体国家供气 1939 亿立方米，比 2016 年同期上升 8.1%，刷新历史纪录。2015 年俄罗斯天然气产量为 6334 亿立方米，其中俄气生产了 4172 亿立方米，达到 65% 以上。俄气在 2014~2016 年净利润上涨幅度较大，而到 2017 年净利润由 2016 年的 951637

百万卢布下降至714302百万卢布。从有关数据可以看出俄气的经营收入和净利润都是双双下滑的,而总资产和总负债在数额上没有较大的波动。

俄气石油股份公司为俄罗斯天然气工业总公司的子公司,俄罗斯天然气工业总公司占其95.68%的股份。该公司石油炼化能力位于俄罗斯第三位,是第一家在北极大陆架进行石油作业的石油公司。近年来,俄气石油股份公司的经营收入、净利润和净资产回报都在持续不断地增长,展现良好的势头。

(三)卢克石油股份有限公司

卢克石油股份有限公司(以下简称"卢克石油")是全球最大的上下游一体化石油天然气公司之一。卢克石油的主营业务是石油天然气的勘探和开发、石油及石化产品的生产和销售。卢克石油在2014年10月宣布,以1.5亿美元的价格向俄罗斯国家石油公司出售名下在俄罗斯国家石油公司联盟中20%股份,并退出由联盟推动的委内瑞拉"胡宁6号"采油项目。据悉,俄卢克石油公司退出系因项目投资大,成本回收缓慢,以及盈利预测不理想。① 这也部分导致卢克石油在2015年时净利润直线下降至291135百万卢布,下跌近30%。经过近两年的调整和恢复,据卢克石油2017年年报,2017年经营收入达503578百万卢布,净利润418805百万卢布。

(四)俄罗斯水电股份公司和俄罗斯统一电力股份公司

俄罗斯在能源基础设施建设与运营以及电力供应管理方面拥有丰富的经验。俄罗斯的电力系统覆盖11个时区,它包括集中式和隔离式系统,使用各种化石燃料,以及核电设施、大型水电和可再生能源。2008年以来,电力产量增长2.6%,电力消费增长3%,电站装机容量增长12.8%。俄罗斯在2008~2015年,引进28吉瓦新装机容量,包括博古恰内水电站、南乌拉尔国营地方发电和乌斯季-中坎水电站。其中,最重要的项目是2012年符拉迪沃斯托克亚太经合组织峰会和2014年索契奥运会的能源供应工程。500千伏(特)高压线的结雅水电站——阿穆尔—黑河也是投运的最大电网工程项目之一,为电力出口到中国提供保障。2016年5月,完成了容量为800兆瓦的刻赤海峡能量桥的建设,从而保障了克里米亚能源系统与俄罗斯统一能源系

---

① 信息来源:中华人民共和国商务部网站。

统（EEC）之间的沟通。[①] 从中可以看出俄罗斯在水电能源方面的投资力度之大。

俄罗斯水电股份公司和俄罗斯统一电力股份公司是为数不多的俄罗斯上市水电能源公司。俄罗斯统一电力股份公司（以下简称"俄统一电力"）是俄罗斯最大的能源公司，也是世界第四大电网系统公司，负责整个国家电网的运行和发展。若单从总资产和总负债规模来看，近几年俄罗斯水电股份公司（以下简称"俄水电"）要比俄统一电力规模要大，而且经营收入也比俄统一电力多。但截至 2018 年 5 月 18 日，俄水电的市值比俄统一电力小很多，该公司的市值只有俄统一电力的 75%；同时，近两年俄水电在净利润和经营收入增长率方面都要比俄统一电力小。从而我们可以看出，俄罗斯统一电力股份公司在水电能源业务方面的垄断地位和巨无霸。

参考文献

[1] 程春华. 普京新一轮任期直面能源挑战 [N]. 中国石油报，2018-05-15（002）.

[2] 梁萌，袁海云，徐鑫，陈欢，柯翔，杨英，Khlebnikov VN. 2000 年以来俄罗斯石油工业状况与展望 [J]. 国际石油经济，2018，26（04）：77-89.

[3] 解树江，弗·费金，阿·格罗莫夫，阿·别拉郭里耶夫，贾渊培，程春华，侯超惠. 中俄能源合作年度报告（2017）[J]. 中国能源，2017，39（12）：10-13+30.

[4] 温晴. 二十一世纪以来的欧盟与俄罗斯能源合作分析 [D]. 外交学院，2017.

[5] 艾迪. 俄罗斯鞑靼石油公司出售合成橡胶业务 [J]. 橡胶科技，2017，15（05）：39.

[6] 梁萌，陈欢，袁海云，徐鑫，杨英，Khlebnikov V.N.，Mishin A.S.，Antonov S.V.. 2000~2015 年俄罗斯天然气工业情况 [J]. 国际石油经济，2017，25（03）：57-73.

[7] 刘旭. 俄罗斯：能源大国的荣光与困惑 [J]. 世界知识，2016（22）：26-29.

[8] 周琳.《2035 年前俄罗斯能源战略》俄语文本汉译翻译报告 [D]. 黑龙江大学，2016.

[9] 杨国丰，罗佐县，卢雪梅. 俄罗斯国家石油公司发展战略及启示 [J]. 当代石油石化，2015，23（09）：43-46.

[10] CPD 讯. 俄罗斯天然气工业股份公司年产量预计降至历史新低 [J]. 国外测井技术，2015（04）：76.

[11] 舟丹. 俄罗斯天然气工业在国民经济中的作用 [J]. 中外能源，2015，20（06）：41.

---

① 引自《2035 年前俄罗斯能源战略》报告。

[12] 王晓梅. 俄罗斯能源战略调整与中俄能源合作 [J]. 国际经济合作, 2015 (04): 64-68.

[13] 张昕. "能源帝国"、"能源超级大国"和"能源外交"的迷思 [J]. 俄罗斯研究, 2013 (06): 12-31.

[14] 刘锋. 俄罗斯东部地区油气资源开发与中俄能源合作 [D]. 吉林大学, 2013.

[15] 于春苓. 论俄罗斯的石油经济 [J]. 世界历史, 2011 (05): 25-37+158.

[16] 廖健. 俄罗斯天然气工业公司经营现状分析与发展战略 [J]. 当代石油石化, 2009, 17 (01): 38-43+50.

[17] 梁萌, 柯翔, 陈欢, 袁海云, 徐鑫, 杨英, KHLEBNIKOV V N. 俄罗斯石油管道体系及出口现状 [J]. 油气储运, 2017, 36 (10): 1113-1121.

论石油美元地位的衰退与人民币国际化的推进

刘 会

摘要： 石油作为世界上最重要的大宗资源性产品，具有重要的战略价值。在能源争夺战打得越来越激烈的今天，石油的计价货币之争也开始悄然升温。由于美元在国际货币体系中的领导地位，国际贸易中的石油交易大多以美元定价结算，于是在世界范围内形成了一个庞大的石油美元计价体系。石油美元概念的出现不仅仅指出了石油以美元计价这一现实，更暗含了美国对石油价格形成的影响力。美元作为石油的计价货币为美国赚取了巨额财富的同时也给其他国家带来了损失。于是在石油计价货币的领域，削弱美元统治地位的国际呼声也越来越强烈。中国作为一个新兴经济体，对石油的需求量不断攀升。1993年以来，中国成为了石油的净进口国，对外依存度不断提升，如果能够通过推行石油人民币计价来提升人民币的支付功能，不仅仅对于人民币的国际化有着重要的推进作用，也对于中国未来的经济发展十分有利。本文首先介绍国际石油市场的现状，介绍我国石油市场发展的现状和趋势。接着，描述了石油美元发展历程及特点，同时分析了石油欧元、石油卢布，重点分析了我国推行人民币石油的机遇和挑战。最后，针对我国的实际情况，在加强石油定价话语权的同时提升人民币的国际支付功能，开拓人民币国际化新路径方面提出政策和建议。

关键词： 石油美元；人民币国际化；石油定价

一、国际石油市场现状

（一）国际石油市场现状

在可预见的未来30年内，虽然太阳能、风能等可再生能源的比重会逐渐上升，但是石油等化石燃料仍将是世界能源的主要组成。石油的主要产地仍是中东、俄罗斯等少数国家和地区，但随着全球经济一体化的发展，以及全球产业转移的趋势，亚洲尤其是中国和印度开始逐渐取代欧洲和日本成为新的传统能源消费大国。目前，国际石油价格形成过程中，石油的金融属性日益突出，而石油的资源商品角色被逐渐淡化，金融资产的角色却越来越凸显。目前，国际石油市场已形成了西北欧、地中海、加勒比海、新加坡、美国五大现货市场和纽约商品交易所、伦敦国际石油交易所、东京商品交易所三大期货交易市场，其中，期货市场价格在国际石油市场定价中扮演了关键角色。

（二）国内石油市场现状

2002年中国开始向沙特进口原油，像其他进口国一样，中国也必须以美元为支付手段。时至今日，中国已经成功逆转美国成为全球最大的原油买家，在全球原油市场占有举足轻重的作用。与此同时，告别石油美元，以人民币为结算方式的计划已经顺理成章地被提上日程。在过去的几年时间里，中国已经将一部分原油进口量从沙特转移到其他产油国。一份国际能源署发布的报告显示，2015年底，俄罗斯对中国的石油出口翻番，俄罗斯石油称霸中国市场，从2016年4月起，中国自沙特的石油进口则下降了22%。俄罗斯对中国的原油出口总量在中国原油进口总量中所占的比例从5%快速上升至15%。如今，中国从俄罗斯、伊朗、伊拉克和阿曼等产油国的原油进口比例持续上升，而沙特的原油供应量在中国原油进口总量中的占比不断下降。

近几年，在世界多国去美元化及人民币国际化的趋势下，中国将通过实现原油、人民币和黄金三者之间的完全可兑换，打破全球油价规则的美元垄断局面，实现基于亚欧的原油定价权能力，特别在中国亮剑原油期货取得超预期交易量成绩后，人民币定价功能已初显，这就意味着将有助于从主要的国际原油基准手中占有部分定价权来对冲油价上涨的风险。相关部门已非正式要求一些金融机构做准备，以人民币为中国进口原油定价，自中国亮剑石油人民币以来，交易规模稳步攀升，国内外产业客户也在稳步增加，不仅如此，中国原油期货将开始进入实质性交割操作阶段，首批期货原油也已经顺利入库大连一家国际石油储运公司的保税油库（原油期货指定交割仓库）。中国作为最大原油进口国，中国或也正在扩大用人民币结算石油的能力，目前，许多产油国已非常乐意以人民币的形式进行交易结算。

(三) 国际石油定价体系的新特点

石油金融不仅仅是国际金融市场上的一种金融形态，更是服务于国家能源战略的重要的组成部分。当前国际石油市场的定价体系可以概括为以美元为主导的浮动汇率制下的价格体系。石油作为国际能源市场的核心，无论是石油供给国还是需求国，对石油定价权的争夺愈演愈烈。目前美元以其长期以来形成的在国际政治经济格局中形成的优势地位，结合其日益完善的金融市场体系，通过对原油期货及衍生品市场的传导机制，已成为国际油价的主导力量。

1. 石油金融属性进一步强化

进入 21 世纪，随着新兴经济体的发展，国际政治格局进一步向着多极化方向发展，美国的霸权主义对中国崛起的遏制，俄罗斯国力的恢复，非洲的不甘落后以及中东对世界第一大原油产地的维护，都使石油作为一种战略资源的地位空前提升，各国将能源安全作为各自国家安全战略的重要组成部分。

然而，原油及石油制品长期以来除了作为"政治商品"存在外，国际间对战略资源的争夺还表现在石油的金融特性日趋凸显，且在国际竞争中的地位和作用日渐巩固和强大，能源金融成为国际竞争的有力武器和工具。从产业层次来看，能源金融领域的竞争，不仅是国际间金融领域竞争的重要组成部分，也是国际间产业竞争在更高形态上的表现。能源金融的发展使业已多元化的国际石油市场也变得更加复杂，围绕 OPEC 官方定价、石油现货市场和期货市场三大定价体系的国际油价定价权之争日渐白热化。特别是近年来原油期货市场对油价发挥着更为关键的作用。

2. 新兴经济体对能源需求的影响和石油美元地位的撼动

进入 21 世纪，随着国际石油市场多元化发展趋势的加剧，石油供给和需求国要求用本币结算的呼声日益强烈，从而对以美元为主导的石油定价体系提出了挑战。其中最主要的因素之一就是由于欧盟一体化进程的快速推进，加快了欧元在各成员国中使用的进程，使欧元逐步取代了各成员国货币。欧元的广泛使用对美元霸权形成了现实的冲击，在国际货币体系中具有深远影响。与此同时，新兴经济体的快速发展，催生了新兴经济体对能源的巨大需求。除了发达国家地区（欧洲、日本）对石油及天然气的巨大需求量之外，中国、印度、巴西等新兴经济体的快速崛起使国际石油市场上的能源需求量快速增长。

新兴经济体对世界石油格局的影响不仅简单地表现在需求量上，而且在一定程度上正撼动着"石油美元"的地位。由于用本币结算有利于争取在全球能源产业链中更为有利的利益分配地位，因此，无论是供给国还是需求国都希望用本币计价和结算。例如，以伊朗和委内瑞拉为代表的世界主要产油国先后开始大幅提高欧元结算的比例，而俄罗斯在2008年建立了圣彼得堡石油交易所，采用卢布作为石油和天然气出口的计价和结算货币，并且大幅提高卢布货币钉住篮子中欧元的比例，以期达到稳定并提高卢布在国际货币体系中的地位的目的。我国在人民币国际化进程的推动下，通过近年来与多国签订货币互换协议、采用跨境人民币结算和贷款换石油等措施，也加大了人民币在国际大宗商品交易中的支付规模，从而提高了中国在国际石油定价体系中的地位。

二、石油美元发展历程及本质

（一）"石油美元"的发展历程

"二战"后，廉价的石油为西方国家的经济发展注入了强劲的动力。为了打破西方国家对国际油价的掌控，掌握自主定价权，1960年，沙特、伊朗、伊拉克等产油国联合成立了石油输出国（欧佩克）组织。1973年，第一次石油危机发生，欧佩克组织阿拉伯成员国宣布收回石油定价权，国际油价大幅上涨，对西方国家经济造成重创。美国认识到石油作为现代工业的基础，在未来世界经济的发展中具有举足轻重的作用。1974年，美国倡议成立了代表西方石油消费国利益的国际机构——国际能源署（IEA）。1975年，美国陆续与沙特等中东产油国签订协议，使用美元作为石油的结算货币。华盛顿政府要求沙特保证对美国的石油供应，同时将价格维持在美国及其盟国可以接受的范围内。美国承诺给沙特王室绝对和明确的政治支持，一旦需要，哪怕是采取军事行动也要保证他们在沙特的统治地位。1976年，在布雷顿森林（Ⅰ）体系中建立起来的国际货币基金组织（IMF）通过了《牙买加协议》和《IMF协定第二修正案》，废除了黄金的货币地位，开放浮动汇率制度，正式宣告了布雷顿森林（Ⅰ）体系的结束和"石油美元"（布雷顿森林Ⅱ）体系的开始。

根据协议的约定，沙特阿拉伯承诺以美元作为国际石油贸易的唯一结算货币，石油输出国组织中其他各成员国也逐渐接受了以美元计价的现实。此后，由于国际石油期货市场的日渐发达，交易规模的持续上升，更进一步强化了石油美元的主导地位。在石油美元形成的最初阶段，石油出口国主要以经常项目流出的方式使用其石油出口换回的美元，以此换取国内需要的商品和服务，但从20世纪80年代以后，石油出口国主要将石油美元用于购买美国国债及存入国际银行，通过购买外国资产、增加外汇储备的方式进入国际金融市场，从而使资本性项目流出成为石油美元的主要流向。随着石油支付结算从经常项目下的流出转变为资本项目下的流出，表明石油出口国由于石油出口收入的增多，越来越依赖于美元，从而带动石油进口国也被动地依赖于美元，至此，国际石油市场对美元的依赖性也越来越强。1999年初，欧元开始在欧盟成员国中自由流通。随着欧元的国际地位不断提升，其对美元为主导的国际货币体系形成一定程度的冲击。特别是进入21世纪后，国际主要石油出口国要求用本币结算的呼声不断高涨，同时各国的外汇储备也将原先仅盯住美元转换为盯住包括欧元在内的一揽子货币。近年来石油美元的地位有所撼动，但在短期内形成能够替代美元的国际地位的国际货币还是不现实的，每年超过6000亿美元的石油贸易量，约占全球贸易总额的10%，无形中捍卫了美元作为国际货币的主导地位。

（二）石油美元的本质

石油美元只不过是将黄金或外国央行的美元储备换成了销售石油等大宗商品的美元而已。其存在价值就是满足美国财政部融资需要，其强盗性的运行逻辑就是美国对产油国石油资源资产的洗劫和向全球征铸币税。

三、石油欧元、石油卢布、石油人民币的发展

（一）石油欧元——受制于美国霸权主义

就原油消费量以及全球政治与经济影响力来讲，欧元是最有能力取代美元作为石油计价货币的。然而，由于欧元和美元在国际货币市场上的竞争十分激烈，一旦市场上出现以欧元计价体系出现的举动时，美国往往利用各种手段和形式从中阻挠，以维护美元全球货币中心地位。因此，在美国利用自己强大的经济和军事实力，牢牢控制着OPEC和国际石油体系的大环境下，石油欧元对于石油美元的挑战短期内难以实现。

（二）石油卢布——原油依赖型经济带来的石油—卢布困境

俄罗斯是全球最重要的原油生产国与出口国之一，卢布已具备成为石油计价货币的基本条件。然而，由于俄罗斯经济发展以及对外贸易过于依赖原油这一大宗商品，卢布的汇率和原油价格呈明显的一致性，这使得卢布稳定值大大降低，不利于投资和生产。一旦原油价格大跌，俄罗斯的经济将会迅速恶化，形成石油—卢布困境。

（三）石油人民币——原油期货助力，打造三方"互惠循环"

随着2014年6月国际油价开始下跌和人民币国际化进程的加快，人们似乎看到了人民币在国际石油上地位的崛起。于是很多人将石油美元的没落与石油人民币的崛起相提并论，使国人更加坚信，石油人民币时代即将到来。中国外币交易系统、转账系统交易平台的启动，可以说是推动了人民币的国际化。为此美国一家独揽遭到了巨大的挑战。

2018年3月26日，中国原油期货（INE）正式在上海能源中心挂牌上市，意味着国际原油市场开始有了中国原油价格基准，同时也代表我国石油人民币计价体系的正式建立。若人民币在石油贸易计价体系上取得突破，将在以下几个方面带来有利条件：①提高我国在原油贸易市场上的话语权，减少"亚洲溢价"，降低国际油价波动对我国石油行业、企业造成的冲击。②助推人民币国际化进程。根据美元的经验，石油现货贸易采取人民币计价有助于维系本币在国际市场的使用价值和储备价值，两者互助互利、相互支撑。③以"一带一路"沿线经济发展的内生需求为动力，以人民币的货币信用为支撑，打造中国、沿线经济体和石油出口国的三方互惠循环。

四、石油人民币定价的机遇与挑战

（一）机遇

1. 中国国际市场影响力的增强

目前，许多产油国已经非常乐意以人民币的形式进行交易结算，由于中国维持了人民币的稳定和高价值，这些石油出口国的外汇储备管理人员希望增加人民币储备，这也就意味着，石油人民币为这些国家或原油交易者创造了无美元化的交易环境，更可以为他们在进行石油交易时再提供一个石油货币的选择。

2. 中国推出石油期货助力人民币国际化

中国推出石油期货后，将通过实现石油、人民币和黄金三者之间的完全可兑换，助力人民币国际化，打破全球油价规则的西方垄断，实现基于亚洲的原油定价权能力。目前，中国原油期货日均交易量水平已经超过阿曼原油期货合约的交易量，原油期货上市以来，日均交易量更是位列全球前三，这就意味着排名前二的传统两大原油期货市场（布伦特和WTI原油期货）似乎也要紧跟这个以人民币计价的全新原油期货体系对市场的影响力。

中国作为世界第二大经济体，进口量排世界第一，对外依存度超过65%。上海原油期货的推出，有助于形成反映中国乃至亚太地区市场供需关系的原油定价基准，进一步完善国际原油定价体系，增强中国对于原油价格的话语权。

产油国和交易商向中国出售原油，将用人民币交易结算。而且依照交易规则，能够直接将人民币兑换成黄金，这对众多石油输出国具有非常强的吸引力，在不少交易商看来是极大的诱惑。石油期货以人民币作为计价后，从长期看将推进人民币的国际化。作为世界最大的石油进口国，众多的石油出口国依赖中国的订单，尤其是海湾和非洲国家，他们一定会积极捧场。有石油交易这样的大宗交易平台存在，世界各商业机构接受人民币资产的积极性必将大大提高。

（二）挑战

1. 美国霸权地位带来的挑战

在推进人民币国际化进程中，美国早就将人民币作为美元的威胁，这不仅仅是石油人民币的问题。在经济上，美国一方面坚决拒绝承认中国的市场经济地位，另一方面，试图另起炉灶封堵中国与世界的贸易联系。通过对中国汇率形成机制的干预，逼迫人民币升值，打乱实体经济特别是私营企业和出口型企业的正常运营；在军事上，美国实施亚洲再平衡战略，驱航母到中国南海大秀"肌肉"，制造南海地区的军备竞赛和军事化。

2. 中国期货交易、定价权等金融体系还不完善

自人民币原油期货在2018年3月横空出世后，已经取得了原油期货交易量全球前二的成绩。人民币定价功能已初显，这就意味着，石油人民币为产油国或原油交易者创造了无美元化的交易环境，更可以为他们在进行石油交易时再提供一个石油货币的选择。但是我们也要清醒地认识到，目前石油

人民币仍不具有可行性，因为无论是石油美元或是石油人民币体系的建立，都需要一整套成熟的期货交易、定价权等金融体系的支撑，考虑到当前人民币尚不能完全自由兑换，外汇体制方面也正在改革之中，试想中亚或中东某个国家拿到石油人民币之后，由于人民币国际化程度不均衡及其在全球其他地方购买商品还面临诸多不便之处，所以可能还需兑换成美元。人民币原油期货仍任重而道远，中国需继续韬光养晦，努力发展经济，进一步强大国力。

3. 布伦特和 WTI 原油期货两大强大对手的挑战

中国的石油期货才刚刚建立，而且在相当长的时间里，中国石油期货的交易者不会太广泛，还是以国内企业为主。要想和另外两家原油期货机构那样成为全球参与的市场，从目前来看，各方面条件还远未成熟。所以至少在十年内，上海原油期货仍然不会是全球性的，对国际原油价格的影响也主要在于理论上。我们需要不断完善，不断摸索，逐渐增强对全球石油价格的影响力，在这个基础上，原油期货对人民币国际化的实质影响才能显现出来，这是中国走向世界市场的宏观规划的一小步。

五、人民币支付功能提升的政策与建议

人民币要打开国门走出世界对我国国际地位的提升、经济地位的加强有着十分积极正面的影响。人民币石油定价是人民币国际化的一个方面，也是十分重要的一步。人民币想要成功进入石油美元计价体系，重要的一点就是要提高话语权和国际影响力。当前国际石油市场和整个世界经济的环境给人民币石油定价提供了良好的契机。

（一）增强石油定价的话语权

石油计价开辟了人民币国际化的新路径。石油美元确实对于美元国际货币地位的形成有着促进和巩固的作用。这也为人民币的国际化提供了新的路径。如果人民币想要在国际货币体系中成为重要的国际货币甚至是关键货币，通常需要遵循"计价结算货币—储备货币—锚货币"这一基本路径，而与国际大宗资源性产品（特别是能源）的计价和结算挂钩往往是货币崛起的起点。石油作为世界上最重要的大宗资源性产品，毫无疑问是最佳的载体。实际上，石油以美元计价这一体系已经让作为石油消耗大国的中国付出了更大的成本，所以推行石油人民币计价对我国未来的发展具有重要意义。从争

夺石油定价话语权出发，将人民币石油计价作为一种手段，通过推行石油的人民币计价，提升人民币的国际支付功能，并进一步推进人民币国际化的发展。

（二）发展金融市场

发展金融市场包含两层含义：第一层含义就是建立强有力的石油期货市场。虽然现在大部分石油还是以谈判的现货方式交易，但是由于现货市场交易的不透明，期货价格才是原油交易价格的基准。从前面各国情况来看，国内石油交易所的建立是推行本国或美元以外货币石油定价的必经之路。伊朗就是通过建立以欧元计价的石油交易所才成功放弃了以美元定价，而石油美元之所以这么多年来稳居主导地位，美国的纽约商品交易所以及原油期货合约的强势地位也是功不可没。我国作为石油进口消费大国，在国际石油市场上的地位已然十分重要，建立一个石油期货市场，可以直接反应本国国内石油供求关系，油价预期水平，在一定程度上影响国际油价的形成，对于人民币在石油定价方面的支付功能的提升是关键的一步。实际上，我们国家在这方面也做出了相当的努力，人民币原油期货于2018年3月横空出世，是增强石油战略储备、争夺亚洲地区乃至全球原油定价权、强化人民币国际地位、有力推动人民币国际化进程的关键一步，也是重要里程碑；简而言之，此举将直接挑战石油美元，威胁到美元国际霸权地位，人民币国际化再下一城。

第二层含义则是进一步完善汇率形成机制。一种货币作为交易货币的基础是该国的经济发展的高水平和主导的市场地位。不过，想要让一种货币能够一直保持着国际货币的地位，稳定的汇率必不可少。1994年我国开始实行有管理的浮动汇率制度，从2002年之后美元开始持续贬值，人民币汇率则一直上涨。虽然货币的升值有利于保持其在国际外汇市场上的信心，一定程度上有利于人民币国际化，但同时，大量热钱涌入带来的投机风险，过度升值对出口的负面影响我们也要警惕。所以，完善汇率形成机制，合理估计人民币币值，使人民币汇率保持稳中有升最有利于人民币推行石油贸易计价结算。

（三）制定有关能源政策法律法规

目前我国在石油定价上仍处于弱势，现实原因就是自身产量不足、消耗过大、技术也不算先进，且对外依存度过高。我国现在最需注意的是能源安全性问题,为了能使我国达到长期能源安全的目标,我国必须努力限制石油的进口,以避免过度依赖进口产生的能源危机风险。然后,要在交通运输业重点优先考虑制定节能节油的政策以及制定支持开发替代能源的政策。交通运输业作为石油消耗的主力军,也应当成为首先重视节能的行业。而替代能源的开发则可以有效降低我国的石油需求弹性,降低对外依存度。最后,增加石油开采和炼油的投入,以增加我国石油的国内供给和减少炼油损失。总的来说,加强石油的利用效率提升能源安全是我国未来政策制定的目标导向。过高的对外依存度和刚性的石油需求弹性会使我国在推行人民币石油定价上处于被动的地位。所以,增加自身产油量,提升炼油和新能源开发的技术都可以加深中国人民币成为"强者"的信念。

(四) 完善石油能源市场机制

石油是战略物资,并不是市场化的。石油期货其实开起来不难,1993年中国就开过,当年中国成为石油净进口国,而且交易很活跃,1994年初日平均成交量超过了新加坡,跻身世界前三。但是1994年4月,国务院关闭了石油期货,推出了延续至今的重大政策:进口原油和成品油由国家统一配置、统一定价。也就是说,虽然中国在向市场经济转型而且卓有成效,但是石油作为战略物资,相关产品价格却不是市场化的。

(五) 与其他国家的战略合作

近几年,在世界多国去美元化及人民币国际化的趋势下,中国将通过实现原油、人民币和黄金三者之间的完全可兑换,打破全球油价规则的美元垄断局面,实现基于亚欧的原油定价权能力,特别在中国亮剑原油期货取得超预期交易量成绩后,人民币定价功能已初显,这就意味着将有助于从主要的国际原油基准手中占有部分定价权来对冲油价上涨的风险。相关部门已非正式要求一些金融机构做准备,以人民币为中国进口原油定价,自中国亮剑石油人民币以来,交易规模稳步攀升,国内外产业客户也在稳步增加,不仅如此,中国原油期货将开始进入实质性交割操作阶段,首批期货原油也已经顺利入库大连一家国际石油储运公司的保税油库(原油期货指定交割仓库)。中国作为最大原油进口国,中国或也正在扩大用人民币结算石油的能力,目前,许多产油国已非常乐意以人民币的形式进行交易结算。目前,包括中国、俄罗斯、巴基斯坦、伊朗、印尼、马来西亚、泰国、委内瑞拉、安哥拉9个国家已经纷纷开始去美元化,在商品贸易或双边货币结算中减少或抛弃美元的使用而改用其他货币，特别是在中俄创造无美元化交易环境，点燃去美元化的火苗后，此刻，已不仅是那些石油国家的唯一"专利"了。我国政府可以从这几个国家入手，小范围地试行人民币石油贸易计价结算。石油出口国的支持也是中国人民币是"强者"这一信念强有力的支撑。

六、结论

迄今为止，全球的大宗商品基本上很多仍是用美元来定价。"人民币石油"和"石油人民币"的应运而生，使得"美元石油"和"石油美元"几乎长期作为左右国际大宗货物和货币市场的唯一要素的时代已经结束，人民币将是新国际秩序的重要组成部分。但是不得不清醒地认识现状，人民币定价刚初显，相比于美元的霸权地位还相差甚远，所以不可盲目乐观，更不可止步不前。认清当前人民币国际化的优势与挑战，砥砺前行，扎实平稳地走好人民币国家化之路。

参考文献

[1] 张帅."石油美元"的历史透视与前景展望 [J].国际石油经济，2017，25 (01)：51-57+64.

[2] 金永琪.布雷顿森林体系的崩溃及"石油美元"的延续 [J].中国石油和化工经济分析，2012 (10)：35-39.

[3] 北京师范大学金融研究中心课题组.解读石油美元：规模、流向及其趋势 [J].国际经济评论，2007 (02)：26-30.

[4] 王珏.石油定价权视角下的人民币支付功能提升研究 [D].武汉理工大学，2013.

[5] 冯跃威.石油美元背后的绞杀及石油人民币的崛起困局 [J].能源，2016 (08)：26-30.

[6] 康煜，陈建荣，黄力维，夏初阳.石油美元特点及其面临的挑战与前景 [J].国际石油经济，2017，25 (08)：36-42.

[7] 贾晓薇，刘雅澜，牛薇薇.碳金融的发展与人民币国际化的路径选择 [J].广西民族师范学院学报，2011，28 (05)：89-91.

[8] 姜英梅.中东能源金融化与中国能源金融战略构想 [J].阿拉伯世界研究，2014 (06)：41-52.

[9] 王炜瀚，杨良敏，徐铮.人民币国际化视野下中国石油进口的人民币结算探讨 [J].财贸经济，2011 (01)：108-115+137.

［10］朱敏．中国能源金融博弈之道［J］．中国市场，2010（20）：72-75．

［11］潘宁．国际石油价格形成机制分析与中国石油定价模式研究［D］．复旦大学，2011．

［12］陈洪涛，周德群，王群伟．石油金融理论研究评述［J］．经济学动态，2008（07）：99-105．

［13］李维，刘薇．中国石油金融一体化理论探讨［J］．化工管理，2006（09）：41-43．

"一带一路"倡议与中国对外能源政策研究

朱斌斌　侯超惠

摘要：国际能源合作是"一带一路"倡议的重要内容。在"一带一路"背景下深化国际能源合作需要政策层面的支持。我国对外能源政策几经调整，但在新形势下仍有不足。未来应抓住"一带一路"建设重大战略机遇，更新政策理念，调整政策重点，构建完善的对外能源政策体系，并且协调对外和国内能源政策，为在"一带一路"建设中实现更高水平、更深层次的国际能源合作，推动建设人类命运共同体提供政策支持。

关键词："一带一路"；对外能源政策；国际能源合作

一、引言与文献回顾

能源是能够提供能量的物质资源，包括煤、石油、天然气等常规能源和太阳能、风能、核能等新能源。能源是一国经济社会发展的物质基础，具有重要战略地位，很多国家为应对这种重要性而制定了专门的能源政策。能源政策是一个国家围绕能源生产、供应、消费所制定的一系列方针和策略，包括能源开发投资政策、能源消费政策、能源外交政策等能源相关政策。一国能源政策的主要目标是保障能源供给安全和应对气候变化。由于世界能源分布和能源供需的不平衡，能源安全成为一国重要问题，许多能源问题的解决也有赖于国际能源合作，因此一些国家制定了协调能源贸易、保障能源安全和解决国际能源问题的对外能源政策。我国的对外能源政策经历了一个演变的过程，在不同的历史阶段，为维护国家能源安全和应对国际能源问题发挥了重要作用。当前，国内外经济形势和能源形势出现了新的变化，我国为应对这种变化而提出了"一带一路"倡议。"一带一路"倡议是顺应世界潮流而提出的重大战略构想,具有十分丰富的内涵,其中包括对未来国际能源合作的构想。"一带一路"倡议的提出促使我们重新认识我国对外能源合作和对外能源政策,为我国对外能源政策的调整和完善提供了一个契机。

现有许多文献关注到我国在"一带一路"背景下进行国际能源合作的重要性和实现路径。石泽(2015)指出,能源资源合作在推动中国周边区域合作中具有重要意义,有助于为区域经济合作和各国可持续发展提供长期动力,推动各国形成命运共同体,维护周边地区的和平与稳定,建立国际能源新秩序,应将能源资源合作置于"一带一路"建设的优先方向,着力加以推动。孙伟(2016)认为,"一带一路"倡议的提出与国际能源形势的变化相得益彰,将为优化全球能源治理体系、促进全球能源绿色转型、提高能源普遍服务水平、形成区域能源共同体等方面带来积极影响;同时,也将有助于在话语权和影响力、能源保障、能源贸易投资、能源融资和能源企业国际化方面提升中国开展国际能源合作的能力和水平。刘佳骏(2015)认为,中国应借助"一带一路"战略契机,以能源开发为切入点,促进产业合作,推动沿线周边国家能源战略布局,深化与沿线国家的战略合作关系,提高自身在能源市场中的地位。张生玲等(2015)的研究指出,"一带一路"战略下能源贸易与开发合作前景广阔,但也有面临挑战:亚投行完善基础设施建设成为能源贸易的催化剂;绿色化为能源贸易与投资合作提出新要求;大国博弈使能源地缘政治复杂化。高世宪、杨晶(2015)认为,在"一带一路"倡议下,深化国际能源合作,构建稳定、有效、可持续的区域能源供应体系,重点要构建国际能源治理平台,建设基础设施互联互通网络,打造油气国际合作升级版,加强高效清洁能源技术合作,推动服务和装备走出去。王金照(2016)提出了加强"一带一路"能源合作的思路和政策建议:把"一带一路"地区作为能源资源合作的优先区域,并且坚持资源的多元化供给;注重能源开发的合作,并且重视运输通道的安全性;统筹考虑能源合作和产业金融合作,充分发挥我国综合优势;统筹考虑经济利益和战略利益,把战略考量建立在经济可行的基础上;坚持开放多元,实现我国、资源国和第三方合作者的互利共赢。余家豪(2016)指出,"一带一路"能源合作需要更有效、更全面的国际法律框架来保护投资,中国过去以双边关系为主导的能源合作将向多边的合作机制转换。

还有一些文献具体地讨论我国与"一带一路"沿线国家和地区的能源合作。刘中伟、唐慧远(2017)基于对中俄能源合作历程的分析,提出"丝绸之路经济带"下中俄能源合作路径:加强中俄政治互信,维护共同能源安全；加强基础设施建设和互联互通，保障能源运输安全；发展新能源技术，提升能源技术安全。张昊（2018）认为，"一带一路"建设为中俄两国能源合作提供了前所未有的发展空间，中俄两国要把握当前的历史机遇，发挥各自的优势，通过不断完善中俄能源基础设施、拓展中俄能源合作的领域、完善中俄能源合作的机制建设等措施不断深化中俄能源合作，促进双方的互利共赢。林建勇、蓝庆新（2017）基于对中亚国家的分析指出，在"一带一路"倡议下深化中国与中亚地区能源合作，应加强中国油气企业国际竞争力；立足民生工程，强化民间外交；消减俄罗斯对中国"一带一路"的疑虑；加强基础设施互联互通建设，承接国际产业转移。潜旭明（2014）基于对中国和中东能源关系的分析指出，应强化中东在中国全球战略中的地位，制定中国的中东外交政策，积极开展能源外交；推动经贸关系的发展，建立相互依存的经贸关系；加强机制建设，共同推动能源关系发展；整合国家资源，加强能源领域合作；加强人文交流，夯实民意基础；实现能源来源多元化；兼顾美国等西方国家在中东的能源安全和战略利益。何周理（2017）指出，在"一带一路"建设下，中国与中东、中亚以及非洲的能源合作面临不同的发展态势与瓶颈制约，中国要通过发挥地缘政治优势、推进人民币国际化进程、加强国防建设以及创新外交理念等路径促进与"一带一路"沿线国家的能源合作。

总的来说，现有的文献讨论了在"一带一路"背景下，我国进行对外能源合作的意义、缺陷和途径，但没有从政策层面来研究如何利用"一带一路"机遇来推进对外能源合作。本文在回顾我国对外能源政策发展历程的基础上，分析"一带一路"倡议为我国对外能源合作带来的机遇和挑战，并据此提出在"一带一路"倡议背景下完善我国对外能源政策的若干建议。

二、中国对外能源政策的发展历程

中国的能源政策是中国处理和解决能源问题的基本手段，由于国内外因素的影响呈现出比较鲜明的阶段性特点（胡光宇，2016）。为处理涉外能源事务而制定的对外能源政策是我国能源政策的重要组成部分，其随着国内外能源形势和国际关系的变化而逐渐演变，也呈现出一定的阶段性特征。回顾我国对外能源政策发展历程，可以分为以下几个阶段：

（一）对外能源政策的萌芽阶段（1949~1978年）

在这个阶段，我国尚没有提出明确的对外能源政策。中华人民共和国成立初期，以美国为首的西方国家对我国进行能源封锁，我国能源进口主要来自苏联等社会主义国家。当时我国的对外能源政策与"一边倒"的外交政策一致，全面倒向以苏联为首的社会主义阵营。一方面，中国以稀有金属等战略物资向苏联换取能源援助；另一方面，同苏联开展能源技术和人才合作，勘探、开发国内能源。在中苏关系恶化之后，中国又将精力转向独立自主的开发国内能源，对外能源事务基本处于瘫痪。在这个阶段，我国还没有明确的对外能源政策，在处理对外能源事务中也一直处于被动。不过，我国在这一阶段与苏联等社会主义国家进行能源合作，对一些第三世界国家进行能源援助。这个过程积累了对外能源合作经验，为改革开放后制定主动的对外能源政策做了一些准备。

（二）对外能源政策的探索阶段（1979年至今）

20世纪70年代，随着中国与美国等西方国家关系的缓和并建交，中国开始摆脱过去几十年在国际能源事务上的被动地位，积极主动地参与到国际能源事务中去。改革开放之后，我国开始主动制定对外能源政策，积极参与国际能源贸易、投资和国际能源合作。在改革开放的总体形势下，我国的能源政策也真正从国情出发，指导能源产业健康发展（邢新欣，2015）。改革初期，由于国内资金不足，为了开发国内能源，我国积极实施"引进来"战略，并制定了相关的对外能源政策。1993年成为石油净进口国之后，我国积极推动"走出去"战略，对外能源政策主要为了在全球寻找稳定、安全的能源供应。2004年，我国开始寻找求多元化的对外能源合作，对外能源政策也更具多元性和综合性。

1. "引进来"阶段（1979~1993年）

从改革开放到1993年，我国处于经济平稳增长时期，经济总量较小，对能源需求并不明显，国内用于能源开发的资金也比较匮乏。这个阶段，我国实行以市场开放、能源出口换取资金、技术和设备的"引进来"战略，是资源禀赋互补的能源合作模式（张姣，2016）。除了实施"引进来"战略以促进国内能源开发，我国在这一阶段也开始重视能源环保和节约能源，1979年，《中华人民共和国环境保护法》出台，指出要大力发展和利用煤气、液化石油气、天然气、沼气、太阳能、地热和其他无污染或者少污染的能源。1980年，国家经济委员会、国家计划委员会发布《关于加强节约能源工作的报告》，指出为了解决好四个现代化所需的能源问题，在加强能源的开发和建设的同时，要突出抓节能工作，坚决压缩不合理的烧油，努力减少成品油的消耗，节约煤炭、燃料油、焦炭，节约用电，降低能源生产部门的自用量和损耗。1986年，国务院发布《节约能源管理暂行条例》，对坚持节能原则和推广节能技术方面做出了具体的要求。这两个方面的政策探索为我国参与国际节能合作和能源环保合作奠定了基础。

2. "走出去"阶段（1993~2004年）

1993年，我国由石油净出口国转变为石油净进口国，国内能源供需矛盾不断加剧，对外能源政策也逐渐转向为以"走出去"为主。党的十四大报告就指出要积极扩大我国企业的对外投资和跨国经营。在党的十五大上，江泽民同志进一步提出要"积极参与区域经济合作和全球多边贸易体系，鼓励能够发挥我国比较优势的对外投资"。能源领域的"走出去"战略体现在：在深化"引进来"战略的同时，一方面增加对国外能源的购买，另一方面积极参与国际能源投资和开发。《"十五"能源发展专项重点规划》指出，应继续扩大石油天然气对外合作，吸引外资来我国进行风险勘探和合作开发；同时，积极稳妥地推进海外石油天然气开发和进口石油天然气工作，逐步形成"两种资源、两个市场"的战略格局。

这一阶段的节能和能源环保政策也更多地考虑到国际因素。1997年通过的《节约能源法》鼓励先进节能技术、设备的进口，控制在生产过程中耗能高、污染重的产品的出口，禁止进口国家明令淘汰或不符合强制性能源效率标准的用能产品、设备。在环保方面，我国在1998年5月签署并于2002年8月核准了《京都议定书》，以负责任的姿态加入到共同应对全球气候变化的国际协作中。此外，我国在推进能源领域"走出去"的同时，积极筹建自己的石油储备体系。"九五"计划首次明确提出要"加强石油储备"。《"十五"能源发展专项重点规划》指出"为保证石油安全供应、提高政府调控国内石油市场的能力，要加快建立国家石油储备制度，逐步形成我国完备的石油储备体系"。建立石油储备体系是维护国家能源安全的重要措施。

3. "多元化"阶段（2004年至今）

2004年以来，我国对外能源政策转向"多元化"阶段，强调"引进来"和"走出去"的高度结合，并在这两个过程中推进能源结构调整，增强对国际能源秩序的深度参与。2004年，国家发改委发布《能源中长期发展规划纲要（2004-2020）》，对中国未来的能源发展方向提供了明确的规划。强调在国际能源合作中要充分利用国内国外两种资源、两个市场，在立足于国内资源的勘探、开发与建设的同时，积极参与世界能源资源的合作与开发。《能源发展"十一五"规划》指出，应扩大对外开放，加强国际合作，以引进先进技术和管理为主要目标，适时修订《外商投资产业指导目录》，完善能源对外开放政策。按照平等互利、合作双赢的原则加强能源国际合作。2012年，国务院新闻办发布《中国的能源政策》白皮书，指出中国能源政策的基本内容是：坚持"节约优先、立足国内、多元发展、保护环境、科技创新、深化改革、国际合作、改善民生"的能源发展方针，推进能源生产和利用方式变革，构建安全、稳定、经济、清洁的现代能源产业体系，努力以能源的可持续发展支撑经济社会的可持续发展。在国际合作方面，要统筹国内国际两个大局，大力拓展能源国际合作范围、渠道和方式，提升能源"走出去"和"引进来"水平，推动建立国际能源新秩序，努力实现合作共赢。

《能源发展"十二五"规划》指出，应深化能源国际合作，坚持互利合作、多元发展、协同保障的新能源安全观，积极参与境外能源资源开发，扩大能源对外贸易和技术合作，提升运输、金融等配套保障能力，构建国际合作新格局，共同维护全球能源安全。《能源发展"十三五"规划》指出，应加强能源国际合作，统筹国内国际两个大局，充分利用两个市场、两种资源，全方位实施能源对外开放与合作战略，抓住"一带一路"建设重大机遇，推动能源基础设施互联互通，加大国际产能合作，积极参与全球能源治理。

中国对外能源政策的主要目标是维护国家能源安全，通过合作实现供给多元化，保障能源稳定供应，同时不断提高中国在全球能源治理机制中的影响力和话语权。世界主要发达国家（尤其是欧盟和美国）都有相对完备的能源政策。这些政策是为了维护能源安全，同时结合自身特点制定的，在处理对外能源问题中发挥了重要作用。我国的对外能源政策虽然历经调整，但与发达国家相比还有很大的差距。长期以来，中国有能源外交却尚未制定成熟的对外能源政策（许勤华，2017），在个案性能源外交上多有建树，但在总体性的对外能源政策上仍有不足，值得政策研究者的关注。

三、"一带一路"倡议与我国对外能源合作

（一）"一带一路"倡议提出的国内外能源背景

2013年9月，习近平主席出访中亚四国，在参加上海合作组织成员国元首理事会时提出构建"丝绸之路经济带"倡议。2013年10月，习主席访问印尼，在出席亚洲太平洋经济合作组织峰会时倡导建设21世纪"海上丝绸

之路"。此后,"一带一路"倡议得到了国际社会和国内各界的积极响应。"一带一路"旨在借用古代丝绸之路的历史符号,高举和平发展的旗帜,积极发展与沿线国家的经济合作伙伴关系,共同打造政治互信、经济融合、文化包容的利益共同体、命运共同体和责任共同体。"一带一路"倡议的提出有深刻的时代背景。从国际上看,世界经济形势发生深刻变化,世界经济结构进入调整期,各国面临严峻的经济形势,需要开展更大范围、更高水平、更深层次的区域合作,共同推动区域经济发展。从国内来看,改革进入深水区,经济发展进入"新常态"。需要寻找经济发展的新动能和着力点。中国经济已经和世界经济高度关联,要实现中国经济全面协调可持续发展,需要提高对外开放水平,加强国际经贸合作,深度融入世界经济体系。

"一带一路"倡议的提出有深厚的国内外能源背景。中国已经成为世界最大能源消费国,能源安全是摆在面前的重大现实问题。长期以来,由于我国能源储量不高,能源消费大量依赖进口,其进口品种、区域和通道都相对单一,对国家能源安全带来严重挑战。与此同时,国际上的能源争夺仍有愈演愈烈之势,能源成为国家竞争力的重要支撑。环保议题得到全球的普遍关注,成为国际能源合作的重要内容。进入新世纪以来,世界能源格局也出现了新的变化,能源地缘政治格局由"双中心"向"多中心"变化;西方跨国公司在世界石油市场的地位下降,石油生产国、石油公司的地位上升;能源定价机制出现多元化趋势;美元在石油金融体系的主导地位面临挑战(夏义善,2009)。这些都促使我国倡议在"一带一路"框架下开展国际能源合作。

(二)"一带一路"倡议的内容与对外能源合作

2015年3月,国家发改委等四部门发布《推动共建丝绸之路经济带和21世纪海上丝绸之路的愿景与行动》(以下简称《愿景与行动》),对"一带一路"倡议做了详细的阐述。"一带一路"要坚持开放合作、和谐包容、市场运作、互利共赢的原则。"一带一路"沿线各国资源禀赋各异,经济互补性较强,彼此合作潜力和空间很大,可以在政策沟通、设施联通、贸易畅通、资金融通、民心相通等方面加强合作。在合作机制方面,应积极利用现有双多边合作机制,推动"一带一路"建设,促进区域合作蓬勃发展。推进"一带一路"建设,中国将充分发挥国内各地区比较优势,实行更加积极主动的开放战略,加强东中西互动合作,全面提升开放型经济水平。

能源合作是"一带一路"建设的重点内容。《愿景与行动》指出,在设施联通方面，应加强能源基础设施互联互通合作，共同维护输油、输气管道等运输通道安全，推进跨境电力与输电通道建设，积极开展区域电网升级改造合作。在贸易畅通方面，应拓展相互投资领域，加大煤炭、油气、金属矿产等传统能源资源勘探开发合作，积极推动水电、核电、风电、太阳能等清洁、可再生能源合作，推进能源资源就地就近加工转化合作，形成能源资源合作上下游一体化产业链。加强能源资源深加工技术、装备与工程服务合作。

"一带一路"倡议的国际能源合作已经取得了一些重大进展。2017年5月10日，推进"一带一路"建设工作领导小组办公室发布《共建"一带一路"：理念、实践与中国的贡献》，指出：在联通能源设施方面，中国积极推动与相关国家的能源互联互通合作，推进油气、电力等能源基础设施建设，与相关国家共同维护跨境油气管网安全运营，促进国家和地区之间的能源资源优化配置；中俄原油管道、中国—中亚天然气管道A/B/C线保持稳定运营，中国—中亚天然气管道D线和中俄天然气管道东线相继开工，中巴经济走廊确定的16项能源领域优先实施项目已有8项启动建设；中国与俄罗斯等周边国家开展跨境电力贸易，中巴经济走廊等区域电力合作取得实质性进展，合作机制不断完善；中国企业也积极参与"一带一路"沿线国家电力资源开发和电网建设改造。

（三）"一带一路"倡议下我国对外能源合作的机遇与挑战

"一带一路"沿线有非常重要的能源供给国和能源运输通道，同沿线国家开展能源合作，有利于保障我国的能源供给，也有助于沿线国家的能源开发。我国在"一带一路"倡议下开展对外能源合作有重大机遇。第一，"一带一路"为对外能源合作提供了较好的政策环境。加强政策沟通是"一带一路"建设的重要保障。"一带一路"倡议有助于加强政府间合作，构建多层次政府间宏观政策沟通交流机制，深化利益融合，促进政治互信，达成合作新共识。沿线各国可以就经济发展战略和对策进行充分交流对接，共同制定推进区域合作的规划和措施，协商解决合作中的问题。这为我国开展国际能源合作创造了良好的政策协商环境。第二，"一带一路"为我国开展能源合作提供了一个好的着力点，就是加强能源基础设施的互联互通。能源基础设施建设不仅有助于维护我国石油供给的安全，还有助于我国能源相关企业走出去，为产能的国际转移提供机会。第三，"一带一路"为我国能源贸易和对外能源投资带来的重大机遇。拓宽贸易领域、优化贸易结构、消除投资壁垒是"一带一路"的重要内容,能源贸易和投资可以在这个背景下取得长足进展。第四,"一带一路"为对外能源合作提供了难得的资金支持。"一带一路"倡议深化金融合作,推进资金融通,在投融资机构和政策方面有很大的突破,为国际能源合作带来更多的资金支持。第五,"一带一路"为对外能源合作提供了良好的社会环境。民心相通是"一带一路"建设的社会根基。在"一带一路"倡议下,我国将与沿线国家广泛开展文化交流、学术往来、人才交流合作、媒体合作、青年和妇女交往、志愿者服务,为深化双多边合作奠定坚实的民意基础。过去,我国在进行对外能源合作中,遇到一些文化上的障碍,随着"一带一路"的推进,开展能源合作的社会环境将有所改善。

"一带一路"倡议也为我国对外能源合作带来了巨大挑战。首先,"一带一路"倡议是互利共赢的,这要求我国进行对外能源合作要充分考虑双边利益,提出共赢方案,这增加了推进具体合作项目的难度。其次,"一带一路"倡议的市场运作特征要求我国在对外能源合作中更多地发挥市场的资源配置作用,这对我国传统的政府主导对外能源合作带来转型压力。再次,"一带一路"沿线涉及65个国家,但以美国为首的西方发达国家并未积极参与。在目前的国际能源治理中,美国仍有重大话语权,缺乏美国等西方发达国家参与将为我国对外能源合作带来很大的不确定性。"一带一路"倡议指出,应积极建立双多边合作机制,促进区域合作蓬勃发展,而我国现有对外能源合作基本上仍停留在双边合作阶段,多边能源合作几乎是空白的,如何建立对外能源合作的多边机制是摆在我们面前的重大挑战。

四、"一带一路"倡议下完善我国对外能源政策的必要性与建议

(一)"一带一路"倡议下完善我国对外能源政策的必要性

首先,"一带一路"倡议带来的机遇要求完善我国对外能源政策。回顾"一带一路"倡议提出的背景和具体内容,我们了解到"一带一路"倡议为我国发展对外能源合作,维护能源安全提供了重大机遇,要抓住这个重大机遇就需要我们制定出更加完善的对外能源政策,与"一带一路"倡议协调配合。成熟的对外能源政策是实现"一带一路"倡议目标的重要保障。"一带一路"倡议带来的挑战也要求完善对外能源政策。其次,"一带一路"倡议为我国对外能源合作带来重大挑战,为应对这种挑战需要完善我国的对外能

源政策。互利共赢、市场运作的国际能源合作要求我国对外能源政策更多地考虑国际间的交互共赢和市场运行。对多边能源合作机制的探索也要求我国对外能源政策更多地进行多边的沟通协商。"一带一路"倡议对我国对外能源政策提出了更高的要求，需要进一步完善我国的对外能源政策。此外，恰当的对外能源政策是"一带一路"倡议的内在要求。国际能源合作是"一带一路"倡议的重要内容，对外能源政策是"一带一路"倡议下进行国际政策沟通的重要组成部分。我们要贯彻落实"一带一路"倡议的原则和精神，就要求我们制定开放、共赢、可持续、环境友善的对外能源政策。加大能源合作，维护能源安全是"一带一路"倡议的重要内容，调整和完善我国现行的对外能源政策是"一带一路"倡议的内在要求。

（二）"一带一路"倡议下完善我国对外能源政策的建议

在"一带一路"倡议背景下深化国际能源合作需要调整、完善我国对外能源政策，更新对外能源合作的理念，调整对外能源布局，完善对外能源政策体系，同时注重国内外能源政策的协调配合。

1. 改变对外能源政策理念

在"一带一路"倡议背景下，我国对外能源政策应转变相关理念。"一带一路"倡议的建设原则是开放合作、和谐包容、市场运作、互利共赢。具体到国际能源合作的角度，制定我国对外能源政策应有新的理念。首先，应树立互利共赢理念。推动国际能源合作，不仅仅是为了单方面维护本国的能源安全，在新形势下，要特别强调合作共赢的理念。推动建设人类命运共同体。其次，应树立市场运作理念。"一带一路"倡议开展对外能源合作要特别注重运用市场机制。最后，应树立开放合作理念。更大程度的开放，向国外开放我国能源市场，我国企业也更加积极地参与国际能源合作。此外，还应树立环境保护理念。生态问题是全人类的共同关切，我们在制定对外能源政策的时候，应牢固树立环保意识，尤其是要关注能源利用对全球气候变化的影响。

2. 调整对外能源政策重点

"一带一路"倡议下，我国对外能源政策应重新布局战略重点。第一，在对外能源合作的区域选择上，应以"一带一路"沿线地区为重点，尤其是中东、中亚、俄罗斯等重要能源生产区和重要的能源运输节点。第二，在对外能源合作项目上，应破除过去对化石能源的过分依赖，更加注重清洁、可再生能源开发和利用上的合作。第三，在对外能源合作机制上，应更多地搭建、利用多边合作机制，促进国际能源合作的广泛性和稳固性。第四，在能源合作方式方面，不应过度集中于能源贸易上的合作，还要加强在能源开发、利用技术等方面的合作。第五，在国际能源事务的参与程度上，应注重提升我国在国际能源秩序中的地位，不满足于做规则的接受者，努力成为规则制定的参与者。"一带一路"倡议为提升我国在国际能源秩序中的地位和话语权提供了重要的机会，对外能源政策应有助于这种提升。

3. 完善对外能源政策体系

在"一带一路"倡议背景下完善我国对外能源政策还应建立更完备的对外能源政策体系。首先，应加快对外能源政策的法制化建设。一方面，加快涉外能源立法；另一方面，完善涉外能源立法程序。其次，注重对外能源政策与国际能源法的对接。现有的国际能源法对国际能源合作做出了一些规范，我国对外能源政策应遵守这些规范。最后，完善对外能源各个方面的政策。我国现有的对外能源政策分布在国家发改委、国家能源局发布的各项能源规划、能源政策中，尚无专门的对外能源政策，而且对外能源贸易、投资、技术合作等方面均没有制定专门的政策，未来需要进一步明晰。

4. 注重国内外能源政策的协调配合

对外能源政策的完善需要国内能源政策的协调配合。一方面，对外能源政策的制定要充分考虑国内能源政策现状；另一方面，出台国内能源政策也要考虑到对外能源合作和对外能源政策的需要。首先，对外能源合作的市场运作应与国内能源管理机制改革相结合，在推行对外市场化能源合作的同时，在国内推进能源管理的市场化改革和能源企业的股份制改革。其次，对外能源的开放合作应与国内能源市场开放相结合。国内的能源市场还存在一定的市场分割，社会资本对能源产业的投资仍有一定的限制。能源产业的对外开放应与国内能源开放相协调。最后，对外能源合作应与国内延边地区、民族地区开发政策相结合。延边地区、民族地区具有丰富的能源资源，同时也是进行"一带一路"国际能源合作的前沿阵地，而其经济社会发展和生态保护在我国整体发展中具有重要地位。对外能源政策应充分考虑到延边及民族地区的经济社会发展和生态保护，与当地的开发政策协调配合。

参考文献

[1] 石泽. 能源资源合作：共建"一带一路"的着力点 [J]. 新疆师范大学学报（哲学社会科学版），2015，36（01）：68-74.

[2] 孙伟. "一带一路"倡议促进国际能源合作 [J]. 中国能源, 2016, 38 (02): 25-28.

[3] 刘佳骏. "一带一路"战略背景下中国能源合作新格局 [J]. 国际经济合作, 2015 (10): 30-33.

[4] 张生玲, 魏晓博, 张晶杰. "一带一路"战略下中国能源贸易与合作展望 [J]. 国际贸易, 2015 (08): 11-14+37.

[5] 高世宪, 杨晶. 依托"一带一路"深化国际能源合作 [J]. 宏观经济管理, 2016 (03): 55-58+68.

[6] 王金照. "一带一路"能源合作的思路和政策 [J]. 国家治理, 2016 (26): 37-48.

[7] 余家豪. 中国"一带一路"能源合作将由双边向多边转换 [J]. 国际石油经济, 2016, 24 (08): 18-23.

[8] 刘中伟, 唐慧远. "丝绸之路经济带"构想下的中俄能源合作 [J]. 全球化, 2017 (01): 73-87+135.

[9] 张昊. "一带一路"背景下中俄能源合作的路径探索 [J]. 改革与战略, 2018, 34 (03): 41-44.

[10] 林建勇, 蓝庆新. "一带一路"战略下中国与中亚国家能源合作面临的挑战与对策 [J]. 中国人口·资源与环境, 2017, 27 (S1): 203-206.

[11] 潜旭明. "一带一路"战略的支点: 中国与中东能源合作 [J]. 阿拉伯世界研究, 2014 (03): 44-57.

[12] 何周理. "一带一路"建设下中国区域能源合作路径探析 [J]. 改革与战略, 2017, 33 (12): 97-99+115.

[13] 胡光宇. 能源体制革命: 中国能源政策发展概论 [M]. 清华大学出版社, 2016: 3.

[14] 邢新欣. 以史为鉴, 以史资政: 中国能源政策史研究 [M]. 中国经济出版社, 2015: 103.

[15] 张姣. "对外依赖性"和"战略自主性": 中国国际能源合作探析 [D]. 外交学院, 2016: 27.

[16] 夏义善. 中国国际能源发展战略研究 [M]. 世界知识出版社, 2009: 5-6

上海原油期货起源、发展与述评

杨小宇

摘要：石油作为最不可或缺的工业用品，对人类经济生活都有着重大的影响。2017 年，中国作为世界第二大原油消费国，首次超越美国成为世界第一大原油进口国，在此背景下，推出属于中国的原油期货，无疑拥有重大意义。上海原油期货的应运而生，有利于构建亚洲原油市场期货基准价，有利于形成反映中国和亚太地区石油市场供需关系的价格体系，优化石油资源配置，为实体企业提供有效的套期保值工具。本文对上海原油期货的筹备、具体机制和作用意义进行了述评，并对上海原油期货存在的问题和未来发展提出建议。

关键词：原油期货；交易制度；风险控制；套期保值

美国国务卿基辛格曾经说过："控制了石油就控制了所有的国家。"这无疑从侧面反映了石油之于政治和经济的重要性。目前国际上具有广泛影响力的原油期货合约主要有纽约商业交易所的 WTI 和伦敦国际石油交易所的 Brent，前者更多反映的是北美市场的供需情况，后者更多反映的是欧洲市场的供需情况。而上海原油期货的推出，有助于形成反映中国乃至亚太地区市场供需关系的原油定价基准，也能够弥补 WTI、Brent 原油期货在时区分工上的空白，形成 24 小时连续交易机制。

原油期货是金融服务实体经济的重要举措，其上市为国内外能源生产、流通、消费企业和各类投资者提供了风险管理工具，是多层次资本市场体系建设的重要一环。此次推出的原油期货，充分考虑了中国目前的实际情况。除了采用人民币计价和结算之外，合约标的的选择与国际市场相比也别具一格。与 WTI 和 Brent 原油期货不同，上海原油期货合约标的为中质含硫原油，该原油是我国及周边国家进口原油的主要品种，这种设计也展现了原油期货的上市服务中国原油生产和消费的初衷。

秉承着开放的原则，上海原油期货也向境外投资者敞开了大门。虽然原油期货以人民币计价，但也接受美元等外汇作为保证金使用，并充分利用人民币跨境使用、外汇管理等金融创新政策，为境外投资者提供了直接和间接的交易方式，方便跨国石油公司、原油贸易商、投资银行等参与其中。同时，原油期货采用依托保税油库进行实物交割的形式，也就是所谓的"保税交割"，避免了税收影响。保税原油便于实现跨境流通，有利于投资者跨市套利和套保操作，从而提高境外交易者积极性，确保我国原油期货价格能够真正反映亚太市场供需关系，加强中国在国际能源市场的话语权乃至定价权。

一、原油期货的筹备

（一）原油期货的起源

中国的原油期货推出，最早要追溯到20世纪90年代初，彼时曾出现过多家石油期货交易所，第一家是南京石油交易所，1993年3月6日开业。随后，原上海石油交易所、原华南商品期货交易所、原北京石油交易所、原北京商品交易所等相继推出石油期货合约。但从1994年4月起，国家对石油流通体制进行了改革，加上早期期货业发展不规范，使得我国尚处于起步发展阶段的石油期货于1994年画上了一个分号。

由于当时上市原油期货的市场条件不够成熟，随后交易所对石油期货产品的上市路径做了顶层设计，提出分两步走的策略：先从石油产品中市场化程度最高的燃料油起步，开展燃料油期货交易，积累经验，创造条件，逐步推出其他石油期货。

从2004年开始，每年的中央一号文件都提到要发展期货市场，沉寂了近十年的期货市场开始慢慢恢复。在这样的背景下，上海期货交易所推出了燃料油期货——这是石油期货的第一个品种。

证监会原副主席姜洋表示，原油期货设计中最大的问题是国内原油现货市场高度集中，"三桶油"占据着主导地位。而在高度集中的基础上现货市场是无法开展期货交易的，只有在市场化程度比较高的市场才可以。因此，原油期货市场建设从一开始就定位为国际化市场，向全球开放，让全球众多的原油生产商、贸易商、金融机构、对冲基金有机会参与交易，这样市场各方才能达到一种平衡，市场才不易被操纵，运行才能健康。

2012年，"中国版"原油期货计划正式提出。第四次全国金融工作会议明确提出,要稳妥推出原油等大宗商品期货品种的要求。当年,时任证监会主席的郭树清在湖北省资本市场建设工作会议上提出:中国将在年内推出继美国、英国后的第三个全球性石油期货市场,以争夺石油定价权。

(二) 上海自贸区金融开放步伐加快为原油期货的发展创造机遇

原油期货作为中国第一个国际化的期货品种,其在平台建设、市场参与主体、计价方式等诸多方面与国内现行期货品种有所不同。

上海期货交易所相关负责人表示,原油期货合约设计方案最大的亮点和创新可以用十七字概括,即"国际平台、净价交易、保税交割、人民币计价",全面引入境外交易者和境外经纪机构参与交易,报价为不含税的净价,外汇可用作期货保证金。

参与原油期货上市前期研究工作的复旦大学能源经济与战略研究中心主任吴力波教授也表示,我国原油期货从筹备开始,就高度重视计价货币和结算货币的选择,一方面要使原油期货的设计有效发挥中国市场区域性定价中心的作用,尽可能吸引国际市场主体参与;另一方面也要符合我国资本账户开放的阶段性特点,有管制、有节奏地开放市场,确保风险可控。

2013年11月22日,上海期货交易所全资子公司上海国际能源交易中心在上海自贸区正式揭牌成立,标志着原油期货的上市迈出了关键一步。

东方证券首席经济学家邵宇指出,只有自贸区的制度才能保证原油期货真正发挥其价格发现的效用和功能。上海在建设航运中心和贸易中心,这为原油期货的交易提供了重要的物理支撑,而自贸区以及未来的自由港发展为原油期货的国际化提供了制度保证。随着上海国际能源交易中心的落地,原油期货的上市步伐加快。

2014年12月12日,中国证监会正式批准上海期货交易所可在其国际能源交易中心开展原油期货交易,原油期货上市进入了实质性推进阶段。

2015年6月26日,证监会在发布会上表示,原油期货进入上市前最后3个月的准备期。①

(三) 相关政策的准备和反复试验

近年来,从允许外资参与境内期货市场,到解决交割环节征税问题,再

---

① 筹备17年中国终于有了自己的原油期货 它的前世今生你知道吗?[DB/OL]. http://baijiahao.baidu.com/s? id=1595962616/83629883&wfr=spider&for=pc.

到解决境外交易者开户、资金进出、外汇兑换等问题，财税部门、海关总署、外汇管理部门等多个部委都相继修改了规章，制定了完善的制度体系，打破政策壁垒，为原油期货上市提供配套政策支持，为境外投资者参与提供了方便。

此外，在国家层面上，据姜洋介绍，在1999年《期货交易管理暂行条例》的基础上，国家分别于2007年、2012年两次对其进行修改。2012年第四次全国金融工作会议明确提出要稳妥推出原油等大宗商品期货品种的要求。同年修改《期货交易管理暂行条例》，对限制外国人参与原油期货交易的规定进行删除，允许外国人参与境内特定期货品种交易。这就为国际化原油期货上市，也为以后的铁矿石等大宗商品期货的国际化打开了大门。

原油期货的推出历经层层磨难，而期货公司作为一线的参与者，更体会到了其中的艰辛与不易。以换汇为例，由于引入了境外客户和机构参与特定品种交易，增加了从境内经纪会员方面增加相应的美元货币质押作为保证金，相关特定品种的日常盈利、交割货款等资金的结购汇等业务，因此经纪公司需对接的机构业务范围也不断增加。如对外汇管理局的报送业务，与银行的换汇业务等。在原油期货的准备过程中，换汇规则也几经修改，从开始的T日换汇，到现在的T+1日换汇，交易所和外汇管理局为了原油上市以后中国金融市场能够正常、稳定地发展，不断完善换汇制度。

姜洋指出，从一般规律看一个产品上市后，要经过比较长的时间，5年或者10年才能逐步成熟，其功能才能充分发挥出来。如果这样，未来这一标志性产品，可以建立反映中国及亚洲市场供求关系的原油定价基准。

（四）中国原油期货上市历程大事记

2001年，上海期货交易所开始研究论证开展石油期货交易。

2004年，市场化程度最高的燃料油期货上市。此后，上海期货交易所所、郑州商品交易所、大连商品交易所先后上市了PTA、LLDPE、PVC、甲醇、沥青、PP等石油化工产业链相关期货品种。市场化程度最高的燃料油期货上市。

2012年修改《期货交易管理条例》，允许境外投资者参与境内特定品种的期货交易（原油等）。

2013年11月22日，上海国际能源交易中心正式揭牌成立，标志着原油期货的上市迈出了关键一步。

2014年12月12日，中国证监会正式批准上海期货交易所在其国际能源交易中心开展原油期货交易,这标志着国内首个国际化的期货品种原油期货上市进入了实质性推进阶段。

2017年,证监会批准上海期货交易所上海国际能源交易中心的章程规则。2018年2月9日,证监会发布会宣布,原油期货将于3月26日挂牌交易。

二、原油期货的交易机制

(一) 交易品种、时间、流程以及投资者

根据中国人民银行2015年7月20日发布的《做好境内原油期货交易跨境结算管理工作》和上海国际能源交易中心原油期货标准合约,原油期货交易市场有着国际平台、净价交易、保税交割、人民币计价等特点(见图1)。

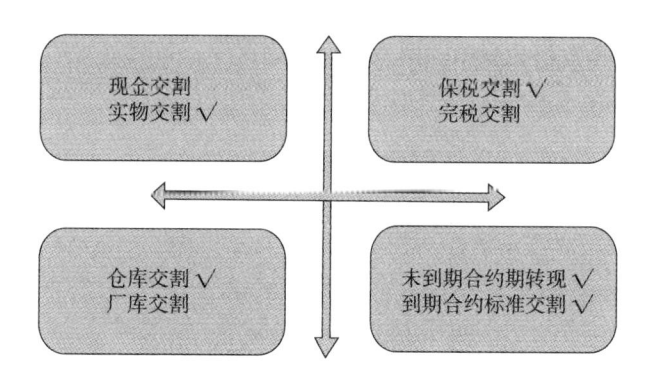

图1 交割方式

资源来源:上海国际能源交易中心,海通证券研究所。

国际平台是指交易、交割和结算环节国际化。为了方便境内外交易者自由、高效、便捷地参与,期货市场将容纳各类境内外交易者参与,包括跨国石油公司、原油贸易商、投资银行等,从而推动形成反映中国和亚太地区原油市场供求关系的基准价格。

净价交易,即计价为不含关税、增值税的净价。与国内目前期货交易价格均为含税价格不同,方便投资者与国际市场的不含税价格进行对比,同时避免税收政策变化对交易价格的影响。

保税交割就是依托保税油库,进行实物交割。考虑到期货标准仓单流转性强的特点,在确保有效监管的前提下,上海海关允许同一个储罐存放不同

| **中俄能源合作年度报告(2018)**

货主同一交割油种的期货保税交割原油，允许期货交易的保税交割结算单可以作为期货保税原油进出口报关的随附单证；考虑到期货保税交割原油价格的特殊性，上海海关明确了期货保税原油完税价格以期货交易所公开交易所得的价格为基础审定；考虑到原油期货作为大宗商品的金融属性，上海海关允许企业以保税标准仓单为债权担保，向银行等金融机构进行必要的融资。此外，根据期货市场的特点，保税标准仓单功能性强、用途广泛，且相应货物出库时间具有不确定性，而同时，原油品质属性又相对稳定，因此，上海海关允许期货保税交割原油不设存储期限。保税贸易对参与主体的限制少，保税油库又可以作为联系国内外原油市场的纽带，有利于国际原油现货、期货交易者参与交易和交割。

人民币计价，即采用人民币进行交易、交割，同时接受美元等外汇资金作为保证金使用，方便境外投资者参与交易。

另外，根据《关于原油和铁矿石期货保税交割业务增值税政策的通知》，上海国际能源交易中心的原油期货保税交割业务，暂免征收增值税。

上海国际能源交易中心原油期货的交割品种是中质中硫原油（基准品质为 API 度 32，含硫量 1.5%）。这是因为：一是中质含硫原油资源相对丰富，其产量份额约占全球产量的 44%。二是中质含硫原油的供需关系与轻质低硫原油并不完全相同，而目前国际市场还缺乏一个权威的中质含硫原油的价格基准；目前世界上重要的原油期货合约有四个：纽约商业交易所（NYMEX）的轻质低硫原油即"西德克萨斯中质油（WTI）"期货合约、高硫原油期货合约，伦敦国际石油交易所（IPE）的布伦特原油期货合约，新加坡交易所（SGX）的迪拜酸性原油期货合约。其中，欧美原油定价大多参考布伦特原油期货和西德克萨斯中质油。而亚洲地区虽然有新加坡交易所的迪拜酸性原油期货，但未能形成一定的话语权，因此，中国原油期货如能运作成功，有望成为中东原油输往亚洲的定价基准；WTI 和 Brent 原油期货作为轻质低硫原油的价格基准，地位已经非常稳固，但市场还缺乏一个中质含硫原油的价格基准，中国有望建立中质含硫原油的价格基准市场。三是中质含硫原油是我国及周边国家进口原油的主要品种。根据海关总署发布的统计数据，我国 2016 年进口原油 3.81 亿吨，其中来自中东地区的原油 1.83 亿吨，占比高达 48%，形成中质含硫原油的基准价格，有利于促进国际原油市场的发展。原油品种分类如表 1 所示。

表1　原油品种分类

按API度分类		按硫含量分类	
类别	API度	类别	质量百分比（%）
轻质原油	>34	低硫	<0.5
中质原油	20~34	中硫	0.5~2
重质原油	10~20	高硫	>2
特重质原油	<10		

资料来源：上海国际能源交易中心，海通证券研究所。

上海国际能源交易中心原油期货的交易时间是北京时间上午9：00~11：30，下午13：30~15：00，夜间21：00~2：30，以满足不同地区投资者的需要。涨跌停板幅度为上一交易日结算价±4%，原油期货交易采用T+1制度，防止市场过度波动。交易单位为1000桶/手，报价单位为元/手，最小变动价格为0.1元/手，最低交易保证金为合约价值的5%，最后交易日是交割月份前一月份的最后一个交易日（能源中心有权根据国家法定节假日调整最后交易日），给予市场充分调整价格的时间。关于合约交割月份，最近1~12个月为连续月份及随后8个季度月。考虑到我国期货市场一般远期月份合约交易非常清淡，市场发展初期最远挂牌月份暂定为36个月。原油期货的标准交割流程如图2所示。

作为中国期货市场第一个对外开放的品种，境外交易者可以参与原油期货交易。根据《境外交易者和境外经纪机构从事境内特定品种期货交易管理暂行办法》，境外投资者可以通过四种方式参与：一是作为境外特殊非经纪参与者直接参与能源中心的交易；二是作为境外特殊经纪参与者的客户参与交易；三是作为境内期货公司会员的客户参与交易；四是通过境外中介机构参与交易，境外中介机构需要将客户委托给境内期货公司会员或境外特殊经纪参与者。以上境外特殊非经纪参与者、境外特殊经纪参与者必须通过境内期货公司会员与能源中心办理结算业务。原油期货潜在参与者如图3所示。

（二）风险控制制度

上海国际能源交易中心通过客户准入门槛的规定、单向大边规则和多样化的交易保证金制度对期货市场的风险进行控制。

（1）客户开户适当性制度对交易者的投资经验、诚信记录、风险承受能力等做出了适当的要求（见图4）。

中俄能源合作年度报告(2018)

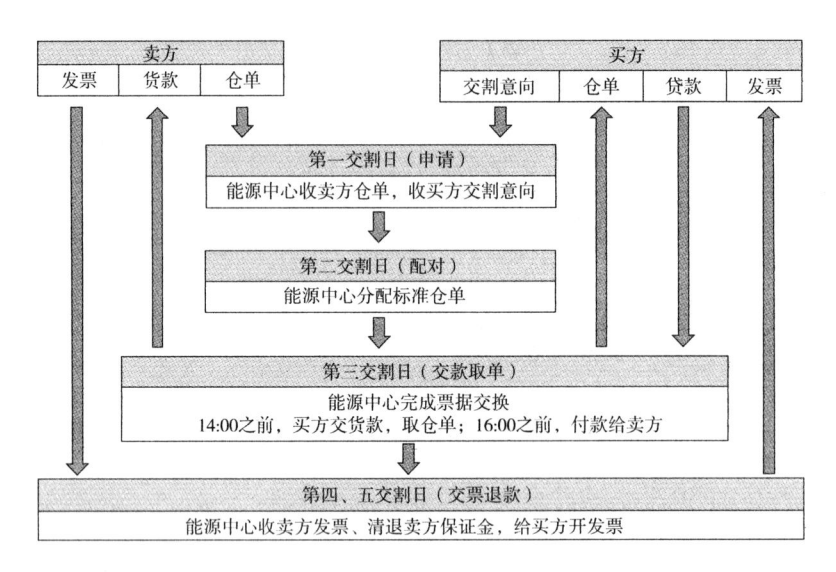

卖方				买方			
发票	货款	仓单		交割意向	仓单	货款	发票

第一交割日（申请）
能源中心收卖方仓单，收买方交割意向

第二交割日（配对）
能源中心分配标准仓单

第三交割日（交款取单）
能源中心完成票据交换
14:00之前，买方交货款，取仓单；16:00之前，付款给卖方

第四、五交割日（交票退款）
能源中心收卖方发票、清退卖方保证金，给买方开发票

图2 标准交割流程（5日交割）
资源来源：上海国际能源交易中心，海通证券研究所。

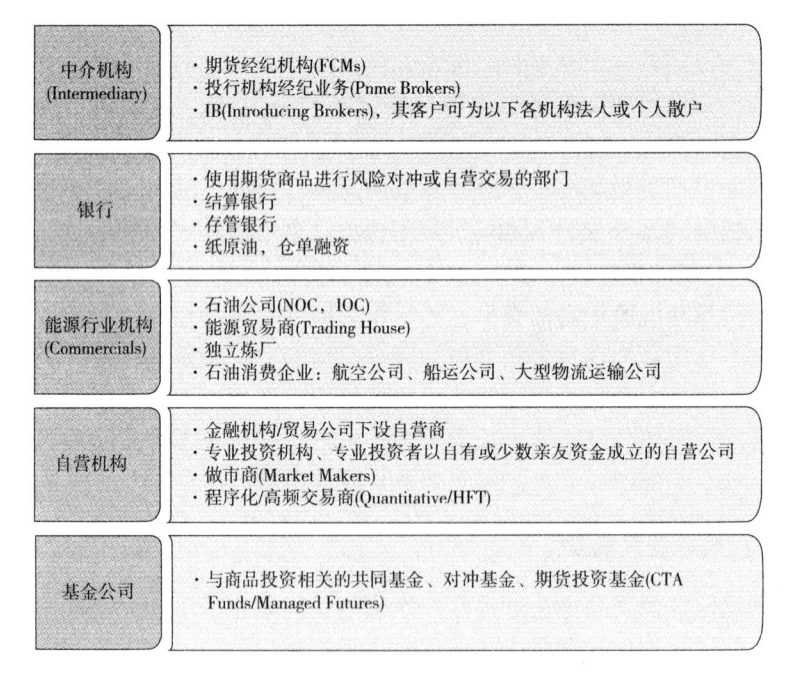

中介机构 (Intermediary)	・期货经纪机构(FCMs) ・投行机构经纪业务(Pnme Brokers) ・IB(Introducing Brokers)，其客户可为以下各机构法人或个人散户
银行	・使用期货商品进行风险对冲或自营交易的部门 ・结算银行 ・存管银行 ・纸原油，仓单融资
能源行业机构 (Commercials)	・石油公司(NOC，IOC) ・能源贸易商(Trading House) ・独立炼厂 ・石油消费企业：航空公司、船运公司、大型物流运输公司
自营机构	・金融机构/贸易公司下设自营商 ・专业投资机构、专业投资者以自有或少数亲友资金成立的自营公司 ・做市商(Market Makers) ・程序化/高频交易商(Quantitative/HFT)
基金公司	・与商品投资相关的共同基金、对冲基金、期货投资基金(CTA Funds/Managed Futures)

图3 原油期货潜在参与者
资源来源：上海国际能源交易中心，海通证券研究所。

类型	保证金资金	交易记录	其他	测试
个人客户	不低于人民币50万元或等值外币	至少10个交易日、10笔以上的境内仿真交易或近3年内有10笔以上境内外期货成交记录	不存在禁止/限制从事交易的情形;不存在严重不良诚信记录;单位客户建立有相应管理制度	具备期货交易基础知识,了解能源中心相关业务规则,通过相关测试
单位客户	不低于人民币100万元或等值外币			

图 4　客户开户适当性制度

资料来源:上海国际能源交易中心,海通证券研究所。

(2) 单向大边规则。一是单向大边保证金制度,主要包括以下两个方面:对同一客户号在同一会员处的同一期货品种的双向持仓,交易所可只按照保证金金额较大的一边收取保证金;对于实物交割合约,在交割月份的前一个交易日收盘后,交易所仍按照买卖双向持仓金额收取交易保证金从而防范实物交割风险。二是强行平仓规则,按会员所有客户交易保证金由大到小的顺序依次强行平仓,并且对客户持仓按照先单向大边持仓、后双边持仓的顺序实施。单向大边规则适用于同一客户在同一会员、境外特殊经纪参与者、境外中介机构处的同品种双向持仓以及非期货公司会员、境外特殊非经纪参与者的同品种双向持仓,但若已进入最后交易日前第五个交易日收盘后,则不适用。

(3) 如图5所示,能源中心根据期货合约上市运行的不同阶段制定不同的交易保证金收取标准(能源中心可以根据市场风险情况,以公告的方式调整交易保证金的水平)。

交易事项	交易时间段	交易保证金率(%)
原油期货合约	合约挂牌之日起	5
	交割月份前一月的第一个交易日起	10
	最后交易日前二个交易日起	20

图 5　交易保证金收取标准

资料来源:上海国际能源交易中心,海通证券研究所。

三、原油期货发展的意义

（一）为油企控制价格风险提供了有力的工具

原油期货上市的一个重要的目的就是给"三桶油"以及地方炼厂提供一个规避价格风险的工具。近几年，全球原油的价格大幅下挫，炼厂的原材料价格成本持续下行，企业的避险需求相对较低。但是，随着全球原油供需实现再平衡，原油的价格自2016年以来已经出现了较大幅度的上涨，因此目前炼厂急需规避市场风险的工具。

一家在国际原油市场上浸淫多年的企业负责人表示，价格风险是国内石化企业面临的主要风险之一，国内成品油批发价格每天都会根据原油价格的变动调整。进口调油料成交价格与国际原油相关性更高，每1美元/桶的变动，对应国内市场60元/吨的变动。因此，控制价格风险是油企重要的日常工作。

往年，"三桶油"主要在国外期货市场进行套期保值，但是这其中有诸多不便。首先，需要在国外设置分支机构，加大了管理的难度。其次，WTI原油或者Brent原油和国内炼厂实际使用的原油品质（WTI和Brent原油是低硫轻质原油；国内炼厂使用原油以中质含硫原油为主）存在差异，因此价格趋同性上存在一定的偏差，这降低了避险工具使用的效果。最后，国外的原油期货大多数以美元进行标价，因此在交易的时候需要将人民币兑换成美元，这使企业在实际操作中存在一定的外汇风险，加大了企业套期保值的难度。

对于中小型的炼厂而言，由于自身实力的限制，很多地炼企业都没有参与套期保值，一方面只能承受价格波动带来的市场风险，另一方面也只能将这一风险转嫁给下游以及终端企业。而随着国内原油"两权"的放开，地方炼油企业不再像过去一样只能被动接受价格波动，而是能对价格进行主动管理。

随着原油期货的上市，国内的炼油企业拥有了自己的避险工具，企业在套期保值的时候排除了以往的限制，能够更好地利用避险工具管理市场风险。

既然谈到了套期保值，那么就无法忽视套期保值中的基差风险。对于想要参加原油期货套期保值的企业，基差是决定套保成功与否的重要因素，选择有利的套期保值时机与确定合适的套期保值比例非常重要。企业要建立合理的套期保值基差风险评估体系和监控制度，制定严格的止损制度来规避异常的基差波动。

由于目前原油期货的交易标的是中质中硫原油，在现货市场和期货市场中通常无法找到完全一样的标的物，因此只有使用相关度较高的资产来进行套期保值以减小基差风险。对于十二个月后的交割月为季度月，那么也存在无法找到期限相匹配的交割合约从而引起基差风险。最后一点，由于各石油产品加工公司以及炼化厂之间资质参差不齐，拥有现货标的物的头寸也各有不同，无法在期货市场上觅得相同头寸的标的物，也是需要引起人们注意的导致基差风险的原因之一。

（二）为市场提供更多的交易机会

除了为产业链上的企业提供行之有效的风险管理工具，上海原油期货的上市也将为市场投资者提供更多的交易机会。

此前据上海国际能源交易中心相关负责人介绍，按照原油期货的标准合约，即将在上海国际能源交易中心上市交易的原油期货交割品级是中质含硫原油，基准品质是 API 度 32 和硫含量 1.5%，交易单位为每手 1000 桶。1000 桶/手与国际上主流的原油期货的合约大小保持一致，便于全球投资者进行跨市场套利。

目前市场上关注较为广泛的是我国原油和 Brent 原油之间的套利，交易的是进口贸易升水和轻重油价差。目前地炼厂原油采购进行点价的基准主要是 Brent 原油，未来我国原油和 Brent 原油之间的套利交易将会成为主流。

在银河期货原油部总经理叶念东看来，上海原油期货除了可以与 Brent 原油套利，根据市场情况，可以进行 cantango/backwardation 期限结合价差套利、与 DME 阿曼原油进行跨市套利、与 NYMEX、IPE 原油进行跨品种套利。叶念东称，在国际上，原油期货市场已经相当成熟。期限结合价差套利主要是月间差的交易，如果月间差足够大，去除仓储等成本还有盈余，这将是一种无风险套利的模式。目前在国外不少大的贸易公司用这种期货交易的方式降低采购成本。

不仅如此，在市场人士看来，原油期货与上海期货交易所自有品种沥青之间也存在着裂解价差套利机会，这种沥青裂解价差操作的风险点主要集中在原油和沥青的基差波动。当沥青对上海原油升水高于加工成本时可以考虑买原油抛沥青套利。假如价差不回归，炼厂可以交割原油加工成沥青后再交割沥青，此时获得的收益为沥青对原油升水减去加工成本。

转过头去看看我国目前的商品期货市场，以郑州商品交易所交易的热门品种苹果为例，主力仗着资金优势肆意乱为，期货价格远远脱离现货的实际价格。在莱州天赐宝苹果交割仓库注册生成了第一张仓单，老板拿着成本价4.5元/斤的苹果，除去不合格产品后，仓单的成本为9500～10500元，空头注册一张仓单就会亏损上万元，但是为了完成这个交割流程，还是完成了注册。国内两个商品期货交易所因其交易产品存续期的时间过久以及制度的不完善再加上监管执法不到位，许多钻法律空子的行为时有发生，给人们正常的参与期货交易带来了困扰和阻碍。

原油期货凭借其全新的交易制度以及开放化的面向各类交易群体，提供给市场更多的公平公正的交易机会，原油期货市场的有效性也会比传统商品期货市场更高。

（三）规则更加符合国际化的需求

在国际市场上，参与者按机构类型可以分为以下几类：一是大型跨国石油公司，这类的公司有英国石油、壳牌；二是国家石油公司，这类的公司有沙特国家石油公司、伊朗国家石油公司；三是独立的石油生产商和炼厂，这类的公司有美国得克萨斯能源公司和山东地炼；四是石油贸易公司，代表性的企业有维多和佳能可。最终用户为航空公司、电厂和船运公司等；除此之外，大型银行、投行和对冲基金也是国际原油市场的重要参与者。

对于这部分国际原油市场参与者，可以通过境外特殊经纪参与者或者境外中介机构等方式参与到原油期货市场中去。不仅如此，它们还可以使用美元或者境外人民币作为保证金。但是同时需要注意的是，境外交易者的交易亏损只能由人民币弥补，盈利可选择美元或人民币，半年变更一次。

能源中心采取多项措施以适应国际化的要求。上海国际能源交易中心的相关负责人表示，首先，在风控方面，严格遵守目前国内期货市场已被证明行之有效的期货保证金制度、一户一码制度、持仓限额制度和大户报告制度等。其次，能源中心还针对境外交易者的风险特征与原油期货的交易特点，积极落实境外交易者适当性审查、实名开户、实际控制关系账户申报，强化资金专户管理和保证金封闭运行。另外，能源中心还积极推动与境外期货监管机构建立多种形式的联合监管机制，探索建立切实可行的跨境联合监管和案件稽查办法。

2017年5月，能源中心正式对外公布合约规则。与征求意见稿相比，新的规则更加完善。具体看来，在标准合约方面，1000桶/手与国际主流的原油期货合约保持一致。在交易者适当性门槛方面，对个人客户设置50万元的门槛，对单位客户设置100万元的门槛，同时要求投资者具有相关的交易经验，具有一定的风险抵御能力。另外，在交割违约处置方面，由原先的递延交割制度修改为违约金制度。

（四）原油期货上市将提升我国期货市场的影响力

原油期货的推出具有相当重要的意义，作为最大的商品期货品种，原油期货上市可以打通国内外通道，使海外机构进入到国内市场。而众多机构的参与，才能提升我国期货市场的影响力。同时国际资金的参与，由此带来的佣金收益无疑将给期货公司增加财务收入。

原油期货的上市，将有利于完善整个亚太地区原油价格的定价体系，也能更好地反映亚太地区的原油供求状况，使得这个市场与我们贴近得更紧密。原油期货的推出也有利于人民币的国际化。期货公司将迎来许多发展机遇，如比较方便通过原油期货的国际化来进行探索，把国内商品期货市场做得更好，在此基础上和国外的原油市场形成联动，"引进来"+"走出去"，利于期货公司为原油期货市场的投资者提供更好的通道和服务。原油期货带来的国际化机遇有助于促进期货公司自身能力的提升。例如，对国内国际产品交易规则的把握、专业能力的提升、IT技术的创新、结算制度的完善等。

金联创原油分析师张刚表示，如果在原油定价方面掌握主动性，可以减轻油价频繁波动对于国内经济的负面影响。原油期货上市，对未来中国获得原油定价权有着至关重要的作用，也有助于人民币国际化步伐的加快。在现代经济体系中，经济的强大需要和金融体系的强大相配合，只有这样才能具有主导全球经济金融治理的能力。

笔者对于石油行业一直抱有疑问，作为中石化旗下的子公司石化油服连续三年每年亏损达100亿元，对于一个垄断行业的公司如何产生如此大的亏损表示费解。或许原油期货的上市会给这个垄断行业带来新的方向。

长期以来，国内的石油市场基本属于半封闭市场，利益关系错综复杂，其仍由国家发改委指导价格，无法充分反映供求关系。若原油期货的上市可以给这个市场带来市场化的定价机制，那么长久的垄断也会随着市场化的开放而发生转变。同时市场化也意味着竞争的到来，那么就可以倒逼石油行业进行改革，打破原有的行业垄断模式。

原油期货的推出也同样能为"一带一路"倡议提供支持，为人民币实现国际化添砖加瓦。目前，中国的原油进口地区主要是俄罗斯、中东、中南美洲，自 2015 年俄罗斯、伊朗、安哥拉和委内瑞拉等中国主要的原油进口国已可以采用人民币作为结算货币，期货结算用人民币并无太大阻碍。同时，中国也为上述各国提供大量的工业制成品，双方均存在以人民币实体结算的可能。以上出口的国家大都属于非发达国家，借助其投融资需求，鼓励其通过用人民币结算石油出口用于购买中国制造的产品，也便于扩大我国的出口需求，对我国的经济增长形成良性循环。

四、原油期货现存的主要问题

随着原油期货的上市，国内的炼油企业拥有了自己的避险工具，企业在套期保值的时候排除了以往的限制，能够更好地利用避险工具管理市场风险。

虽然原油期货上市对国内经济具有很多积极的意义，但是原油期货仍然存在诸多的问题，如市场参与度不足造成的流动性问题、国外投资者的认同程度、风险控制度问题、市场参与者结构不合理等。

正是由于存在这些问题，监管层才对原油期货的上市持"慎之又慎"的严谨态度，原油期货的上市才会相较其他品种更为漫长。

（一）市场参与度不足造成的流动性不足问题

上海润盈投资管理有限公司首席分析师朱汕表示，在上市初期，还要关注流动性的问题，原油目前个人投资者门槛为 50 万元以上，这样就把相当大的一部分散户投资者排除在外了。当然，鉴于原油期货国内很多投资者对它的波动性不熟悉，设立一个门槛也有利于保护中小投资者，但上市初期，它的流动性和相对于外盘的差价能否稳定，是需要重点关注的。当然，有大资金要兴风作浪的话，国家也是不会允许的，目前，这个品种从整个设计来看，都是要和国际盘接轨的，包括合约的规格，和美原油一样，都是 1000 桶/手。他觉得，国内爆炒的可能性不大，因为如果想炒作，套利盘也会把炒作方套死。这也是原油期货交易和国际接轨的一个优势。

除了市场流动性，在供应方面，OPEC 会议的减产协议的执行情况，以及全球主要产油国政局动荡，产量水平，这些都在将对原油走势构成非常大的影响。在石油富饶的中东，地缘政治风险不断加剧，主要产油国说停产就停产，再加上美国和欧盟对俄罗斯的制裁，OPEC 减产协议没有很好地落实，这些都给未来原油期货的流动性蒙上了一层阴影。

(二) 国内外投资者的认同问题

中国石油大学中国油气产业发展研究中心主任董秀成教授表示，我国原油期货产品迟迟没有落地的原因之一是我国的市场体系问题。油气市场体系没有实现市场化，而且交易主体比较少，没有形成充分的竞争。他个人的观点是我们不能等市场化。市场化和原油期货是类似于先有鸡还是先有蛋的问题。通过推出原油期货产品来反推油气市场化的改革。比如，上海期货交易所的原油期货价格发现功能实现了，那未来国家不一定非要管制价格了，可以按照期货市场的价格指向交易即可。期货市场重要的意义是用期货交易反推价格市场化的改革。另外，上海期货交易所推出的原油期货的重中之重是引导和吸纳境外现货商。上海期货交易所原油期货能够成功与否的关键是交易主体能否多元化。如果没有境外资本，只有国内的资本，那肯定发展不好。只有把它们吸引来，期货产品才有可能成功，否则一定会走燃料油的老路。

中国证监会前期货部处长巡视员张晋生表示，燃料油失败归因于三个因素：一是当时价格没有完全放开，还是双轨制价格。二是我们和国际市场的接轨也没那么紧密，而且当时国内没有那么多车，虽然供给少，但消费也少。所以说，当时在市场不完全充分的条件下，去推一个原油价格导致企业的参与程度也比较低。这样一来，多是散户参与投机，机构很少参与。三是石油系统的企业也不太愿意参与，也不太愿意放开，因为它的监管集中度比较高，这就使得它基本上和国际市场的油价没有接轨，所以在很短的时间内就夭折了。

而现在将原油期货设立在上海，整体而言上海的市场环境比较好，和国际市场接轨有力度，再加上进行自由贸易港的试点，相关的管制政策在上海可能会终止适用。这样国内外投资者的认同程度可能会逐渐提高。[①]

(三) 风险控制问题

原油期货不同于其他商品期货，由于国际化的需要在制度上和国内其他商品期货具有很大的差异，甚至很多制度相对于国内期货市场是具有创新性

---

① 和讯期货. 中国版"原油期货"即将闪亮登场！你需要知道的"故事"都在这里！[DB/OL]. futures. hexun. com/2018-02-26/192506352. html.

的。首先，原油期货用人民币来结算，但是允许外币充当保证金，这就存在外汇巨幅波动带来的外汇风险，在如何控制外汇风险方面国内期货监管机构没有足够的经验，这是外汇的监管需要特别注意的地方。

中国证监会原副主席姜洋表示，平稳推出原油期货是2018年证监会引导期货与衍生品市场健康发展的工作之一。这对中国来说是具有非常重要的战略意义。它计价用人民币，但是美元可以作为保证金使用，所以同时兼顾了国际投资者和国内投资者的需求。至于外国投资者接不接受人民币计价，"这是市场商量的结果，不光考虑国外投资者，还要考虑国内投资者，所以就利用美元做保证金，如果当天的外汇要汇出，随时可以放汇出境"。

仔细思考我国实际情况，姜洋的这句话真的可以实现吗？海外投资者在市场中赚了钱到底能不能带走，这个问题并不能一言而决。理论上，国家可能通过某一家大型海外套利机构，让其赚上一大笔钱并成功提现，达到类似"立木为信"的效果，但实际上在不自由浮动的汇率制度下，套利投资者赚到的钱，是不是要兑付？是否有能力兑付？这些问题，需要监管部门、外汇管理局等一同努力寻找解决的办法。如果因为数量巨大而延迟兑付，则将严重影响原油期货的公信力，与建设原油定价中心的初衷相悖。汇率的市场化必然是未来发展的方向，而投机者的套汇行为最终也更能让汇率走向均衡，但是由此可能带来的汇率大幅波动问题是否能解决、如何去解决都需要深思。

（四）需要深入思考的一些问题

（1）从我国能源行业现实情况看，寡头权力垄断和市场开放之间存在着不可回避的问题。第一，"三桶油"对我国原油市场的垄断行为是确实存在的，在原油期货发展的初期，如果"三桶油"不参与原油期货市场，那么这个市场可以说是失败的；如果参与了原油期货市场，那么市场的参与者没有人愿意充当他们的对手方，相当于操纵了市场。第二，"三桶油"下属的公司及炼化机构均不具备法人资格，无法直接参与到期货市场的交易中，那么由此衍生的经营权问题以及价格协议，都将会变得错综复杂，这些问题不是上海能源交易中心甚至证监会可以解决的。第三，目前我国的成品油定价主要参考几个外盘原油期货数据作为定价标准，那么将来中国原油期货是否有机会加入其中作为定价依据，与此同时，作为最大的交易者的"三桶油"是否会通过影响油价来满足其调价标准。这些问题都值得我们深思。

（2）人民币计价和美元计价也存在着不可调和的冲突。目前，石油锚定了美元，全球经济越发展，贸易中需要的美元就越多，就越需要向美国出口更多的商品换取外汇。这样做的结果就是大大地提高了美元的购买力价值，美国即便什么也不做，也可以从全球经济发展中获益。作为世界上第二大经济体的中国试图将自己的货币推向国际化，将石油与人民币挂钩，中国原油期货的推出实际上触及了美国的国家利益。过去人民币汇率盯住美元，现在盯住一篮子货币。在我国看来，这些举措只是随着我国经济的发展、经济体量的不断增加，中国不再作为单纯的汇率跟随者，而是寻找属于中国自己的独立的汇率价值。此举在美国看来则别有深意，美国对于任何动摇美元全球老大地位的行为都持否定态度。当前中美的贸易摩擦不断升温，甚至有愈演愈烈的迹象，美国对于我国崛起的越发警惕。那么大型的海外金融机构可能也因此存在心理障碍，一方面是对中国这个新兴市场的怀疑，另一方面则是对美国可能采取的反制行动从而导致他们发生损失的忌惮①。

（3）人民币汇率与海外游资做空人民币的问题。就目前情况而言，人民币汇率缺乏一个有效的交易市场，由于存在着外汇管制制度，人民币汇率并非由市场定价，那么原油期货的推出也就变相给外国投资者提供了可能做空人民币的工具。同时用美元和人民币作为保证金，在境外用美元做空原油期货、在境内融资用人民币做多原油期货，由于投资者的境内外同时开仓，因此锁定了原油期货价格的波动，原油期货实际上价格的涨跌对于投资者就没有任何影响。一旦人民币发生贬值，内盘原油期货价格将会上涨，投资者即卖出原油期货还款，这样就可以实现主动地参与人民币升值和贬值，相当于变相地做空了人民币。这样原油期货市场上就可能出现两个外汇的价格：一个是央行公布的包含逆周期因子的价格；另一个是通过内外原油期货价格比形成的价格。形成了套利的空间，对我国的外汇管制制度产生影响②。

五、原油期货展望

首先来回顾一下世界各国的原油期货发展。第一，日本从原油期货的推出一开始，就没有争取原油定价权的野心，没有采用国际通用的"桶"作为单位，而是选择"100千克"（314.5桶）作为合约单位，且只能用现金交

---

① 人民币石油期货，在美元霸权的铁板上扎了个钉子[DB/OL]. 中华网，http://military.china.com/important/11132797/20180327/32234311_2.html.
② 荣耀还是衰亡？解析六大矛盾决定原油期货的生死[DB/OL]. 新浪财经，http://finance.sina.com.cn/money/future/fmnews/2018-03-22/doc-ifysnevk4609882.shtml.

割而不能用实物交割。日本原油期货的推出完全是为了本土企业的规避风险而设计,因其合约设计的天生不足导致几乎没有投资者参与。第二,新加坡的石化产业是立国之基,大量中东的原油在这里转运、冶炼,销往需求庞大的东南亚和中国。新加坡作为原油现货交易的东南亚中心,然而即便占据如此之地利,新加坡仍然没能攻克原油期货市场的难关。2002年,新加坡交易所(SGX)推出了中东迪拜原油期货合约,力图建立具有全球定价基准功能的期货产品,但运行两年后宣告停止。新加坡交易所原油期货失败的原因是多方面的,在转口贸易中新加坡提供的是服务,并不参与原油供求本身。如果将新加坡作为交割和避险地点,多数原油交易商尚未到达目的地,而保值功能却需要提前结束。第三,印度年进口原油2亿吨,是世界第三大原油消费国,然而印度也曾经长期受到油价剧烈波动和中东产油国价格歧视的影响。痛定思痛的印度政府决心推出自己的原油期货品种,改品种使用印度卢比作为计价货币,采用实物交割和现金交割并存的交割方式。为了给石油期货开路,印度政府在2002年取消了石油价格管制,并且印度市场并不存在类似"三桶油"的垄断公司。印度政府与交易所也花费了巨大的精力,成功地说服了印度主要的石油巨头参与国内原油期货交易。虽然印度原油期货成功地实现了国内避险功能,但是在吸引海外投资者方面仍然乏力,远没有形成挑战WTI和Brent的影响力。分析数据表明,印度的原油期货价格基本是跟随欧美期货市场而动,反向输出的影响力较小。这就是因为印度采用其本币计价,并采取了严格的外汇管制,国际投资者一没兴趣,二没办法,印度的原油期货也因此与国际隔离,影响不了国际油价。第四,2007年,阿联酋迪拜商品交易所(DME)推出了阿曼原油期货合约。阿联酋石油产量丰富,开设原油期货是有优势,但是迪拜交易所是NYMEX(纽约商品交易所)参股的,跟美国WTI原油期货本是一家。NYMEX"帮助"设计了该原油合约的交易、交割、结算等全部流程。除了主力合约是阿曼原油实物交割的期货合约外,其他11个合约都是与石油相关的金融型期货合约,以美元现金结算,成了投机品种,并要求其结算会员必须是NYMEX的会员。第五,俄罗斯为了更好地销售自己的石油,也做了自己的原油交易所RTSSE,上市了URALS(乌拉尔)原油期货合约,以美元计价用卢布结算。作为原油出口大国,俄罗斯意图争取国际市场的原油定价权。然而该品种并不成功,原因主要是首先俄罗斯的产油区并不临海深处内陆,必须要使用管道运输,而买家团体相对固定,比如中国更愿意使用长期供货协议。其次俄罗斯国内的金融局势并不稳定,与西方国家的关系时好时坏,本币卢布波动也较为剧烈,因此国际投资者很少愿意参与。最后，俄罗斯经济结构较为单一，除了自然资源出口品种较少，投资者不愿意过多地持有俄罗斯卢布①。

然后我们再结合这些国家的经验教训，探讨我国原油期货的未来。与日本相比较，我国原油期货的设立一定要有清晰明确的目标：除了方便与贸易往来国之间人民币直接的支付兑换、反映中国和亚太地区石油市场供求关系，还要尽力去将其作为亚洲原油市场的基准价，原油期货的推出就是为了摆脱"石油美元"体制，为中国在世界原油交易中取得更多的话语权，甚至是定价权，而不是做出一个形似而神不似的单纯的投资套利或者套期保值工具。就目前我国3000万吨原油储备和交割方式，对比日本都有着长足的进步。

新加坡的模式值得我们的学习，针对自身特点，新加坡交易所从原油期货市场退出，转而推广燃料油和精炼油期货，并取得了较大的成功。新加坡针对自己国家地理环境优势以及贸易地位，推出符合自己国情的原油期货。中国目前的中质含硫原油的选取也与新加坡交易所原油期货产品的选择有着异曲同工之妙，符合本国发展的需要也促进了与周边国家之间的原油贸易。相较于新加坡成熟而开放的市场，我国原油期货如何消除海外投资者的戒备心理，引入足够多的海外投资者仍然是一大难题，海外投资者不足将会影响原油期货市场能够对外施加的影响力。

印度政府的做法对中国的示范效应最为显著。印度人取得的局部经验表明，只要中国国内的实体企业积极参与，那么中国的原油期货短期内即便不能影响国际市场价格，也能够给国内的企业提供一个良好的风险对冲平台。但是现在的问题就是，谁会在中国的市场中做对冲呢？国内的"三桶油"旗下的炼油厂并没有独立的法人资格，很难直接参与到原油期货中来。独立炼厂的产量小，没有谁愿意成为"三桶油"的对手盘，更何况其国资背景，也是不敢轻易招惹的。因为长时间行业垄断的存在，也导致石油行业的企业及工作人员行政色彩浓厚，不愿意主动参与期货市场的套保中来，也没什么套期保值的需求。谁也没法强制要求"三桶油"以及国有航空公司参与到期货市场对冲中来，通过套保化解风险应该是企业自发的行为。

中国原油期货的推出经历了层层磨难，闯过了重重难关，尝试了千万失败，最终提出了目前这样相对成熟的产品。但是由于长期和世界原油市场脱

---

① 以史为鉴！日俄新印阿五国教训为中国原油期货敲警钟[DB/OL]. 新浪财经, http://finance.sina.com.cn/money/future/fmnews/2018-03-21/doc-ifyskeue0271545.shtml.

轨，以及行业内部的不完全竞争，再加上不合理的油品调配、定价制度，这些都让中国原油期货的未来充满了挑战。原油期货能否平稳运转，涉及到多方利益的博弈，也涉及到国家有关部门的决策能力。结合当下，中国原油期货的短期目标不应设立过高，先从国内企业的套保做起，再到国内国际相关机构及投资者有序合规参与，再到反映亚太地区原油市场供求关系及基准价格。对于获取原油的定价权是一个长期的艰苦卓绝的工作，需要各方面各部门不断的参与、疏导及创新，摆脱"石油美元"的体制和获得世界原油定价权，这还应该作为长远的目标。

参考文献

[1] 水翼，托马思杨. 荣耀还是衰亡？解析六大矛盾决定原油期货的生死 [EB/OL]. http：//finance.sina.com.cn/money/future/fmnews/2018-03-22/doc-ifysnevk4609882.shtml，2018-03-22.

[2] 中国海洋石油集团有限公司. 中国原油期货落地带来的机遇和挑战 [EB/OL]. http：//www.sasac.gov.cn/n2588025/n2641616/c8870744/content.html，2018-04-16.

中国能源业十大上市公司对比分析（2017）

侯超惠　杨小宇

摘要： 本文主要对中国能源（石油、天然气、石化）行业进行分析和梳理，指出国内及国际能源业未来发展趋势。将2017年度综合排名前十的上市公司就经营情况及市场价值进行详细的横向对比分析，并根据各公司主营业务进行分类，进而从公司所属行业以及行业地位对公司进行纵向深度解析。最后根据上市公司目前的发展战略及公司详细情况进行未来发展讨论。本文对于关注中国能源业的国内外投资者了解中国能源类上市企业，具有较强的实用性和可读性。

关键词： 能源行业；上市公司；价值分析

《财富》杂志公布了2017年中国上市公司500强排行榜，考量了全球范围内最大的中国上市企业过去一年的业绩和成就。其中，共13家石油化工企业上榜。毫无意外，"三桶油"继续稳坐前三名的宝座；与此同时港股公司昆仑能源进步飞快，成功抢夺前十宝座，而同在中国香港上市的光汇石油名次基本没发生变动；华信国际则作为一家民营企业首次登榜。

本文对这十家上市公司基本情况进行介绍，并对经营构成、行业发展、财务指标等进行横向对比分析，并整合各公司的发展战略，进行纵向深入考量，能清晰体现中国能源类（石油、天然气、石化）上市公司的发展现状及未来发展潜力。

一、能源行业分析

（一）行业格局

2017年，全球能源格局正在改变，传统的需求中心正在被快速增长的新兴市场超越。世界能源消费重心加速东移，发达国家能源消费基本趋于稳定，发展中国家能源消费继续保持较快增长，亚太地区成为推动世界能源消费增长的主要力量。高效、清洁、低碳已经成为世界能源发展的主流方向，世界能源低碳化进程进一步加快，天然气和非化石能源成为世界能源发展的主要方向。经济合作与发展组织成员国天然气消费比重已经超过30%，欧盟可再生能源消费比重已经达到15%，预计2030年将超过27%。

（二）国际能源行业的发展趋势

中国石油经济技术研究院发布的《2017年国内外油气行业发展报告》显示，2017年全球石油市场供需趋于平衡，但供需平衡仍脆弱，原油库存趋于下降，但仍明显高于5年均值。2017年，国际油价均价提升，世界石油需求增速提高，非经合组织国家仍是需求增长主力；非欧佩克石油产量止跌回升带动世界石油供应进一步增长，石油公司逐步适应低油价，经营实现盈利。报告另外指出，2018年国际油价整体运行中枢上移，布伦特原油期货年均价将为60~65美元/桶，波动范围为50~75美元/桶。行业景气程度继续提升，但是资源国减产和美国增产博弈依然是影响平衡的最大变数。

在技术进步和对环境关注的驱动下，能源结构正在转变。根据《BP2035世界能源展望》（2017）预计，展望期内（2035年前），得益于高速增长的新兴经济体驱动，全球GDP有望增加一倍，这种繁荣将推动全球能源需求的增长。能源结构也将持续调整，尽管石油、天然气与煤依旧为主导能源，但可再生能源、核能与水电预计将提供2035年新增能源需求的一半。石油需求在展望期间内将持续增长，但是需求增速将放缓，电动汽车的日益渗透和出行革命的蔓延也将对未来石油需求产生重要影响。现有的已知石油资源量远高于全球直到2050年甚至以后的消费量，加上石油需求放缓的前景可能促使全球石油供给发生变化，油气市场正由卖方市场向买方市场转变，资源主导将变为市场主导。拥有市场，特别是终端销售市场的石油公司在国际竞争与合作中将有更大的影响力和话语权[①]。

（三）国内能源行业的发展趋势

根据国家统计局发布的数据显示，2017年，全国能源消费总量比上年增

---

① 2017年国内外油气行业发展报告［DB/OL］．中国石油信息网，http://news.cnpc.com.cn/system/2018/01/17/001675468.shtml.

长约2.9%。能源消费结构明显优化，天然气、水电、核电、风电等清洁能源消费占能源消费总量比重较上年提高约1.5个百分点，煤炭所占比重下降约1.7个百分点。

2017年1月17日，国家发展改革委、能源局发布《能源发展"十三五"规划》，随后于2017年1月19日发布《石油发展"十三五"规划》与《天然气发展"十三五"规划》。"十三五"内油气发展将遵循两条线：一是继续深化油气领域的制度改革，实现上游油气田勘探开采的竞争机制，引入社会资本。中游放开油气进口，核定管输，实现下游分销充分竞争。支持油气领域国企的重组混改；二是消费上"稳油增气"，将天然气一次能源消费占比由2015年的6%提升至10%，消费量翻一番达到4000亿立方米。预计"十三五"期间能源行业有望基本实现市场化，定价权将下放给企业，价格水平由市场决定，油气交易中心加速推出。中国能源市场与世界市场联动将更加紧密，将在国际市场上发挥与其能源需求和生产大国相匹配的作用和影响力，并成为全球市场的重要组成部分。此外，2017年5月21日，中共中央、国务院印发了《关于深化石油天然气体制改革的若干意见》，明确了深化石油天然气体制改革的指导思想、基本原则、总体思路和主要任务。随着混合所有制经济加速发展，民营资本将积极参与能源行业，市场竞争主体将更加多元化。

二、上市公司对比分析

（一）经营情况分析

如表1所示，从营业收入来看，"三桶油"牢牢占据榜单的前三位，排名靠后的几家上市公司的营业收入只有它们的零头。中国石油化工股份有限公司（简称中国石化）营收和净利润同比小幅增长，可以看到中国石油天然气股份有限公司（简称中国石油）这样的巨无霸公司，净利润同比增长几乎达到翻倍的水平，这得益于油价的上涨。2017年布伦特原油均价54.84美元/桶，同比增长21.62%。油价上涨使得公司上游油气开采业务实现盈利增长。作为全国最大的油气开采企业，油价上涨直接带动公司业绩提升。与前两者相比，中国海洋石油有限公司（简称中海油）的销售收入仅为前者的1/3或1/4，但是利润却超过了前者，得益于中海油在成本控制方面有着不错的收效，其是中国三大油企中唯一可以降低成本的一家。昆仑能源的营收变化不大，净利润同比增长不小，主要由于液化天然气业务在2016年下半年冬季燃气短缺时，取得大幅增长，但可能仅为一次性因素，所以2017年年报的业绩华丽也可能只是昙花一现。光汇石油暂时不做置评，后文会详细解析。荣盛石化营收大幅增长，主要由于PTA（精对苯二甲酸）和PX（二甲苯）的平均价格上涨；归因于子公司中金石化在2017年第四季度的检修，其净利润的增速却跟不上营收增速，因而大幅影响了盈利。石化油服2017年公司实现营业收入484.86亿元，同比增长13.0%，表明从收入端已经扭转了连续2年大幅下滑的趋势；2017年实现归属于上市公司股东的净利润为亏损105.83亿元，同比减亏55.32亿元，成本高企和资产减值损失导致公司大幅亏损的原因。中石化炼化公司2017年税后纯利同比下跌32.04%，与公司早前盈亏预警相符，且是自2013年上市以来表现最差的一年。公司对报告期内公司业绩下降的解释是：施工业务工作量同比减少，施工分部收入大幅下降所致。恒逸石化主营收入和净利润都有超过90%的同比增长，主要得益于PTA的高景气，聚酯纤维的产能增加和己内酰胺维持满负荷生产，这些给公司带来了产销稳步增长。而华信国际因为控股母公司的一系列波动，致使公司经营基本无法正常进行。

表1 中国能源业十大上市公司经营情况分析

序号	股票代码	公司名称	营业总收入（亿元）	营业总收入同比增长率（%）	净利润（亿元）	净利润同比增长率（%）	公司所在地
1	600028	中国石油化工股份有限公司	23600	22.23	511.19	10.13	北京
2	601857	中国石油天然气股份有限公司	20200	24.68	227.93	188.52	北京
3	0883HK	中国海洋石油有限公司	1863.9	27.04	246.77	19.05	中国香港
4	0135HK	昆仑能源有限公司	887.06	8.33	79.49	132.84	中国香港
5	0933HK	光汇石油（控股）有限公司	312.57	44.38	4.12	178.78	中国香港
6	002493	荣盛石化股份有限公司	705.31	55.01	20.01	4.20	浙江

续表

序号	股票代码	公司名称	营业总收入（亿元）	营业总收入同比增长率（%）	净利润（亿元）	净利润同比增长率（%）	公司所在地
7	600871	中石化石油工程技术服务股份有限公司	484.86	13.0	-105.83	34.33	北京
8	2386HK	中石化炼化工程（集团）股份有限公司	362.09	-8.04	11.3	-32.04	北京
9	000703	恒逸石化股份有限公司	642.84	98.29	16.22	95.34	浙江
10	002018	安徽华信国际控股股份有限公司	167.99	-11.71	4.47	21.58	上海

资料来源：根据公开资料整理。由于光汇石油推迟2017年年报的发布，故采用的是2016年年报的数据。

如表2所示，从净利润率这个指标来看，中国石油和中国石化一直维持着一个较为稳定的水平，净利润并没有随外部环境的改变而发生较大变化。而中海油在2016年净利润有着大幅降低，是因为2016年国际油价持续低迷，石油公司持续压缩勘探开发投资，整个油田服务市场的需求进一步萎缩，工作量和价格持续减少和走低；同时，公司计提固定资产和商誉减值准备及应收账款坏账准备。公司2017年净利润的大幅上涨源于渤海天然气勘探的突破以及公司储量寿命的恢复正常水平。荣盛石化、恒逸石化以及华信国际三家主营石化产品生产的公司，净利润率也保持在一个相对稳定的水平。而石化油服连续三年亏损，也使公司连续性地无法获得净利润。中石化炼化作为炼油、石油化工的工程企业，具有较多专利，因此净利润率较高也较稳定。昆仑能源的天然气业务受供暖季LNG（液化天然气）价格上涨带动，公司LNG加工厂开工率提高18.6%，业务量增长119%；同时公司并表唐山LNG接收站，气化业务量同比翻倍，因此在上述十家公司中，其净利润率的水平最为优秀和稳定。

表2 中国能源业十大上市公司净利润率对比

单位：%

序号	公司名称	2017年	2016年	2015年
1	中国石油化工股份有限公司	2.98	3.06	2.15

续表

序号	公司名称	2017 年	2016 年	2015 年
2	中国石油天然气股份有限公司	1.82	1.82	2.46
3	中国海洋石油有限公司	19.05	-3.55	8.88
4	昆仑能源有限公司	11.82	7.59	16.37
5	光汇石油（控股）有限公司	—	1.65	2.36
6	荣盛石化股份有限公司	2.49	4.30	1.01
7	中石化石油工程技术服务股份有限公司	-21.83	-37.54	0.04
8	中石化炼化工程（集团）股份有限公司	4.48	5.98	9.27
9	恒逸石化股份有限公司	2.87	2.74	0.53
10	安徽华信国际控股股份有限公司	2.89	2.16	2.43

如表3所示，从ROE这个指标来看，中国石油近三年维持在一个较稳定的水平，说明公司的负债与权益比率较为稳定；中国石油和中海油该指标的跳跃性很大；而昆仑能源在2017年净资产收益率得到了很高的提升，可以推断这可能是由于公司负债的增加引起的；光汇石油无法出具2017年年报从而无从得知其公司ROE，石化油服也因为资不抵债，导致ROE出现异常。荣盛石化从2016年起ROE有一个较快的攀升，到2017年ROE水平基本与2016年持平。恒逸石化从2015年开始净资产收益率不断上升，可能与公司的产能整合从而导致负债增加有关。而华信国际主营业务基本面并没有发生较大改变，ROE指标却不断上升，负债的增加暂时不清楚从何而来。

表3 中国能源业十大上市公司净资产收益率（ROE）对比

单位：%

序号	公司名称	2017 年	2016 年	2015 年
1	中国石油化工股份有限公司	7.14	6.68	5.04
2	中国石油天然气股份有限公司	1.90	0.70	3.00
3	中国海洋石油有限公司	6.49	0.17	5.24
4	昆仑能源有限公司	11.89	1.61	0.28
5	光汇石油（控股）有限公司	—	7.53	12.93
6	荣盛石化股份有限公司	14.09	16.36	5.25
7	中石化石油工程技术服务股份有限公司	—	-97.19	0.10

续表

序号	公司名称	2017年	2016年	2015年
8	中石化炼化工程（集团）股份有限公司	4.42	6.60	13.47
9	恒逸石化股份有限公司	14.21	11.41	3.55
10	安徽华信国际控股股份有限公司	13.30	12.03	5.30

（二）市场价值分析

如表4所示，虽然同为中国前十的能源类上市公司，但是互相之间的差异还是非常大的。中国石油和中国石化的股本规模是后面几家公司完全无法相比的，中海油、光汇石油和石化油服暂且还可称为中盘股，其他公司股本都相对较小。剔除华信国际这个基本面出现"黑天鹅"而无法正常经营的公司和光汇石油这个股票无故长期停牌的公司，可以看到石化油服的市盈率达到一个非常高的水平，主要原因是其每股收益过低，根本原因是其亏损严重、公司基本不存在投资价值。中国石油、中国石化、中海油、昆仑能源这四家公司的市净率非常接近，而中国石油和中国石化的每股净资产基本相同，两者的差距可能就在股价上。在中国石油和中国石化两个巨无霸的对比上，中国石化市盈率较低，每股收益较高，更具有投资价值。昆仑能源作为港股优质能源上市公司，在每股净资产、净资产收益率和主营利润率这三项的比较上，昆仑能源在港股能源类上市公司名列前茅，在每股现金流和基本每股收益更是居行业龙头地位。恒逸石化作为全球公认的化纤行业龙头企业，其市盈率也处于行业较低水平，具有投资价值。

表4 中国能源业十大上市公司市场价值分析

	公司名称	总股本（亿股）	每股收益（元）	每股净资产（元）	市盈率	市净率
1	中国石油化工股份有限公司	1210.71	0.15	6.16	10.48	1.06
2	中国石油天然气股份有限公司	1830.21	0.06	6.56	35.66	1.21
3	中国海洋石油有限公司	446.47	0.55	8.51	19.92	1.294
4	昆仑能源有限公司	80.72	0.59	4.96	10.34	1.23
5	光汇石油（控股）有限公司	101.75	0.04港元	1.12港元	8.58	1.339

续表

	公司名称	总股本（亿股）	每股收益（元）	每股净资产（元）	市盈率	市净率
6	荣盛石化股份有限公司	57.24	0.11	2.60	23.57	4.04
7	中石化石油工程技术服务股份有限公司	189.84	0.002	0.30	322.93	6.87
8	中石化炼化工程（集团）股份有限公司	44.28	0.26	5.78	25.854	1.142
9	恒逸石化股份有限公司	23.08	0.30	5.40	14.00	3.15
10	安徽华信国际控股股份有限公司	22.78	-0.03	1.50	亏损	1.08

（三）主营构成及行业分析

1. 成品油市场分析

2017 年，国内成品油消费增速小幅反弹，汽油消费增速有所放缓，柴油消费增速由负转正。国内炼油能力继续增长，原油加工量增幅扩大，市场资源较为宽松，成品油净出口进一步增加。据国家发展改革委资料显示，2017 年国内原油加工量 56246 万吨，比上年同期增长 7.4%，成品油产量 34617 万吨，比上年同期增长 6.9%；成品油消费量 30661 万吨，比上年同期增长 5.9%，其中汽油比上年同期增长 10.2%，柴油比上年同期增长 2.0%。全年国家 17 次调整国内汽油、柴油价格，汽油标准品价格累计上涨人民币 435 元/吨，柴油标准品价格累计上涨人民币 420 元/吨。国内成品油价格走势与国际市场油价变化趋势基本保持一致。

(1) 中国石油及中国石化。通过表 5 和表 6，能了解到两家公司均为上、中、下游一体化的大型能源化工公司，具有较强的整体规模实力，再对主营业务进行分析后更能看清楚各自的偏重是什么。中国石化利润超过 75% 来自于炼油和化工，而中国石油的天然气管道业务也为利润贡献了不小的比例。中国石油在原油的勘探和生产上具有相当大的规模，相比之下，中国石化在原油勘探生产上的营业收入仅为中国石油的 1/3，且毛利率较低。中国石化作为炼油能力排名中国第一位的公司，也是中国最大的成品油供应商，拥有比较完善的化工产品营销网络。可以看到，中国石化的业务更倚重石油化工产品的生产及炼化，炼油和化工的营业收入超出中国石油在炼油和化工方面的收入一倍还不止。通过观察不难发现，中国石油的天然气及管道运输业务也占有不小比例，这也是中国石油较为独特的业务。表中数据也展示了两家公司在各项业务上的毛利率存在不小的差距，这也与两家公司的定位存在不小的关系。

表5 中国石油主营构成

	业务名称	营业收入（亿元）	收入比例（%）	营业成本（亿元）	成本比例（%）	利润比例（%）	毛利率（%）
按行业	销售	16400	83.73	15800	103.35	14.44	3.80
	炼油与化工	7009.83	35.80	4459.65	29.11	59.00	36.38
	勘探与生产	4888.76	24.96	4013.20	26.25	20.26	17.91
	天然气与管道	2886.20	14.74	2612.91	17.09	6.32	9.47
	总部及其他	1.36	0.0069	1.92	0.01	-0.01	-41.18
	板块间抵销数	-11600	-59.23	-11600	-75.88	-0.0060	—

表6 中国石化主营构成

	业务名称	营业收入（亿元）	收入比例（%）	营业成本（亿元）	成本比例（%）	利润比例（%）	毛利率（%）
按行业	营销及分销	12200	51.91	11300	59.56	20.61	7.91
	炼油	10100	42.98	7037.43	37.09	65.58	30.45
	其他	9748.50	41.48	9632.46	50.77	2.47	1.19
	化工	4377.43	18.63	3861.11	20.35	10.99	11.80
	勘探及开发	1575.05	6.70	1542.24	8.13	0.70	2.08
	抵销分部间销售	-14500	-61.70	-14400	-75.90	-0.35	—

（2）华信国际。公司对外宣称秉持着"能源+金融"两条腿走路的方式，按照公司发展战略的安排，推进能源业务的发展，并利用能源业务积累的相关资源，抓住中国汽车市场对天然橡胶的需求逐年增大的市场机遇，开拓橡胶贸易业务。橡胶贸易营业收入401455.54万元，占营业收入的23.90%。以能源业务的发展为主线，公司也积极围绕能源业务寻求金融业务的协同性发展。但是可以看到保理收入只占公司营业收入的2.33%，这与公司所谓大发展战略并不是很相符，相反公司依然依靠着能源、化工类业务作为主营项目，业务结构并没有发生明显变化。

表 7 华信国际主营构成

	业务名称	营业收入（亿元）	收入比例（%）	营业成本（亿元）	成本比例（%）	利润比例（%）	毛利率（%）
按行业	成品油	113.73	67.70	110.87	72.57	39.89	2.51
	橡胶	40.15	23.90	39.31	25.73	11.67	2.08
	化工原料	5.57	3.32	—			
	保理收入	3.92	2.33	1.43	0.93	34.85	63.62
	喷气燃料	2.48	1.48	—			
	液化气销售及运输收入	2.13	1.27	1.16	0.76	13.59	45.56
	其他	834800	0.0050				

（3）光汇石油。国际贸易与海上供油业务是公司的传统主营业务，虽然随着公司上下游产业链的完善发展，该业务的营收占比近年也逐步下降，但2016财年营收占比仍在93%左右。2016财政年度，国际原油价格继续低位震荡徘徊，原油上下游产业链遭遇极大的运营压力，但公司国际贸易及海上供油业务分部完成年销售量2177万公吨，比上年同期增长26%，其中原油年销售量1300万公吨，同比增长9%。

公司是向停泊国内港口船只提供海上免税供油服务的五个持牌经营者之一，也是目前唯一一家拥有此牌照的民营企业。如表8所示，国内海上供油服务市场实际竞争者只有三个，即中石化、中石油及光汇石油。中石化在不同实体中持有三个牌照，但其市占率最少（估计为5%）。公司是国内第二大的保税海上供油服务供应商，估计市占率为25%。

表 8 海上供油持牌公司

光汇石油	深圳光汇石油集团股份有限公司
中石油	中国船舶燃料有限责任公司
中石化	中石化长江燃料有限公司
	中石化浙江舟山石油有限公司
	中石化中海船舶燃料供应有限公司

(4) 中海油。如表9所示，作为"三桶油"中海上石油业务主要服务者，公司的弹性的生产计划和管理层的成本控制信心，都给公司油气销售带了长足的长进。再加上公司的勘探业务取得良好的发展，也将继续为公司主营收入的提升添砖加瓦。

表9 中海油主营构成

	项目名称	营业收入（百万元）	占比（%）
按业务分	油气销售收入	151888.00	81.49
	贸易收入	28907.00	15.51
	其他收入	5595.00	3.00
营业额		186390.00	100

2. 原油、天然气市场

2017年，国际原油价格前三季度弱势震荡，第四季度快速攀升，国际原油市场供需基本面总体好转，国际油价呈"V"型走势；地缘政治风险和突发事件频发，年内油价短期波动频繁。普氏布伦特原油现货价格全年平均为54.19美元/桶，同比增长23.9%；美国西德克萨斯中质原油（WTI）现货年平均价格为50.79美元/桶，比上年同期增长17.2%。WTI与北海布伦特原油平均价差明显扩大。随着国家能源结构调整，境内天然气需求旺盛，2017年，天然气消费增速重回两位数，国内天然气产量快速增长，进口天然气量高速增长，市场供需处于紧平衡状态。国家加快天然气市场化改革进程，下调非居民用气基准门站价格，加强中间管输环节的价格监管，上海石油天然气交易中心首次开展竞价交易，市场决定价格作用明显增强。

昆仑能源。如表10所示，公司LNG加工厂受益于冬季涨价大幅扭亏，陕京四线投产以及唐山LNG站并表巩固华北天然气命脉地位，并表唐山LNG接收站，气化业务量同比翻倍。管输业务量同比增长17%，高于15%的全国消费增速，陕京四线投产将释放200亿立方米增长空间。在天然气高速增长背景下，边际成本较低的LNG加工厂和LNG接收站进入高弹性区间，也会为公司主营收入带了进一步的提升。

中俄能源合作年度报告(2018)

表10　昆仑能源主营构成

	项目名称	营业收入（百万）	占比（%）
按业务分	天然气分销	87201.00	49.57
	（天然气销售）	71203.00	40.48
	（LNG加工与储运）	5252.00	2.99
	（天然气管道）	10746.00	6.11
	勘探与生产	1505.00	0.86
营业额		175907.00	100

3. 油服行业分析

受到2014~2016年原油价格快速下跌影响，全球石油行业进入寒冬。2015、2016年全球勘探开发资本开支快速下滑，全球油田市场收入（不含中国与俄罗斯）累计下降约50%，从高峰时的4500亿美元下降至不到2500亿美元。油价的温和回升带来全球油田资本开支的企稳回升，一般油田资本开支变化滞后于油价3~6个月，2017海内外油公司大多适度增加了其资本开支，相对应的油田服务市场收入也有7%~8%的回升。随着油价回升趋势明朗，判断2018年油公司资本开支将继续回升，油服行业整体有望走出寒冬[①]。

（1）中石化炼化工程。如表11所示，公司是中国最大的工程建设企业之一，在炼油、石油化工（乙烯裂解、聚乙烯、聚丙烯以及丁二烯）煤化工和先进工程建设方面具备专利技术和专长。过去十年，公司参与了中国全部16个千万吨级炼油项目，承担建设了中国全部7个百万吨级乙烯项目中的6个。公司不仅参与制定了大部分炼油和石化行业的国家和行业标准，也参与了医药化工和污染减排等标准制定。

表11　中石化炼化主营构成

	项目名称	营业收入（百万）	占比（%）
按业务分	工程总承包业务	21056.26	58.15
	施工业务	11899.21	32.86
	设计、咨询和技术许可业务	2843.66	7.85
	设备制造业务	409.60	1.13
营业额		36208.73	100

---

① 摘自研究报告：中银国际-石化油服-600871-油服业务受益油价反弹、页岩气开发，油田环保、管线运维等提供新增长点-180109。

(2) 石化油服（*ST 油服）。如表 12 所示，石化油服提供涵盖油气田勘探开发生命周期全程的综合一体化全产业链服务，业务板块主要包括地球物理业务、钻井业务、测录井业务、井下特种作业业务及工程建设业务等。为了在行业复苏整体的背景下实现业绩增长，石化油服积极开拓国内外市场，扎实推进重组整合，加快业务转型步伐，推进技术研发升级与应用。因此，石化油服将部分物探业务转型为地理地质信息业务，目前公司已拥有信息系统集成资质。

表 12　石化油服主营业务构成

	业务名称	营业收入（亿元）	收入比例（%）	营业成本（亿元）	成本比例（%）	利润比例（%）	毛利率（%）
按行业	钻井	247.19	51.95	265.07	52.56	62.82	-7.23
	工程建设	117.41	24.67	123.93	24.57	22.91	-5.55
	井下特种作业	41.89	8.80	45.22	8.97	11.69	-7.94
	地球物理	39.80	8.36	37.56	7.45	-7.89	5.64
	测录井	18.11	3.81	20.64	4.09	8.90	-13.98
	其他	11.46	2.41	11.91	2.36	1.58	-3.92

4. 化工产品市场

2017 年，国内化工产品市场整体表现良好。上半年，国内化工品需求表现疲软，加之原油价格震荡下行，化工产品价格处于回调阶段；下半年，化工需求稳步增加，随着国家供给侧改革的持续推进与环保政策的实施，行业供给有所收缩，原油价格上涨亦推升化工市场交易量，受上述因素影响，化工产品价格震荡上行，部分品种价格涨至年内高位。据统计，境内乙烯当量消费量同比增长 11.3%，合成树脂、合成纤维、合成橡胶三大合成材料表观消费量同比分别增长 8.6%、5.0% 和 6.4%。

细分市场之 PTA 板块。从需求层面分析，2010~2017 年我国 PTA 行业的表观消费量年均增速达到 6.4%，预计未来 10 年仍将保持 4.8% 的增速，需求增速保持稳定，另外 2018 年的"禁废令"也带来了额外的 PTA 需求量。从供应角度来说，随着 2006~2007 年我国 PTA 的集中投产，我国 PTA 产业进入发展期，产能增速保持在 10% 左右。进入 2012 年，PTA 产能迎来大爆发，直接导致了市场结构的变化，行业投资热情也逐渐回归理性，但行业产能过快增长造成的行业结构性矛盾仍较为明显,竞争较为激烈。但是,由于聚酯继续保持着不可替代性,需求随着 GDP 增长波动,由于新增产能较少以及下游 PET 行业需求回暖,行业开工率正逐步回升,行业过剩的供需格局逐步改善,利润有所回升,预计 PTA 产品盈利性有望进一步向好。

细分市场之芳烃板块。在过去的几年时间内,PTA 产能快速发展,芳烃市场较为活跃。目前,中国是最大芳烃需求国,韩国为最大的供应国。国内新增的产能无法满足国内需求,国内进口依存度预计在较长一段时间内仍维持在较高水平。同时 PX 需求缺口继续扩大,国内自给率仅四成,民营大炼化成发展趋势,2017 年国内 PX 需求量超 2220 万吨,远超国内可供应产量,若按照需求年增长率 4.2%,预计到 2020 年国内 PX 需求量至少 2829 万吨,按目前统计数据,随着国内新增 PX 项目的一一落地,将改变 PX 市场格局。预计到 2020 年中国 PX 原料将大幅宽松。

细分市场之化纤板块。20 世纪 90 年代开始,由于市场需求拉动、体制改革推动、国产化技术进步的带动,中国聚酯涤纶行业步入快速发展时期。随着聚酯产能的快速投放,行业竞争不断加剧,产品差别化率有所提高,整个行业进入了结构性调整阶段。自 2014 年下半年开始,受新产能投放减少、落后产能退出以及下游需求增长影响,聚酯涤纶行业逐步回暖。在国家的供给侧改革政策下,聚酯纤维行业供需趋向良性健康发展。终端进行了新一轮的原料备货,而成本端的上涨预期带动了其备货量的扩大,聚酯纤维产销持续较好,涤丝库存下降价格继续上涨,而上涨又继续刺激终端扩大原料备货,产业良性循环,价格不断上涨,聚酯纤维顺利进入刚需备货阶段[①]。

恒逸石化及荣盛石化。如表 13、表 14 所示,两家公司的主营业务基本相同,对比 2017 年年报,主要营收都来自国内企业的购买。

表 13 荣盛石化主营构成

	业务名称	营业收入（亿元）	收入比例（%）	营业成本（亿元）	成本比例（%）	利润比例（%）	毛利率（%）
按行业	石化行业	334.23	47.39	308.74	46.28	66.77	7.63
	其他	289.98	41.11	287.44	43.08	6.67	0.88
	化纤行业	81.10	11.50	70.96	10.64	26.56	12.50

---

① 摘自恒逸石化董事会经营评述。

续表

业务名称		营业收入（亿元）	收入比例（%）	营业成本（亿元）	成本比例（%）	利润比例（%）	毛利率（%）
按产品	PTA	191.96	27.22	184.80	27.70	18.76	3.73
	芳烃	142.27	20.17	123.94	18.58	48.01	12.88
	涤纶牵伸丝	38.46	5.45	33.44	5.01	13.13	13.04
	涤纶加弹丝	29.80	4.22	25.28	3.79	11.84	15.17
	聚酯切片	11.38	1.61	10.80	1.62	1.52	5.11
	涤纶预取向丝	1.47	0.21	1.45	0.22	0.06	1.48

表14 恒逸石化主营构成

业务名称		营业收入（亿元）	收入比例（%）	营业成本（亿元）	成本比例（%）	利润比例（%）	毛利率（%）
按行业	贸易	347.81	54.27	344.89	55.82	12.71	0.84
	PTA	168.98	26.36	160.72	26.01	35.87	4.89
	聚酯	124.14	19.37	112.29	18.17	51.43	9.54
按产品	贸易	347.81	54.27	344.89	55.82	12.71	0.84
	涤纶预取向丝	42.61	6.65	40.07	6.48	11.02	5.96
	FDY	37.39	5.83	32.92	5.33	19.41	11.96
	DTY	24.78	3.87	21.11	3.42	15.93	14.81
	聚酯切片	19.36	3.02	18.20	2.95	5.06	6.02
	短纤	—	—	—	—	—	—
	瓶片	—	—	—	—	—	—

按产品分类，两家公司的主要产品营业收入都比较相近，唯一有较大区别的是涤纶预取向丝（POY）的销售，荣盛石化是1.47亿元，恒逸石化是42.61亿元。荣盛石化芳烃的毛利率从2016年年报的24%降为2017年的12.88%，投资者可能存在疑问，那么关于这个问题的回答是：2017年第四季度公司对芳烃装置进行优化消缺，开工率下降，而费用增加，从而导致芳烃年均毛利率下降。

如图1所示，按营业收入行业分类进行分析，恒逸石化的PTA销售收入比例发生了较大的变化，虽然PTA的销售收入总额并没有明显的变化，因为原料贸易的业务迅速扩大。

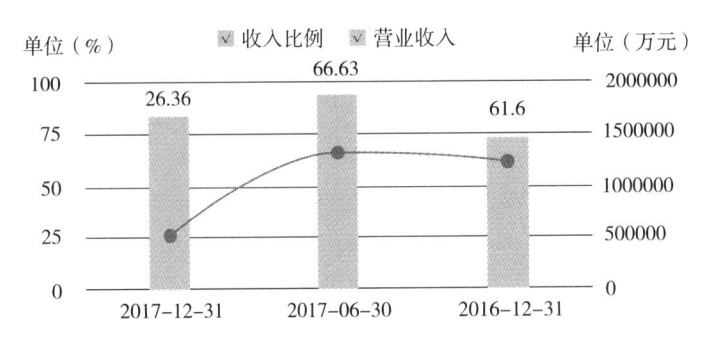

图1 恒逸石化 PTA 营业收入变化图

如图2所示,同样的,可以看到荣盛石化的其他类营业收入在2017年年报中有着大幅的增长。按照公司主营业务的构成,应该是进出口业务的大幅变动。

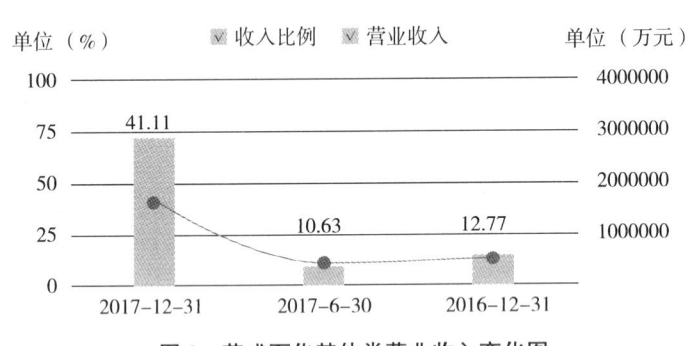

图2 荣盛石化其他类营业收入变化图

三、发展战略及潜力分析

(一) 光汇石油

光汇云油是光汇石油创新推出的一个石油产业链+互联网的能源电子商务平台,建立线上线下石油消费数据库,让石油成为大众的硬通货。光汇云油是依托其实业资源打造的全国首家"能源产业链+互联网"的能源电子商务平台,于2016年1月12日正式上线。如图3所示,光汇云油改变传统石油消费模式,业务模式包括三种。其中,一种是C2B & O2O,主要面向个人客户提供储油卡业务,车主在光汇云油平台购买储油卡产品,可以多种方式实现加油和消费。储油卡产品购买有送。另一种是 B2B & O2O,面向终端企业客户、用油单位提供储油通业务,客户在光汇云油平台储油,可以现货提油,也可以储油理财。还有一种是海上供油,客户可实现在线实时跟踪油品交付过程,及时了解订单最新动态,包括受油船动态,供应商预交付工作,交付进度等,用电子化手段提升客户体验。光汇云油在下一阶段将继续通过商务合作,逐步打造车主消费生态圈,进一步加强线上客户服务入口的引流,强化客户服务的创新体验,加强线上订单与线下实体配套服务的运营效率。配合 C 端市场品牌宣传和推广,线下加油站全面拓展,将光汇云油的业务于全国范围内全面推广,为光汇云油客户提供更丰富的线下加油消费场景服务①。

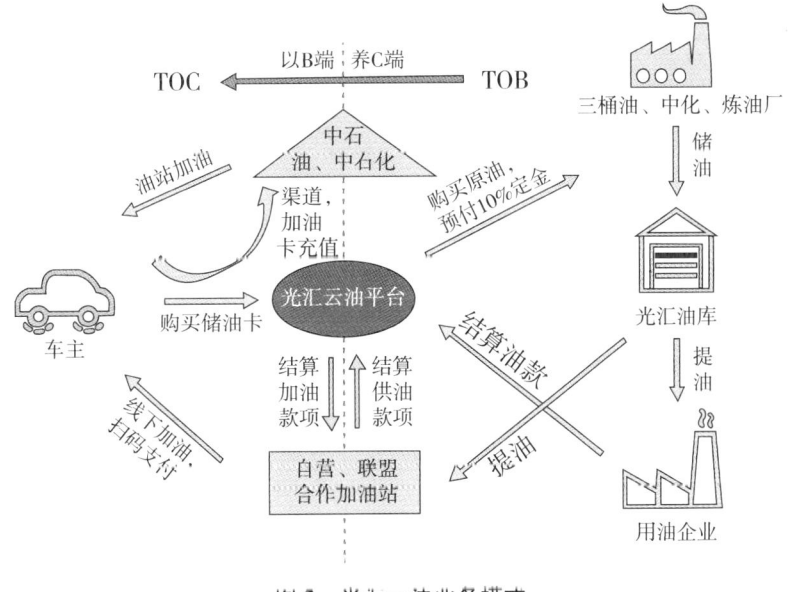

图 3 光汇云油业务模式

从发展潜力看,光汇石油 2017 年 9 月 26 日公布,由于该公司仍在按公司核数师要求提供所有必须资料及核数师要求更多时间以完成一些审核程序,该公司无法按上市规则要求于 2017 年 9 月 30 日或之前发布其截至 2017 年 6 月 30

---

① 摘自研究报告:第一创业-光汇石油-0933.HK-深耕上下游,布局新业态,静待转型升级后的再次腾飞-170124。

日的年度业绩。随后公司于10月3日停牌。公司在2018年2月28日和4月3日分别发布公告：延迟发布2018年中期业绩及中期报告、对2017年年度和2018年中期业绩公布未有明确的时间表。根据惯例分析，在2016年国际油价触底时原油价格为30美元/桶，公司的财政年度业绩净利润下滑近四成至8.44亿元，公司都按时发布年度报告；而在现今国际油价节节攀升，意味着企业营收将会大幅上升的情况，企业竟然选择延迟年报的公布，这个行为也让投资者感到费解。在企业72%的股权都集中在董事长薛光林个人情况下，照理说也不存在股权争夺的行为，这也让光汇石油的停牌更加扑朔迷离。

在有效的市场中，技术面领先于消息面和基本面。从光汇石油的K线图可以看出，在2017年2月16日达到全年股价的最高点之后，公司股价一路下跌，在公司股票停牌之前更有加速下跌的趋势。同时，其光汇云油业务平台也存在巨大争议，因此，建议投资者对其持观望态度。

（二）昆仑能源

如表15所示，昆仑能源计划采用新的理念和新的方式参加"一带一路"的建设。昆仑能源计划投资哈萨克斯坦液化天然气（LNG）清洁能源一体化项目，同时公司在阿塞拜疆、泰国等项目也能为"一带一路"的发展与实施提供帮助。通过定增扩股与设立能源投资开发基金，进一步推动公司的欧洲终端销售网络和炼化、储备一体化产业体系，与国内市场形成联动互补。公司是占全国约1/3市场份额的天然气行业龙头，拥有长输管网、LNG接收站、城市燃气等核心资产，将确定性受益于天然气消费的高增长。虽然国家发改委将陕京线输气价设定在0.2857元/千立方米-公里，经过估算输气费会因此下降12%，但是此数据明显低于市场预期的20%~30%；自此以后公司可以为天然气储存收费，这项费用也不再属于输气费的一部分，从另一方面讲也解决了公司储气支出的隐忧。

表15 昆仑能源项目构成表

项目名称	公司名称	持有项目的净权益（%）
阿塞拜疆K&K项目	Fortunemate Assets Limited	25
印尼Bengara-II项目	Continental GeoPetro (Bengara-II) Limited	70
哈萨克斯坦阿克纠宾项目	CNPC-Aktobemunaigas JSC	15.072
辽河油田冷家堡合作项目	Beckbury International Limited	70

续表

项目名称	公司名称	持有项目的净权益（%）
阿曼第五区项目	Mazoon Petrogas (BVI) Limited	25
秘鲁塔拉拉项目	SAPET Development Corporation	50
泰国Sukhothai项目	Central Place Company Limited	95.66
泰国L21/43项目	CNPCHK (Thailand) Limited	100

昆仑能源在2018年5月17日公告，公司分别与长庆集投、大港油服及吉油投资订立庆港增资协议、滨海新能增资协议及吉港增资协议。据此，长庆集投同意向庆港公司增资人民币1074.82万元，大港油服同意向滨海新能增资人民币462.25万元，吉油投资同意向吉港公司增资人民币2338.04万元[①]。

目前，昆仑能源正在加快推进各类在建工程项目，其中主要包括推进揭阳、潮州和湖南、云南支线等重点项目建设，新建支线管网280公里。在昆仑能源天然气销量规模位居国内燃气行业第一的前提下，多渠道拓展CNG/LNG终端营销网络，与成品油销售企业合作推进油气合建站建设，开展非气业务。

（三）华信国际

2018年的华信国际却并不平静，市场上关于它的负面消息络绎不绝。

首先对华信国际2017年年报进行分析，虽说公司对外宣称以及研报推介都是用"能源+金融"双轨齐下的字眼，但是不难发现能源及化工的营业收入占比达到96.4%，而保理收入只占营业收入2.33%。能源及化工收入的毛利率也是低得可怜，只有个位数，与同行业的龙头企业中石油、中石化也存在一定的差距。对于主要客户及供应商的对比分析，可以发现，华信国际前五大客户销售占比过高，前五大供应商采购占比过高。

再对华信国际的股东进行分析，2018年的一季报相比于2017年的年报，非常多的公募基金放弃了对华信国际的投资，2018年的一季报显示只有一家新进的公募基金，而有超过60家公募基金的退出。前十大股东中，上海华信国际集团有限公司持股占流通股总数的60.78%，而第二大股东仅仅只占0.58%。股东结构过于单一，大股东持有过高比例的股份。

再来看2018年以来华信国际以及其母公司的实际情况。华信国际曾作为

---

① 摘自研究报告：中金公司-昆仑能源-0135.HK-业务有望全面复苏-171219。

| 中俄能源合作年度报告(2018)

月1日公告称,叶简明先生现任中国华信董事局主席,中国华信是公司控股股东上海华信的股东。叶简明先生未在华信国际担任职务,与公司无直接关系,并非公司实际控制人,公司实际控制人为苏卫忠先生和郑雄斌先生。3月30日,中诚信国际将上海华信的主体信用等级由AA+下调至AA-,将"17沪华信MT001"的债项信用等级由AA+下调至AA-,并将公司主体及相关债项继续列入可能降级的观察名单。华信国际4月8日回复交易所时表示,截至4月2日,上海华信所持其公司股份累计被质押及司法冻结合计136450万股,占其所持公司股份总数的98.56%,占公司总股本的59.90%。华信国际一季度业绩预告显示,受中国华信相关事件影响,上市公司的部分客户持观望态度,致使能源贸易业务大幅萎缩,预计报告期内营业收入同比下降约80%,营业毛利同比下降约50%。华信国际4月8日称,公司目前经营面临巨大的困难和压力,日常经营受到重大影响。管理层正积极采取措施,催收应收账款,努力回笼资金,公司预计在三个月内可以恢复正常经营。4月19~20日,中金公司、邮储银行、建设银行、渤海银行、国家开发银行、恒丰银行、光大证券以债券承销商身份作为会议召集人将于5月4日、7日、9日、15日这些日期集中召开债权人会议,涉及15沪华信MTN001、15沪华信SCP004、17沪华信MTN001、17沪华信MTN002、17沪华信SCP002、17沪华信SCP003、17沪华信SCP004、17沪华信SCP005,债务本金达151亿元。4月26日,华信国际披露年报,公司2017年度营收167.99亿元,净利润4.47亿元,同比增长22%;基本每股收益0.2元。上会会计师事务所为公司出具了无法表示意见的审计报告,公司董事会、监事会等无法保证年报的真实、准确、完整。华信国际4月27日停牌一天,于5月2日复牌且被实施"退市风险警示",股票简称变更为"＊ST华信"。会计师指出,公司存在大量逾期事项,可供经营活动支出的货币资金严重短缺。华信国际自3月19日至4月10日已经收获了14个跌停,目前在跌停板上还有超过50万手的股票希望能有机会卖出①。

对华信国际的母公司中国华信的分析,或许会更直观更清晰了解华信国际当前面临的困境。中国华信在2018年之前进行过多起对外投资项目,2014年入股捷克J&T银行;2017年与美国百年证券公司考恩集团签署入股协议,以1亿美元收购考恩集团19.9%的股权;同年11月又与葡萄牙蒙特彼奥互利会举行签约仪式,以增资的方式控股蒙特彼奥互利会旗下的保险公

---

① 摘自中国经营报。

司。然而第一项入股捷克银行因为其央行审批，迟迟得不到下文；对考恩集团的收购并未完成；对葡萄牙保险公司的收购是否实现也无从查证。相较于国外投资，中国华信的国内投资可谓顺风顺水：出资10亿元获得合资券商财富里昂证券100%股权并改名为华信证券有限责任公司；13.05亿元拿下万达期货65%股权，并更名为华信期货股份有限公司；作为第二大股东发起成立海南银行股份有限公司，持股比例高达12%。除了信托牌照以外，将证券、期货、银行均纳入集团旗下。对于这些金融资产的打造，中国华信采用了最激进而迅速的方法——增资。就华信证券举例，收购之时，这家券商注册资本仅5亿元，上海华信通过数次增资，短短3年，其注册资本已高达112亿元。然而具体的业绩并没有得到大幅提高，据中国证券业协会2017年7月15日公布的证券业行业各指标数据，华信证券的多项业务处于行业垫底或几乎垫底的水平。

此外，上海华信还存在着大量的关联交易。华信国际自2013年至今披露的所有公告统计，华信体系内的关联交易密集发生于2015~2017年，而华信国际、华信保理、华信财务、华信证券、海南银行以及华信系能源资产之间，则频次最高①。

值得注意的是，2018年3月1日以来，上海华信及其子公司进行了多次股权和股票等资产的抵质押。抵质押借款一直是华信最常用的融资手段。在负债总额1071.87亿元中，短期借款占了整个负债超40%的分量。而这仅仅是2016年的数据。其后的15个月中，新增的负债数额尚无法统计。

2014年中国华信这家号称集体民营制的企业登上《财富》杂志世界500强榜单，位列第349位。按照当时的汇率推算，当年中国华信的营业收入大约为2100亿元，但是可以看到，与营业收入极不相符的是其利润，当年利润为3.455亿美元，折合成人民币约21亿元。从2014~2016年的营业数据可知，营业收入逐年增长，自1714.06亿元增长至2472.55亿元，但是三年的净利润分别为31.44亿元、32.44亿元、44.66亿元。这是一个极不正常的数据，在营业收入大幅增长的情况下，净利润的增长微乎其微，资产收益率反而逐年下滑，自7.4%下滑至2.9%，这一数值甚至无法覆盖银行融资水平。

母公司中国华信目前的情况扑朔迷离，受中国华信相关事件影响，华信

---

① 《世界500强的尴尬 解构华信的金融"帝国"》，中国企业家杂志，http://finance.sina.com.cn/roll/2018-04-28/doc-ifztkpip5294858.shtml。

国际的部分客户持观望态度，致使能源贸易业务大幅萎缩，公司目前经营面临巨大的困难和压力，日常经营受到重大影响；同时二级市场不断下跌的股价也仿佛催促着管理层尽快解决问题。华信国际的未来将会何去何从，无法给出明确的推断，但是华信国际目前的情况不容乐观，投资者应该保持谨慎观望的态度。

（四）中石化炼化

公司是埃克森美孚（Exxon Mobil Corporation）、沙特基础工业公司（SABIC）、壳牌、英国石油（BP）、巴斯夫等跨国能源化工公司以及福斯特惠勒（Foster Wheeler AG）、福陆（FluorCorporation）、塞班（Saipem）、CB&I LUMMUS等国际化工程公司的供货商，产品也相继出口沙特、印度、孟加拉国、越南、泰国、澳大利亚、葡萄牙、俄罗斯、哈萨克斯坦等国家。

2017年末公司管理层股票增值权激励措施开始生效，预计2018年公司的订单增势有望进一步加强。预计未来中石化总额高达2000亿元的炼化基地投资计划，有望为公司带来高毛利的EPC合同，促进公司利润率提升，推动盈利重拾增长。

2016年末公司订单触底可能导致公司收入在2017年创近6年以来的新低。但是，观察到公司新增订单已经于2017年率先复苏，并有望于2018年持续增长。公司2017年盈利预警提示的盈利较大幅度下滑可能包括汇兑和资产减值带来的一次性损失。因此对公司2018年的业绩有一定保证。

充裕的现金流或将支持派息率的提升并促进估值修复，随着公司自由现金流和净现金的持续增长，公司有能力将派息率提高到45%以上，特别在公司新的激励措施下，派息率提升的可能性更高。

国内环保趋严或将重塑炼化行业格局，分散的小规模炼化装置有望搬迁到若干个区域化的炼化基地。这将促进大型炼化一体化基地的建设，落后的小型炼化装置将被逐渐取代。中石化炼化工程等具备先进技术和完备EPC资质的工程公司有望从中受益[1]。

（五）石化油服（*ST油服）

相比较工程机械行业，油服行业国际化更快更有效，尽管各个国家或地区的地质条件、油藏条件各不相同，但油田的油藏服务、钻井服务、完井服

---

[1] 摘自研究报告：中金公司-中石化炼化工程-2386.HK-蓄势向好-180212。

务等服务技术基本上类似；客户集中度高。相比较工程机械，油服企业面对的客户大都是国有大型石油企业，销售渠道的开拓比较容易，且一旦获得客户的认可，其他石油机械产品或工程技术服务业务很容易销售给该客户，形成长期合作关系。Schlumberger、Halliburton、Baker Hughes 等三家国际油服企业的业务遍布全球，其中，Schlumberger 2/3 的业务在北美以外的油服市场，Halliburton、Baker Hughes 1/2 的业务来自北美以外的油服市场。相较于具备全球销售体系和全球售后服务网络等国内油服企业，全球海外油服市场相当于国内油服市场的 10 倍，美国以外的海外油服市场，相当于国内油服市场的 5 倍，海外市场空间广阔。石化油服提供涵盖油气田勘探开发生命周期全程的综合一体化全产业链服务，业务板块主要包括物探业务、钻井业务、测录井业务、井下特种作业业务及工程建设业务等。为了在行业复苏整体的背景下实现业绩增长，石化油服积极开拓国内外市场，扎实推进重组整合，加快业务转型步伐，推进技术研发升级与应用。因此石化油服将部分物探业务转型为地理地质信息业务，目前公司已拥有信息系统集成资质。随着信息技术的不断发展，"一带一路"政策对周边国家和地区经济的拉动，相关国家和地区的智慧城市建设需求为国内相关企业带来新的成长机遇，石化油服未来有希望在市场规模高达万亿元的地理信息产业中大有作为。

值得注意的是，包括中银国际在内的几家券商给出的研报分析，因为石化油服在油服业务受益油价反弹以及页岩气开发，还有油田环保、管线运维等提供新增长点而第一次给予了石化油服买入评级。但是实际情况是否值得投资者参与投资还需要画一个问号，公司 2008 年年报显示，公司负债率仅为 20.83%，至 2017 年飙升至 103.39%，成为央企中负债率最高的企业，如此债台高筑的企业是否有投资价值？公司因连续两年巨额亏损，且 2017 年度经审计的期末净资产为负值，被实施了退市风险警示。"罗马不是一天建成的"，同样的道理，公司也并非是在上市后业绩就不行了。事实上，因为成本过高的存在，公司从 2012 年起，主营业务就开始出现亏损。2012~2017 年，公司连续 6 年扣除非经营性损益后的净利润为负值。同时也可以看到，在 A 股市场上公司的股票一路下跌，从最高的 14 元跌到 2017 年底只有 2 元出头，可能业绩低于预期是股价下跌的强化催化剂。公司 2018 年一季度预计的 3000 万元盈利是在获得 3.5 亿元政府补助和债务重组利得 1.2 亿元的前提下实现的。也就是说，如果没有这些营业外收入，公司的业绩依然堪忧。如果公司 2018 年再亏损，按照上交所上市规则，公司将暂停上市。

（六）恒逸石化和荣盛石化

目前，两者的主营产品 PTA 受益于全球经济的回暖复苏，加上 2018 年废塑料禁令的正式实施，原生聚酯产品需求显著提升，助推上游 PTA 供需向好，PTA 的高景气将会明显提振公司及行业业绩。另外，由于我国 PX（芳烃）进口依赖度高达约 60%，其盈利性也在石化—化纤产业链中最为凸显。两家公司均拥有较高的芳烃产能，这也将在 2018 年为公司持续贡献较高收益。

两个公司的发展规划各有秋千。恒逸石化与阿里云签署战略合作框架协议，助力公司生产经营管理从业务驱动向数据驱动升级，完成智能化经营决策与预测。总体建设包括四大部分：企业云和大数据基础设施建设，企业中台体系和服务建设，企业智能系统和应用建设，能源优化提升建设。同时公司也布局智能制造项目，建立物联网和智能制造为理念，子公司石化有限公司拟出资投资慧芯科技以促进工业智能化项目实施，提升生产自动化与经营数据化水平。

公司与文莱经济发展局、文莱首相署能源局签署了文莱 PMB 石油化工项目的《PMB 开发项目实施协议》，实施协议的签署推动文莱项目的加快建成，这代表中方在文莱的"一带一路"重点项目顺利推进。公司在文莱的项目运输成本低，油品就近东南亚市场销售，销售半径小。公司的自建电厂，电力成本仅为国内用电成本的 1/4。公司文莱项目较长时期零税收，包括增值税、所得税等均为零[①]。

公司采用"小油头，大芳烃"的炼化"一体化"模式，单体 150 万吨 PX 装置全球最大。相比国内民营炼厂，公司原油采购市场自主化采购，而国内基本依赖进口；同时文莱项目油品就近市场化销售，而国内民营炼厂油品基本依赖出口。

荣盛石化在 2017 年 5 月，公司拟以支付现金方式收购浙江石油化工有限公司（简称浙石化）51% 股权，本次交易完成后，浙石化为荣盛石化的控股子公司。浙石化已取得《浙江省发展和改革委员会关于浙江石油化工有限公司 4000 万吨/年炼化一体化项目核准的批复》。该项目总投资 17308485 万元，总规模为 4000 万吨/年炼油，800 万吨/年对二甲苯，280 万吨/年乙烯。

综上，两个公司关于石化、化纤相关产品的生产和销售方面都处于行业

---

① 摘自恒逸石化公司董事会经营评述。

较为领先的地位,且两家公司均拥有完整的产业链,成本及环保优势突出。荣盛石化形成了"纵横双向十字发展战略",纵向不断延伸产业链,横向侧重于提升产品质量;浙石化炼化一体化项目采用了最新工艺装备技术,进行化工产品差异化布局,由此舟山自贸区区位优势也将表现得更为明显。恒逸石化更是作为市场人士公认的 PTA 行业龙头企业,目前已形成"涤纶+锦纶"的"双轮驱动的产业链"和"石化"多层次立体产业布局:以石化,化纤产业链为核心业务,石化金融,石化贸易为成长业务,化纤产业大数据,智能制造为新兴业务。

(七) 中国石油和中国石化

对于中国石油来说,中国石油是中国石油天然气行业一体化龙头,原油储量 75 亿桶,约占全国 67%;国内原油产量 7.4 亿桶,约占全国 60%;天然气储量 21781 亿立方米,占全国 88%;国内天然气产量 893 亿立方米,占全国 73%。从业务结构来看,尽管中国石油是一体化公司,但上游勘探开发业务的弹性巨大,在其业绩贡献中占据了核心地位。2016 年以来,国际油价底部回升。2017 年,Brent 均价 55 美元/桶,同比上涨 9.6 美元/桶。2017 年上半年,公司上游勘探开发板块单位经营收益 1.9 美元/桶当量。考虑单位 DD&A(折旧、折耗及摊销)成本上升,经营收益好转幅度弱于油价上涨幅度。

中国石化作为国内最大的炼化企业,炼油量位居国内第一位,油气生产量位居国内第二位。OPEC 与非 OPEC 国家原油减产执行率良好,美国、经济合作与发展组织国家原油商业库存逐步下降。国际原油价格 80 美元/桶以下,国家发改委定价不减扣加工利润,2018 年进口原油使用权增量较少,成品油出厂环节竞争压力减弱,炼油景气有望保持。中石化销售公司作为国内最大的成品油零售及直销、分销商,在成品油销售上具有渠道优势,非油业务稳步增长,未来销售公司境外拆分上市,有望助力销售公司价值重估[1]。

关于中国石油的天然气业务,实现价格方面,随着门站价浮动空间放开,以及公司直供气比例提升,实现价格有望小幅提升。成本端,2017 年冬季气荒导致公司进口 LNG 成本上涨,进口气亏损加大。公司进口气销售长期处于亏损状态,主因前期签订的进口 LNG 和部分管道气价格贵。未来进

---

[1] 摘自研究报告:兴业证券-中国石化-600028-业绩同比增长,油价上行助力勘探及开采板块减亏-180513。

中俄能源合作年度报告(2018)

口 LNG 价格将跟随挂钩油价上行，预计未来进口气有望增量不增亏。

关于两家公司的炼油业务，成品油定价机制和质量升级优质优价的政策让过去几年成为炼油的政策红利阶段。未来炼油行业政策会更加开放与规范。一方面，投资准入向民营有序放开。另一方面，税收环保政策收紧，部分地方性炼油厂将继续淘汰。不同类型的企业（国营炼厂、地炼、新民营炼化）将获得平等的市场主体地位，同时承担平等的税收、环保等责任。炼油业务最大的不确定性来自于国际油价上涨的可能性，当国际油价因地缘政治等供给端因素突破 80 甚至 100 美元/桶，不排除公司炼油业务盈利承受压力。

关于两家公司的化工业务。2017 年全球化工产品供需紧张，2018～2020 年预计供需增量基本平衡。2017 年，世界新增乙烯产能 725 万吨/年，总产能达 1.69 亿吨/年，同比增长 4.3%。新增产能主要来自美国、印度和中国，美国三套乙烷裂解装置建成投产，中东乙烯产能增加继续处于断档期。2018～2020 年，全球乙烯新增产能仍主要来自美国和中国。美国乙烷裂解，3 年合计新增预计 1069 万吨；中国方面，预计有 640 万吨新增产能。未来 3 年，全球乙烯产能增长接近 2000 万吨左右，需求以每年 500 万～600 万吨的速度增长，预计供需保持平衡状态。而美国乙烷裂解装置投产带来低成本供给冲击，美国乙烯价格持续走弱，与欧洲和亚洲的乙烯价格发生了明显的脱离，这对亚洲乙烯市场价格特别是至中国的乙烯价格将形成一定的拖累[1]。

最后来看销售业务，"两桶油"拥有全国最优的加油站资源禀赋，中国石油因历史原因，弱于中国石化。中国石油和中国石化两大石油集团拥有加油站 5 万余座，占据中国石油市场的半壁江山。依靠发达的销售网络，双寡头贡献了约 70% 的市场销售份额。但受制于历史行政划分，中国石油加油站主要分布在黄河以北地区，相对来说人口和经济发展水平不如南方经济发达地区。这造成了一定的资源不平衡，主要体现在加油站的数量上，中国石油 2017 年加油站 21399 座，约为中国石化的 2/3。销售中的非油业务也将成为两家公司远期的增长点，2007～2015 年，中国石油非油收入年均增速达 47%，利润年均增长 42%。2015 年非油业务占总销售收入比例提升近 2%。对标美国加油站市场，非油品业务的空间很大，有望成为提升油气销售毛利率的重要手段。

---

[1] 摘自研究报告：光大证券-中国石油-601857-投资价值分析报告：王者归来-180606。

(八) 中海油

目前公司渤海天然气勘探取得突破，公司宣布在渤海湾发现了大型天然气气田渤中19-6号气田。据估算平均日产油量为1000桶，天然气平均日产量为640万立方英尺，有望成为该地区至今为止发现的最大气田。渤海湾天然气勘探有了更好的前景，公司也有望借此为京津冀打造清洁的环境做出更大的贡献。

公司在海外拥有巨大的潜在资源，埃克森美孚宣布了圭亚那Stabroek区块第七个油气储量的勘探新发现，中海油在该区块中享有25%的权益。基于过去几年间一连串的勘探发现，Stabroek区块可采储量的预测值已经从2017年初的20亿桶油当量，一路上调，历经2017年中的25亿~27.5亿桶油当量，直至2018年初的32亿桶油当量。根据美国地质勘探局的推测，圭亚那-苏里南盆地整体预测储量可能高达150亿桶油当量。随着第七次成功勘探发现，该区块的潜在可开采储量规模，有望进一步攀升至40亿桶油当量，未来可能给中海油储量带来超过15%的净增幅。同时Liza项目也有望提升中海油2020年产量，埃克森美孚计划，Stabroek区块中的Liza一期项目，有望在2020年前后投产，产能或达20万桶/天。埃克森美孚预计Stabroek区块前三期开发项目有望于2020~2025年，合计贡献超过50万桶/天的油气产量。预计Liza一期项目投产后，有望在中海油2020年5亿桶油当量的产量目标基础上，额外增产超过1000万桶油当量。储量寿命有望重回正常水平。公司2017年储量替换率达到305%，截至2017年末，油气储量寿命达到10.3年。58%的探明储量为未开发储量，为未来的产量增长提供了坚实的基础[①]。

2018年，公司陆上建造和海上安装工作量将有所增长，预计全年共有5个新项目投产，包括中国海域的涠洲6-13油田、蓬莱19-3油田1/3/8/9区综合调整项目、东方13-2气田群、文昌9-2/9-3/10-3气田群以及美国墨西哥湾的Stampede油田。其中，Stampede油田已于2018年2月投产，涠洲6-13油田已于2018年3月投产。此外，预计2018年共有超过20个新项目在建，将有力地支持公司未来可持续发展。同时，陆上建造也为公司带来了挑战，内地石油的开采意味中海油需要更大的资本开支投入。

中海油的石油储备年期明显延长，重新回到了10.3年，2017年的产量预期也是近3年首次上升。充足的石油储备也打消了市场对其的忧心顾虑，

---

① 摘自研究报告：中金公司-中国海洋石油-0883.HK-圭亚那储量远超预期-180302。

中海油核心盈利改善，股本回报也将改善。中海油现价相当于2017年预测企业价值倍数约4.8倍，低于布兰特期油届每桶70美元时的5.5倍，也低于亚洲产油同业5.8倍的均值。目前看来，中海油现价仅相当于布油处每桶51～53美元时水平，公司股价具有非常大的升值空间。

参考文献

［1］叶简明. 风波发酵，上海华信信用"危楼". [DB/OL]. http：//ifinance. ifeng. com/16061499/news. shtml？srctag＝pc2m.

［2］王迎春. 解构华信的金融"帝国"［N］. 中国经营报，2018-04-28.

［3］范德君. 我国石油石化行业好转超预期［J］. 中国石化，2018（02）：29-31.

［4］周峻. 国内经济走势对石油石化行业的影响分析［J］. 中国集体经济，2014（12）：16-17.

［5］金三林. 国内经济走势对石油石化行业的影响［J］. 当代石油石化，2009，17（02）：1-6+49.

［6］李玉春. 我国石化行业面临的发展困境分析［J］. 炼油与化工，2015，26（01）：7-9.

［7］《BP 2035世界能源展望》在京发布［DB/OL］. 中国石油新闻中心，2015-04-29.

［8］《2017年国内外油气行业发展报告》发布［DB/OL］. 中国石油网，2018-01-17.

附 录

2035 年前俄罗斯能源战略规划

2035 年前俄罗斯能源战略规划（以下简称《战略》）是根据 2014 年 6 月 28 日第 172 号联邦法《俄罗斯联邦战略规划法》（简称《战略规划法》）制定的，是国家能源部门管理领域行业的跨部门战略。

该战略基于以下战略规划文件：

2015 年 12 月 3 日俄罗斯联邦总统致联邦会议的年度咨文；

2015 年 12 月 31 日俄罗斯联邦第 683 号总统令批准的《俄罗斯联邦国家安全战略》；

2016 年 12 月 1 日俄罗斯联邦第 642 号总统令批准的《俄罗斯联邦科技发展战略》（简称《科技发展战略》）；

2012 年 11 月 29 日俄罗斯联邦总统批准的《能源安全理论》；

2015 年 5 月 14 日俄罗斯联邦政府批准的 2018 年前俄罗斯联邦政府主要活动方向；

2014 年 1 月 3 日俄罗斯联邦政府批准的《2030 年前俄罗斯联邦科技发展预测》。

此外，2016 年 10 月 14 日俄罗斯能源部长批准《2035 年前俄罗斯燃料动力综合体科技发展预测》（简称《燃料动力综合体科技发展预测》）。

该《战略》考虑了 2009 年 11 月 13 日俄罗斯联邦第 1715 号政府令批准的《2030 年前俄罗斯能源战略》（简称《2030 能源战略》）的年度成效考核。

监测显示，除了发现燃料动力综合体的主要量化参数（内需量以及一次能源与电能总产量）在《2030 能源战略》第一阶段规定的范围内，形成了与《2030 能源战略》实施所需相悖的趋势（附录 A 给出了《2030 能源战略》监测的主要成效）。

2014 年开始的地缘政治危机及一些国家对俄罗斯实行金融技术限制，世界能源价格波动，科技迅速发展以及全球资源和市场竞争进入更加激烈的新阶段，都要求修订发展预测。

因此，该《战略》完善和调整了《2030能源战略》的优先方向、任务、实施指标和预测方案。

对燃料动力综合体行业发展战略问题的可替代方案进行审议和评估，并制定了一整套措施来解决既定任务和实现战略目标。

《战略》中规定的一整套措施不是限制性的，在实施过程中可以通过其他措施加以补充，与战略目标和战略任务不同。

《战略》实施分为两个阶段：第一阶段大约到2020年（可能延长到2022年），第二阶段大约为2021~2035年。

为了评估燃料动力综合体的措施和发展前景，已经形成了两种预测情况："保守的"和"乐观的"，它们决定了燃料动力平衡参数可能变化的下限和上限。2015年被选为基准年，预测计算由俄罗斯科学院能源研究所完成。

在制定任务和进行预测计算时，考虑到了对能源发展的可能影响预测燃料动力综合体的科技发展以及各种突破和优先技术。

对战略实施所需的财政资源的评估已完成，且主要的潜在投资来源具有预算外性质。

制定战略时，考虑了俄罗斯能源部公共委员会、俄罗斯联邦政府专家委员会、能源公司和能源专家的建议。

1. 世界与俄罗斯能源现状、挑战和发展趋势

俄罗斯燃料动力综合体对国家安全和社会经济发展做出了重大贡献。

燃料动力综合体在固定资产投资中所占份额约为1/3，在联邦预算收入结构中约为一半，而在俄罗斯出口中（按价值计算）则超过一半。俄罗斯国内生产总值的贡献率为25%~26%，且在燃料动力综合体领域的就业比重不到整个经济领域就业人口总数的4%。俄罗斯在世界能源资源贸易中占有领先地位，出口几乎一半国内生产的一次能源。

1.1 能源发展的内部问题和机遇

至少在21世纪中叶之前，俄罗斯拥有能够满足国家需求和保障燃料合理出口的资源基础。

俄罗斯一次能源产量超过国内消费量的两倍，保证了国家的能源安全。

能源行业每年投资额超过3.5万亿卢布，是国家社会经济发展的重要组

成部分，对俄罗斯高新技术产业的发展具有重要的推动作用。

俄罗斯在能源基础设施建设与运营以及电力供应管理方面拥有丰富的经验。俄罗斯的电力系统覆盖 11 个时区，它包括集中式和隔离式系统，使用各种化石燃料，以及核电设施、大型水电和可再生能源。

能源项目是远东、东西伯利亚、俄罗斯北极地区、克里米亚半岛和加里宁格勒州实施社会经济发展战略的"增长点"和支柱产业。反过来，这些地区的发展又为燃料动力综合体的发展提供额外动力，形成新的能源消费中心，其中包括生产出口导向型产品的中心。

国内市场对能源需求的增加可能会导致俄罗斯的"新工业化"或"新电气化"，其中包括在俄罗斯联邦东部地区和邻国边境地区，尤其在欧亚经济联盟成员国、中国和亚太地区开展能源密集型和材料密集型工业生产。

与此同时，俄罗斯能源行业面临一系列复杂的内部问题和严峻的外部挑战。能源行业发展的主要内部问题和局限性如下：

——俄罗斯国内经济竞争力低下和原料出口型发展模式致使燃料动力综合体遭受过度的税收和关税压力；

——经济增长速度下滑，国内对燃料和能源的需求增长显著放缓，造成对燃料动力综合体投资额减少；

——燃料动力行业的资源基础随着现有矿床的枯竭而减少，可探测的矿床规模缩小且质量不高，致使偏远地区的开发成本大幅增加；

——俄罗斯燃料动力综合体某些领域的技术滞后于先进水平，过度依赖某些进口设备、材料和服务；

——基础设施和生产技术更新速度慢；

——高度依赖外部经济发展水平；

——吸引长期可用资本的空间有限。

在当前经济衰退结束和恢复经济增长之后，工业制造业增长的趋势预计将超过燃料动力资源的增长幅度，这将导致燃料动力综合体行业在工业生产结构中的份额下降。

在区域方向，一次能源消费增长最活跃的地区预计在远东和西伯利亚地区。

1.2 俄罗斯燃料动力综合体的外部挑战和机遇

俄罗斯过去是、现在仍然是世界能源行业的领导者之一。

2015 年，俄罗斯在世界天然气市场供应方面继续保持领先地位（20%），

中俄能源合作年度报告(2018)

煤炭供应量居第三位，同时在液态碳氢化合物——石油（12%）和石油产品（9%）供应方面重回首位。

长期以来，世界能源市场的上行行情确保了俄罗斯能源和经济的快速发展。但是目前世界能源市场受到深度转型过程的影响，这些过程显著改变了需求量和需求结构，导致竞争加剧。

世界经济发展的共性变化包括：

——世界不同地区的经济增长不稳定，相对缓慢且不均衡；

——地缘政治竞争加剧和新的全球或区域经济危机不可避免；

——科技发展加速，新技术革命及世界发展领导者向新技术层面过渡的可能性大；

——气候变化对基础设施运行的负面影响加剧，因此，与气候变化及其后果有关的问题政策更加严格。

能源市场最重要的变化包括：

——大多数国家能源结构呈多样化发展，包括增加非碳可再生能源和新能源的使用，以及碳氢化合物能源供应多样化；

——通过提高能源效率和开发新的能源使用技术来减缓能源需求量的增长；

——提高可再生能源的竞争力；

——出现了包括波斯湾地区、拉丁美洲、澳大利亚和中亚在内新的天然气出口国；

——包括通过非传统来源大幅增加碳氢化合物资源基础。

欧洲市场通过提高能源效率来稳定甚至降低来自俄罗斯的能源消费，但是由于自身开采量下降，欧洲国家将不得不增加其他化石燃料的进口。同时，他们将尽一切努力实现供应来源多样化，并增加可再生能源在能源消费中的份额。

在可预见的未来，能源需求的主要增长在亚太国家和非洲国家。这为俄罗斯燃料动力行业提供新的机遇，但它需要大量的投资来发展相应的能源运输基础设施建设。

预计石油市场将保持目前俄罗斯对欧洲石油出口小幅下降和对亚太国家石油供应成倍增加的趋势。

在石油产品市场，由于炼油计划的实施以及北部和南部石油产品管道扩张造成的运输成本降低，所以有望通过提高供给燃料质量来增强俄罗斯石油产品出口的竞争力。与此同时，在亚太国家石油产品市场，由于炼油能力过剩，预计其竞争将会加剧。

关于天然气出口，俄罗斯至少有能力保持其在欧洲市场的地位，并通过增加管网和液化天然气（LNG）供应，大幅扩大其在亚太国家天然气市场的份额。据推测，在2035年之前，俄罗斯对亚太国家天然气出口量将超过其出口总量的1/3。在欧洲力主能源供应来源多元化的情况下，俄罗斯对欧洲的天然气出口也有增长潜力，包括与液化天然气供应的竞争。

在可预见的未来，面向欧洲的煤炭出口市场将萎缩，这主要是因为环境容量的限制。然而，俄罗斯煤炭的质量使其有机会超越竞争者，以向中东、北非国家供应煤炭来保证向大西洋方向的供应量。煤炭供应增加的潜力主要与亚太地区的市场有关，包括印度、马来西亚和越南等新兴市场。

竞争力将是决定俄罗斯煤炭出口潜力的关键因素，它在很大程度上取决于运输成本。

在可预见的未来，决定世界能源市场价格话语权的内部机制将发生重大变化。

页岩油气开采技术的发展奠定了碳氢化合物开采成本下降的基础，并导致市场上原油供应过剩。从中期来看，国际油价将由美国页岩油盈亏平衡水平及其他因素共同决定。然而，2020年以后，世界各地区将加快现有的油气储藏开采，减少地质勘探和油气项目的投资，从而为减少原油供应创造先决条件，但它不能通过增加页岩油的产量来补偿，并有可能导致原油价格新上涨周期的开始。

在世界天然气市场中，预计将会出现供应过剩导致价格下降的趋势。与此同时，除了页岩气和煤层气之外，不同于石油市场的是天然气资源在市场上拥有巨大的潜力。

在煤炭市场，价格将受到同天然气燃料间竞争的限制，包括额外碳税的实施。

新技术开发在未来世界能源形成过程中起着关键作用。这既表现在能源（非传统碳氢化合物，包括"页岩革命"，液化天然气等）的开采/生产和运输技术的开发方面，又表现在基于可再生能源、分布式发电、智能化等的"新能源"的形成方面，还表现在交通、住宅公用事业和工业中节能技术的开发方面。这些技术开发导致传统和潜在能源市场竞争加剧。

甲烷水合物和含油及碳氢化合物储备开发技术属于突破性技术，能够引起世界市场竞争力量分布的重大变化。

技术的发展和传播早晚会导致碳能（"能源革命"）丧失主导地位，它包括：

——可再生能源的应用和储存；

——混合动力和电动汽车，包括氢燃料汽车的发展；

——网络技术（主动自适应网络、分布式发电、能源互联网等）；

——住宅、商业和行政大楼中的节能技术（无能耗住宅、智能住宅、智能城市）。

世界突破性技术的发展和传播不仅能增加竞争，而且还能改变国际能源消费结构，这一方面给俄罗斯燃料动力综合体造成一些威胁，另一方面也为其带来了新的机遇。

上述这些技术目前正处于发展和传播的早期阶段，它们的实施，一方面受到政策（包括补贴）的刺激，另一方面又受到市场经济条件（传统能源价格水平）的制约。

与此同时据多家机构预测，从长远来看，直到2035年，世界能源仍将以煤炭为主。

尽管分布式（分散式）发电积极发展，到2035年现有集中式供电系统将仍是世界上大多数国家电力工业的基础，其以大型发电站为主：传统发电站（火电站，核电站，水电站）或以可再生能源为基础的发电站，即所谓的风能和太阳能发电站"网络"。因此，在效率提高和环境改善的情况下，有理由期待传统能源技术的持续发展。

因此，俄罗斯对欧洲能源出口量同2030年预测相比显著减少，而对亚洲供应量的增加需要对出口基础设施的建设进行大规模投资。供应商之间的竞争将限制能源价格上涨，成本优化问题将提到首要地位，包括在能源资源开采、生产阶段和运输阶段广泛采用现代技术。

所有这些都要求大幅提高出口政策的灵活性、产品及地域供应的多样性，落实《国家技术倡议》（包括"能源互联网"），提升国家监管效能，发展市场机制以及最重要的是显著优化俄罗斯公司的生产成本。

1.3 俄罗斯能源行业发展情况

对于俄罗斯能源行业发展的预测评估有两种情况：保守的和乐观的。它们确定了燃料—动力平衡（TEB）参数的可能变化范围以及燃料和能源部门发展的主要指标。在规定的范围内将确定战略的适当性以及其中所设定的目标、优先事项、措施和实施机制的相关性。超出规定范围可能意味着需要修订燃料和能源综合体发展战略指导方针。

在这两种情况下，都假设：

——2015 年俄罗斯人口数量保持整体稳定；

——2014 年以来许多国家长时间限制俄罗斯能源公司进入世界资本市场以及某些尖端技术和设备的应用；

——落实 2016 年 9 月 1 日俄罗斯联邦政府令批准的第 1853 号行动计划（"路线图"），以提高能源建设工程的效率；

——世界科技发展的演变（同时需要不断进行监测，以积极应对突发变化）。

在开发过程中，还应考虑到以下几点：

——2035 年前俄罗斯联邦长期社会经济发展的预测数据；

——俄罗斯联邦 2016、2017 和 2018 年规划期间税收政策的主要方向；

——2017、2018 和 2019 年规划期间俄罗斯联邦在燃料动力综合体发展方面的社会经济预测数据。

这些情况的主要先决条件还包括：

——2015~2035 年 GDP 保守情况下平均每年增长 2%，乐观情况下为 3%；

——到 2035 年，电力消费增长 1.3~1.35 倍，达到 1370 亿~1420 亿千瓦时（分别为保守和乐观的情况）；

——总能源需求增加 13%~16%（同时在采取节能措施和提高能源效率的情况下实现的增长）；

——2025 年前通过增加汽车数量来增加汽油和柴油消费量，并且在增加天然气动力汽车和新能源汽车比重的同时减缓其消费量增长；

——预计到 2020 年乌拉尔牌原油的国际价格为 40~65 美元/桶（以 2014 年的美元汇率计价）。随后到 2035 年的 80~100 美元/桶。

因此保守地预计，俄罗斯经济发展以现有趋势和行业比例，并且在加工业相对缓慢的情况下，将以俄罗斯燃料动力及原料的现代化建设为动力，国内经济增长速度适中。

在乐观的情况下，要求尽可能充分利用能源潜力来加速经济增长和提高俄罗斯社会福利，同时更乐观地预测世界能源需求和价格，其中包括：

——制造业、建筑业和服务业等非能源密集型行业在国内生产总值中的份额增加；

尤其是在远东和东西伯利亚地区的社会经济发展速度更快，这与额外数量（超过 100 个）投资项目的实施有关，有助于能源需求的增长；

——按照最佳可行技术原则实现行业逐步过渡，并采用先进技术来减少单位资源消耗量和降低对环境的负面影响；

——加速进口替代，一方面提高油气行业所需的技术水平，另一方面扩大倍增效应。

开发和传播一系列对俄罗斯能源消费产生影响的技术。

预计到2020年，特别是交通运输行业中的燃气发动机燃料消耗量将较目前增加3~4倍，到2035年将增加7~9倍。预计到2035年，俄罗斯的能源消费将会大幅增长，包括电动汽车在内的新能源车在汽车保有量中的份额增加到5%（在乐观情景下）。

大力开发储能设备，建设新的抽水蓄能电站、太阳能和风力发电站中的储能装置，系统存储器，电动汽车的储能装置（在乐观情景下，到2035年达20GW）。

"战略"措施的实施将有助于确保燃料动力综合体的基本生产能力达到足以保证满足国内市场能源需求。

在乐观情景下，国内生产总值的增长速度高于TEB的预测（高3%），增加FEC参数值接近较高乐观水平。

风险分析表明，将GDP增长速度和FEC参数降至保守水平，其实施可以阻碍上述措施的有效落实。

在制定战略的过程中，还考虑了国际油气价格水平和俄罗斯能源需求，其对俄罗斯FEC的负面影响在现阶段是不可预测的，但可能很重要。由于目前出现这些情况的可能性相当小，因此在"战略"中不予考虑，但将系统地被视为"战略"实施年度监测的一部分。

2. 实施目标、任务、优先方向和阶段

2.1 能源行业发展的目的和任务

俄罗斯能源的外部挑战与内部问题、经济参数、资源与技术潜力决定需要改变其发展模式，尤其是那些将确保加速创新发展和结构改革的发展模式。

该战略的目标是使俄罗斯能源行业在结构和质量发展上处于全新状态，最大限度地促进国家社会和经济的快速发展。

必要的结构转型和经济上的合理性：

——改变投资结构，增加在研发创新、现代化、高绩效工作机会创造、经济和能源效率提高方面的支出份额，因此，燃料动力综合体行业员工的年龄

结构、生产技术水平、薪资和物质福利将进一步改善；

——国家调控与市场竞争之间关系的变化有利于后者（自由化）；

——使用二次和三次采油方法开采的油气资源份额随着采收率的提高以及非传统油气资源的增加而增加；

——在燃料动力综合体的生产结构、国内消费结构和产品出口结构方面，深加工产品的份额有所增加；

——分布式发电在总发电量中的份额增加（取决于区域电力系统的负荷结构和负荷集中）；

——在整个能源产品产业链中，更高品质和更环保产品的消费份额有所增加；

——国内设备、商品和服务在燃料动力综合体行业采购中的份额大幅增加，这将减少对进口的依赖。

反过来，这些结构性变化将提高燃料动力综合体行业投资的吸引力和效率，将成为提高生产和消费能源效率，降低 GDP 能源强度并减少对环境的负面影响，包括减少温室气体排放的决定性因素。

除了这些结构性变化之外，2035 年前能源部门应实现的目标状态包括：

——燃料动力综合体行业的高水平竞争力，至少确保俄罗斯在世界能源市场政治和经济上的合理地位；

——满足国内消费者对能源的大量需求；

——GDP 能耗和单位能耗强度水平显著降低（包括电力生产行业燃料消耗和燃料电力综合体行业，特别是电力和天然气行业自身所需消耗的能源）；

——降低燃料动力综合体企业对环境污染的技术指标；

——能源出口目的地结构多样化，亚太国家市场份额大大增加；

——提高可再生能源开发和使用方面投资水平；

——培育高素质合格人才。

实现这一目标需要完成国家能源发展的三项战略任务。

（1）在能源服务和产品的数量、种类和质量方面确保国家社会经济发展的需要（以下称"第一项任务"）方面是可负担和足够的。

作为第一项任务的目标，不仅要确保国家能源安全、能源生产和满足当前国内需求，而且要显著提高能源生产和消费中的质量、效率和明显改善生态环境，以促进社会经济快速发展。新一轮的电气化改造将运用现代数字技术实现能源供应和能源消耗的智能化，广泛传播节能技术和提高能源使用效率，减轻环境负担。在受监管的经济活动过程中，以及国家参与的国有组织和股份公司的管理中，将采用基准考核及其他方式来提高公司的工作效率。

（2）考虑到俄罗斯区域和空间发展的重点和方向，为实现出口方向多元化并保持在全球能源领域的领导地位，需要改善燃料动力综合体的区域生产结构（以下简称"第二项任务"）。

解决第二项任务不仅意味着俄罗斯区域能源行业和谐发展，还意味着在天然气、石油和电力基础设施发展的基础上保持俄罗斯目前在开采和出口燃料动力资源方面的地位。计划建立促进东西伯利亚和远东发展的新能源及燃料动力综合体，实现资源出口地域结构多样化，同时大幅增加亚太国家的市场份额，加大力度在北极大陆架上开发碳氢化合物资源，经济合理地发展分布式发电和使用本地能源及非传统可再生能源。

（3）随着俄罗斯燃料动力综合体国际竞争能力的提高，应确保能源部门的技术独立性和具备能源部门可持续发展的实力（以下简称"第三项任务"）。

在解决这一问题的过程中，俄罗斯能源综合体的现有潜力将用于创造和开发国内先进技术，并参与世界技术趋势的形成。它打算利用技术合作和全球劳动分工的所有可能性，包括俄罗斯参与世界科技交流与合作体系，创立投资基金以发展自身的技术专长和确保俄罗斯能源可持续经营和发展所需的高科技生产和服务本地化。

第三项任务将得到解决，包括通过燃料动力综合体订单促进创新进口替代和全国高科技产品市场开发。有必要在燃料动力综合体所有行业开发和实施各种有前景的技术，开发工程中心、工业实验场所（试验场）和认证中心的基础设施。俄罗斯对外国直接投资的兴趣依然存在，优先考虑最大限度本地化和将专长全部转移给俄罗斯参与者的项目。

2.2 国家能源政策优先方向

能源发展将考虑国家能源政策的以下优先事项：

——为国家及其地区提供能源安全保障，包括在任何情况下避免燃料动力资源短缺，创造战略燃料储存所需的储备能力和设备，确保电力和供热系统稳定运营；

——鼓励和支持燃料动力综合体及相关行业组织的创新要素，以提高燃料动力资源的利用效率和燃料动力综合体的生产能力；

——尽量减少能源资源的开采、生产、运输和消耗对环境、气候和人类健康的负面影响；

——发展竞争，包括确保所有俄罗斯公司在国内能源市场上进行透明的、非歧视性的市场定价机制方面的平等竞争；

——对自然垄断和能源管制活动实行长期、透明和平衡的关税调控；

——俄罗斯能源出口方向和商品种类多样化；

——扩大与金砖国家和石油输出国组织的技术合作；

——加强远东、东西伯利亚、俄罗斯北极地区、克里米亚半岛和加里宁格勒的能源基础设施建设；

——提高国有企业和由国家参与监管的股份公司（包括经营和资本支出的优化）的活动效率；

——改善能源公共管理，包括在国家燃料动力综合体信息系统内建立能源市场综合监测系统，并形成符合国际惯例的区域预测和燃料—动力平衡的总结报告。

在详细规划和解决这些任务的过程中，燃料动力综合体行业将根据《战略规划法》确保落实《科技发展战略》、《俄罗斯联邦社会经济发展战略》和《俄罗斯联邦空间发展战略》的重点和方向。

2.3 实施阶段

实施的第一阶段大约到 2020 年，根据指标的预测值可能延伸到 2022 年，这两种情景几乎相同。在第一阶段，尽可能以最小的损失和最低的成本克服经济危机和由此所造成的能源发展制约，并有效应对可能出现的新挑战和威胁。这意味着推动燃料动力资源生产与消费的产品和区域结构多样化，以增加国内能源供应和出口供应的稳定性。

第一阶段的主要内容是实施已经启动和正在进行的国家计划，包括俄罗斯联邦"能源效率和能源发展"国家计划，俄罗斯联邦总统和俄罗斯联邦政府关于能源及能源公司的重大投资项目发展的决定。

在第二阶段（约为 2021~2035 年）的主要内容将是基于新技术向新一代能源消费方式转变，高效利用传统能源和新碳氢化合物以及其他能源。在保守情况下，2030 年能源生产的增长实际上将停止，燃料动力综合体将主要沿着质量改善和效率提升的道路前进。在乐观情况下，亚马尔能源项目、东西伯利亚和远东的区域能源系统和相关高附加值项目将得以快速发展，这将大大增加俄罗斯能源直接和间接出口（通过能源密集型产品）。资源加工的增长将会对建筑、交通、工业和社会基础设施等行业的产品和服务产生额外的需求。因此，在第二阶段，国内消费增长将开始超过燃料动力资源出口增长。

3. 能源各行业的发展方向和任务

3.1 石油行业

2008～2015年，原油和凝析油产量增加超过9%。东西伯利亚地区资源和雅库特地区资源已经开始进行真正的大规模开发。同2008年相比，万科尔油田、塔拉坎油田和北塔拉坎油田的开发使东西伯利亚和远东地区的产量增加了4倍。

新的且更加有效的开采技术的使用迅速增加，这对于在资源开发中占有很高份额的公司尤为普遍。因此，2008～2015年（含2015年），水平钻探技术在开采活动中的使用增加了5倍多，并将持续增长。

2008年以来，原油加工量增长21%，深加工强度增加2.3个百分点，轻油产品产量增加2.8个百分点。

与2008年相比，原油出口长期呈现减少趋势（减少8%），而2015年石油产品出口增长率为43%（主要是由于燃料油出口量增加），这是由于"税收策略"改变造成的出口替代。应该指出的是，对欧洲和独联体国家传统市场的石油出口下降，而对亚太国家的年出口量则增加了3倍多。

斯科沃罗迪诺—漠河—大庆石油管道和波罗的海管道系统-2在全部开始投入运营，最大程度上保证原油出口。"北极-普尔佩"和"库云巴-泰舍特"石油管道的建设正在进行。

与此同时，俄罗斯石油行业面临以下主要挑战和问题：

——国际原油市场价格相对较低且波动较大；

——柴油燃料欧洲市场饱和和邻近国家的需求量减少；

——由于难以开采的石油储量占多数，现有油田枯竭程度高，导致开采成本增加，这使得保持住已达到的石油开采水平变得更加困难；

——开采出的原油质量不如以前，包括硫黄份额增加，这需要引入新的技术解决方案和投资，并增加炼油成本；

——一些国家开始对某些俄罗斯石油和天然气公司进行现代技术和设备供应的限制，这些技术和设备被应用于俄罗斯深海、北极和页岩矿床的勘探和开发。此外，还限制其吸引长期融资。

碳氢化合物资源基地具有更复杂的特征：大多数矿床含有多种类型的碳

氢化合物原料，新的矿床和矿床的成分组成复杂，包括有价值的非烃组分（氦气）。

特别需要注意原材料加工深度的问题。目前，国际市场对俄罗斯能源资源的原材料和初级产品的需求旺盛，但总的来说，初级商品的质量结构和加工深度不断提高，加工过程中的国际化附加值竞争加剧。在这方面，将需要增加额外的投资激励措施，以确保国内炼油厂运营的经济利益。提高国内炼油厂向国内市场供应轻油产品标准，并发展旨在提高加工深度的现代化项目。

考虑到此种情况，石油行业必须完成以下任务：

（1）维持原油生产的动态平衡，全面满足炼油能力需求和履行出口合同，年产量为4.9亿~5.5亿吨。

（2）以国内先进技术为基础的行业现代化和发展，规定：

——预计石油采收率从28%提高到40%（不包括难采储量的开发）；

——难采资源的开发占石油总产量的17%（目前约8%）；

——利用至少95%的可采伴生石油气（2015年为88.2%）；

——高等级环保汽车燃料的炼油深度从74.1%增加到90%~91%；

——轻质油产品的产量从58.6%增加到70%~79%。

（3）发展基于先进技术的石油和石油产品运输管道网。

（4）国内外液态碳氢化合物供应量增加和多样化，包括对亚太地区市场的石油和石油产品供应量增加两倍以上。

（5）加强开发难采储量、小型矿床、低产和高含水井的新技术，其中包括，确保提高碳氢化合物采收率等。

（6）完善石油和天然气工业的财政体系，从而积极有效地参与开发成熟和新矿藏储备，以及大陆架地区。

该行业发展的重点是实行新的税收制度，首先是在新矿藏项目试点，预计总的（石油矿产开采税和石油关税）的税收指标会减少，随后会开征额外开采收入税。因此，鉴于税收额对油田开发经济效益的依赖性，计划将保证税收具备更高的灵活性。根据试点项目税收制度实施的结果，将采取调整和扩大其应用范围的决定。

此外，为了解决这些问题，将采取一系列措施：

——为小型矿床、低产和高含水井以及难采储量的交易流通创造条件，包括为这一领域中活动的中小企业发展创造条件；

——为俄罗斯联邦大陆架的开发创造投资条件，并更加合理地参与开采的新矿藏中的碳氢化合物；

——在国内外市场扩展自己的石油及石油产品交易机制，包括根据场内和场外交易的信息建立俄罗斯国内石油及石油产品价格指数体系，并在俄罗斯和外国证券交易所建立基于俄罗斯石油质量标准体系的全面贸易；

——炼油厂完成现代化和进一步优化；

——提高发动机燃料的质量（包括生态）级别；

——开发国内"重油"深加工技术，旨在提高国内炼油厂油渣深加工工艺的技术水平；

——提高高硫和超稠油的加工效率；

——以具有竞争力的国内技术为基，支持原油开采及加工创新项目；

——刺激俄罗斯石油工业服务和工程服务市场的发展；

——协助石油和服务公司出口高科技设备和服务。

2016年，圣彼得堡国际商品交易所以交付离岸价条款交易的乌拉尔牌原油期货在普里莫尔斯克港开始交割。

这些措施首先实行新的税收制度，将有助于实现开采量更高增长和保持已达到的水平。

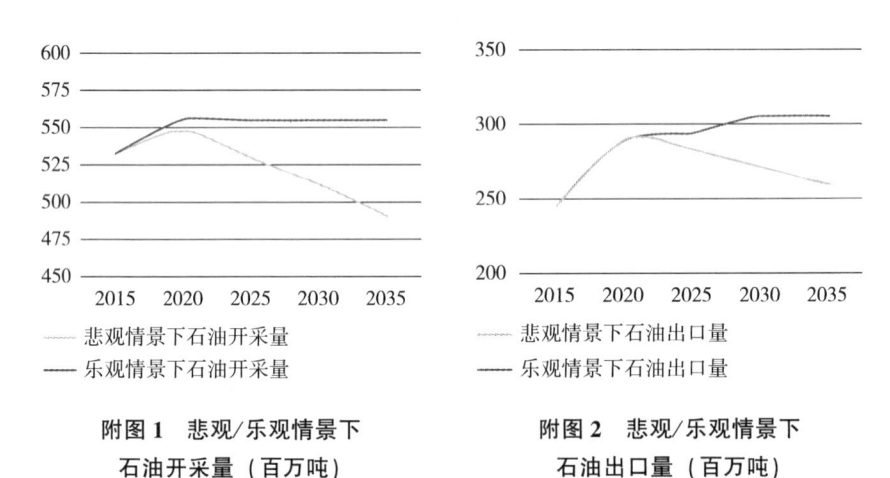

附图1 悲观/乐观情景下石油开采量（百万吨）

附图2 悲观/乐观情景下石油出口量（百万吨）

有必要加速俄罗斯联邦大陆架油气资源的开发并吸引更多投资，那么俄罗斯联邦大陆架地区潜在开发者所需的经验和投资问题必须要提前解决。

考虑到在已知的极限值范围内，预期保持原油的品质特性，所以主油管道系统中的油品质量将继续被监测，并有可能决定是否建设高硫油专用运输管线。

预计至少到2020年，由于集中投资的需要，上下游一体化的油气公司无疑将主宰石油行业的所有领域和活动。未来由于油气储量结构进一步恶化，所以需要提高行业的创新积极性和资本运行效率，加强对市场形势变化的灵活性和适应性，以增加中小型油气公司的生产积极性。

在炼油行业中，主要流程是实施2011年启动的炼油厂现代化项目。该项目计划启动135个炼油厂，石油二次加工总产能超过1.3亿吨，这将可以达到发达工业国家炼油厂的技术水平。

优先重视东西伯利亚和远东地区高附加值产品的开发，包括天然气液化产品的开发。值得注意的是，东西伯利亚和远东地区的碳氢化合物资源基地组成结构很复杂。

在2020年前，预计石油出口将不断增长，未来价格走势取决于世界市场形势，其稳定和衰退都是可能的。与此同时，汽车燃料出口可能会保持稳定增长。总的来说，随着石油产品出口结构中燃料油供应的减少，柴油和汽油的份额将会增加。

在向亚太地区市场扩大供应方面，石油及石油产品出口将多元化。

在第二阶段开始时，"东西伯利亚-太平洋"管道系统（简称"ESPO"）的扩建将完成，其输油量达8000万吨，与共青城炼油厂相连接，主要输油管道"北极-普尔佩（Zapolyarye-Purpe）"和"库云巴-泰舍特（Kuyumba-Taishet）"全部投入使用，这将保证亚马尔-涅涅茨自治区和克拉斯诺亚尔斯克边疆区新产地的原油输出。

此外，南部主要输油管道将投入使用，其运输能力为1100万吨，北部输油管道的扩建将完成，其运输能力达2500万吨，这将确保滨海港和新罗西斯克港的物流能力改进优化。随后，在石油及石油产品主要运输领域，将继续实行现有的石油及石油产品管道系统的现代化（建设），引进先进技术，以便大幅度减少单位产品的能源消耗，并确保俄罗斯公司轻质油产品出口的额外竞争优势。

除了石油及石油产品管道运输之外，应该广泛开发有前途的海运运输路线和使用以国内生产为主的船舶内河运输。

3.2 天然气行业

自2008年以来，俄罗斯天然气和伴生气的产量下降了4.6%，但是该产业的后续生产潜力显著增加。特别是：

中俄能源合作年度报告（2018）

——亚马尔半岛博瓦年科（Bovanenkovo）气田投运；
——积极筹备开采亚马尔半岛南坦别伊（Tambeyskoye）气田；
——俄罗斯第一个煤制甲烷生产项目在库兹巴斯地区（位于 Taldinskoye 产地的东南部）开始运行；
——液化天然气产量增加，利用"萨哈林-3（Sakhalin-3）"项目中的基林斯基（Kirinskoye）气田的综合设施建设；
——开始在东西伯利亚和萨哈共和国（雅库特）开发气田。

考虑到液化天然气出口，天然气出口量比 2008 年增加 2.3%，而天然气管道运输出口量下降 5%。与此同时，新的天然气输送系统正在建设之中：
——Bovanenkovo-Ukhta 天然气管输系统的第一和第二阶段已经投入使用，确保向亚马尔半岛的统一供气系统（UGSS）供气；
——远东天然气管输系统开始形成："萨哈林-哈巴罗夫斯克-符拉迪沃斯托克"天然气输送系统的第一个综合体启动建设工作已经完成，"西伯利亚力量"天然气管道正在建设中；
——乌连戈伊天然气输送枢纽和秋明州北部区-托尔若克（SRTO-Torzhok）天然气管道的扩建工作已经完成；
——朱布加-拉列夫斯科耶-索契（Dzhubga-Lazarevskoye-Sochi）天然气管道已经投运；
——俄罗斯天然气出口到欧洲的一条全新路线是"北流"天然气管道（Nord Stream）。

正在筹备扩展到欧洲的天然气运输系统（"土耳其流""北流-2"），东部方向正在积极发展（"西伯利亚力量""西伯利亚力量-2"）。

亚马尔半岛、东西伯利亚和萨哈林岛新气田的开发以及天然气运输系统的扩建使得天然气行业在几年内能够满足国内外天然气需求，确保了俄罗斯世界第二大天然气开采国的地位。

然而，确保俄罗斯天然气工业的地位及其进一步的可持续发展将需要应对一系列挑战，其中包括：
——由于液化天然气市场的发展，世界市场竞争力增强；
——由于高产和浅层储量开采减少，自然气候和地质条件复杂，天然气开采新区距消费中心偏远，导致国内外市场的天然气开采和运输成本上升；
——在降低能源转运风险的必要情况下，乌克兰、中西欧的天然气需求增长减少或放缓；
——一些国家限制某些俄罗斯石油和天然气公司供应现代技术和设备，

（它们）被用来勘探和开采俄罗斯深海、北极和页岩矿床，还限制其吸引长期融资。在苏联地区，首先是加强欧亚经济联盟框架内的能源经济一体化进程非常重要。

天然气行业发展的战略方向是：

——达到消费者和天然气生产商之间最佳的、社会经济综合发展水平的利益平衡；

——基于权利和义务平衡，为生产者经营天然气创造同等经济条件；

——形成欧亚经济联盟（EAEC）共同天然气市场。

在定价方面，预计将实现从天然气批发价调控到市场定价机制的阶段性转变（除人口和与之等同的消费者类别外）。

如果现有的统一供气系统（UGSS）管理体系得以维持，那么将继续确保俄罗斯天然气工业总公司的垄断性经营行为的财务透明度，包括投资和运营成本。

预计维持天然气单一出口渠道。如果有必要加快增长速度并扩大管道出口量，将考虑独立生产商通过单一出口渠道供应天然气的可能性。

液化天然气（LNG）生产及出口将继续进一步发展，这将促进天然气出口方向多元化。

因此，需要在行业内完成以下任务：

（1）利用先进技术，主要开发传统区域和新开发区域（亚马尔半岛、吉丹半岛、东西伯利亚和远东）以及俄罗斯联邦大陆架的国内可用于发展经济的天然气资源，其可开采总增量高达40%。

（2）实现统一供气系统（UGSS）的扩建、现代化和优化，必须考虑建设新的出口线路和实现俄罗斯进一步天然气化，特别是在东西伯利亚和远东地区建设天然气运输基础设施。

（3）建设含有（包括乙烷，NGL和氦气）复杂组分气田的深加工装备的企业。

（4）天然气出口多元化，包括液化天然气产量增长3~8倍，以及大幅增加（5~9倍）亚太市场天然气（包括液化天然气在内）供应量。

（5）刺激天然气消费和相应扩大燃气发动机的燃料生产供应。

以下措施将有助于解决这些任务：

——逐步取消对俄罗斯各地区和各消费群体的天然气供应交叉补贴；

——强化燃气用户缴费程序；

——简化与统一供气系统（UGSS）和天然气输配送网络连接的程序；

——通过立法来规范天然气市场所有主体参与地区天然气化和保证秋冬季节高峰时期对天然气的需求；

——在规范的交易场所（商品交易所和交易系统）中扩展天然气销售实践；

——通过管道和地下燃气储存库来改善对非歧视性获得天然气的运输服务机制，包括提高关税透明度和合理性的一些措施；

——在西伯利亚西部和东部地区建设新的天然气加工和天然气化工综合体，以确保基础油气田的天然气综合加工能力和高附加值产品的生产。

随着国内外天然气市场发展前景越来越明确，将采取其他有关天然气行业发展的具体条款和措施。

在第二阶段，俄罗斯天然气工业发展的重点应放在扩大天然气在经济中作为有价值的化工产品的使用，这将导致天然气消费总体结构发生相应变化。

新技术获得广泛应用。因此，预计天然气输送中的单位消耗将会减少。

出口多元化和国内天然气市场的发展将有助于抑制当前的产量下降，并增加天然气和伴生气的开采量，在第一阶段增加6%~11%，到2035年将增加1.2~1.4倍（见图3）。

特别是天然气出口的增长将有助于降低石油和天然气之间的价差。同时，在保守情况下出口量不会有太大变化。而在乐观情况下，向欧洲市场的天然气出口预计将增长30%，而向亚洲市场的天然气出口预计将增长5~9倍（见图4）。

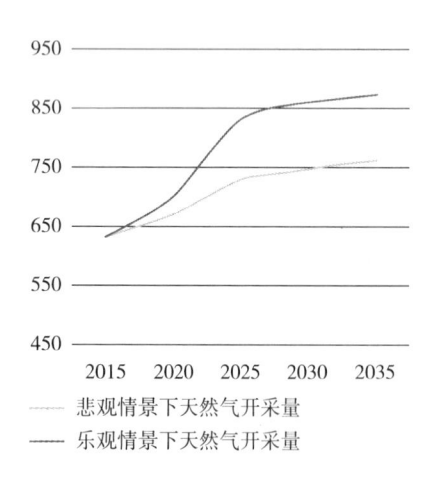

附图3 悲观/乐观情景下天然气开采量（10亿立方米）

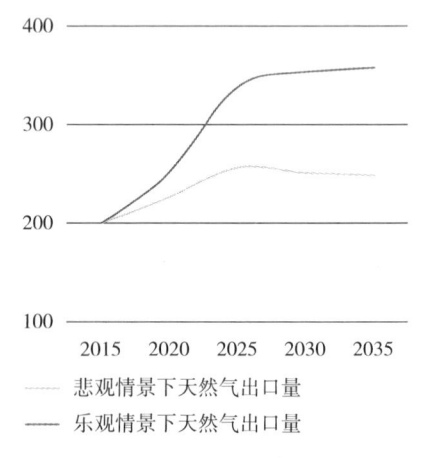

附图4 悲观/乐观情景下天然气出口量（百万吨）

3.3 石化工业

2008~2015年，石油和天然气化工原料（乙烷、液化石油气、石脑油）产量增长64%，而其用于石油化工产品以及大分子聚合物的产量增长近43%。自2012年以来，在石油及天然气化工行业中，一系列大型投资项目正积极建设。

同时，俄罗斯的石油天然气化工行业面临以下主要挑战和问题：

——单一项目生产能力不足（主要是热解能力）；

——传统行业（建筑、公用事业、汽车、仪器仪表、电子和电气工程、包装等）对石化产品的消费需求不旺盛；

——基础设施限制石油天然气化工原料的运输；

——国内市场对进口石油天然气化工产品以及石油天然气化工生产高度依赖——依赖进口设备和材料。

鉴于此，有必要完成以下任务：

（1）石油天然气化工项目生产的现代化建设；

（2）石油天然气化工产品进口替代与国内市场拓展。

为了解决这些问题，将采取一些措施，包括：

——国家大力支持石化项目生产能力和聚合物生产建设项目；

——开发和利用国内石油天然气化工技术打破国外产品和技术垄断；

——优化物流运输，消除铁路运输"瓶颈"，首先是斯维尔德洛夫斯克铁路的托博尔斯克-苏尔古特段；

——提高石油天然气化工成品的质量。

在石油天然气化工行业，区域集群发展将形成趋势，建立碳氢化合物深加工中心，其中大规模产能（乙烯产量在0.6百万~1百万吨以上）的装置以及延伸到塑料、橡胶和有机合成产品的生产。它们将加工成半成品和成品投放到消费市场。有望创造和发展五个区域集群：西北伏尔加地区、西西伯利亚地区、里海地区、东西伯利亚地区和远东地区，它们都位于原料产地和市场消费附近。

预计到2020年乙烯产量将增加75%~85%，到2035年将增加3.6~5倍。到2020年，超过30%的轻质碳氢化合物原材料将进行深加工，然后（石油和天然气化工）再分配，到2035年这一数字将超过44%~55%。

还计划到2020年，大规模塑料生产装置将提高80%~90%，到2035年将提高2.7~3.6倍。

3.4 煤炭行业

自 2008 年以来，俄罗斯煤炭开采量增长超过 14%。开采的全部增量是得益于露天煤矿的大量开发。多年来：

——埃尔金斯基煤矿的工业开发进程加速，建成了连接贝加尔-阿穆尔干线（BAM）的铁路；

——贝加尔湖地区的阿普萨特（Apsat）煤矿开始开发；

——继续开发尹纳格林斯基（Inaglinsky）和乌尔加尔（Urgalsky）煤矿，并建设了必要的基础设施；

——已开始筹备开发位于图瓦共和国的乌卢格赫姆煤矿盆地，包括修建跨西伯利亚铁路的煤炭铁路通道；

——正在开发阿穆尔地区的叶尔科维茨（Yerkovtsi）和盖尔比卡诺-奥戈任斯基（Gerbikano-Ogodzha）矿区。

自 2008 年以来，煤化工工厂的煤炭加工量增长近 1.5 倍。该行业的技术改造得以发展，煤矿工人的劳动生产率提高，工伤事故水平下降。

自 2008 年以来，国内煤炭消费量下降了 14%，其出口增长了 1.7 倍，其中包括出口到亚太新兴国家市场，主要是中国，以及印度和马来西亚。运输和物流基础设施不断发展，其中包括煤炭出口的港口吞吐能力（瓦尼诺港、波西耶特港、乌斯季卢加港、纳霍德卡港等）。

俄罗斯煤炭行业面临的主要外部挑战是国际煤炭贸易竞争态势加剧，因为全球煤炭需求增长可能放缓，俄罗斯的采矿和运输成本增加。与此同时，有预测显示俄罗斯将保持和加强在海外市场的地位，增加将近一倍半的煤炭出口量，同时增加对亚洲市场的供应份额。

关于遏制煤气价格和煤炭成本上涨的问题，因为煤炭竞争力有限解决这个问题需要对铁路运输煤炭给予优惠税费。

采煤业的矿难事故依然是一个严重的问题，这些公司是在危险的地质和采矿条件下进行勘探和开采行为。2016 年 2 月"北方"矿难事故又一次证实了这点。

为发展煤炭行业，必须完成以下任务：

（1）提高煤炭产品的竞争力，在国内市场作为替代能源，在国外市场寻找替代供应商。

（2）在萨哈共和国（雅库特）、图瓦共和国、后贝加尔地区和其他地区建立新的采煤中心，以及创建出口到邻国的煤炭能源综合体。

（3）保持已达到的生产和销售水平，并在可能的情况下大幅增加煤炭出口量，首先是增加对亚太国家的煤炭出口。

为了解决这些问题，将采取一些措施，包括：

——改善煤炭行业税收体制；

——鼓励使用新的煤矿开采技术，确保劳动生产率的成倍提高；

——在规范的交易所（商品交易所和交易系统）中促进煤炭及其工业制成品的交易；

——对在最安全的地质和采矿条件下进行勘探和开采的矿段发放优先许可（证）；反之，减少其许可证的发放；

——优化物流运输和广泛采用煤炭运输长期税收机制，消除铁路运输能力"瓶颈"，主要是西伯利亚大铁路、贝加尔-阿穆尔铁路和远东铁路，加速发展煤炭码头，特别是太平洋沿岸各港口的煤炭码头；

——国家支持煤炭深加工项目，促进相关资源及煤炭深加工废弃物的综合利用；

——对煤炭工业组织在环境保护方面的监管要求始终与国际标准保持一致；

——计划清理不景气的煤炭企业组织，并对下岗职工完善相应社会保障措施；

——加强环境保护，包括废物处理和土地复垦。

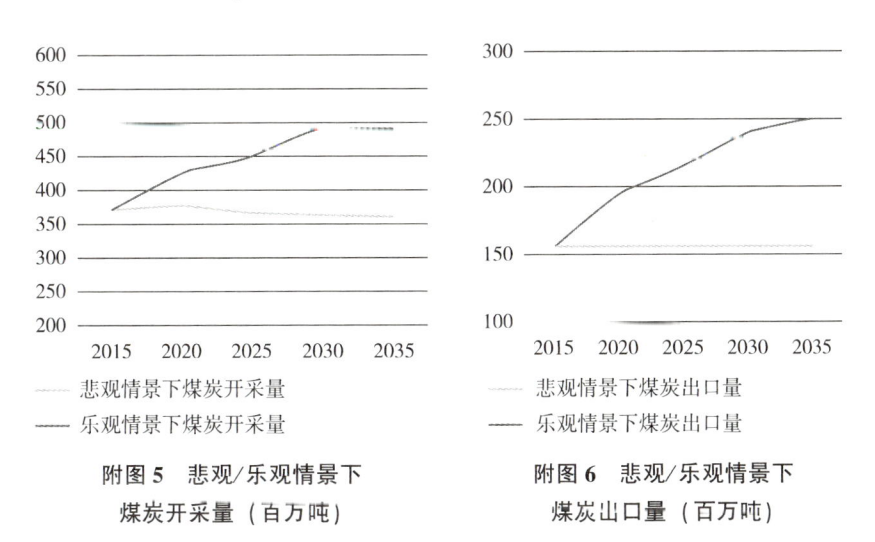

附图5 悲观/乐观情景下煤炭开采量（百万吨）

附图6 悲观/乐观情景下煤炭出口量（百万吨）

保守情景下，煤炭开采稳定在已达到的水平，乐观情景下，第一阶段将增加14%，在精选和优质能源煤份额翻一番的情况下，第二阶段为1.3倍（达4.9亿吨）。

在乐观情景下，煤炭开采水平将在国外市场良好的情况下实现，它允许第一阶段的煤炭出口增加1.2倍，第二阶段的煤炭出口增加1.5倍，主要是对于亚太国家。

3.5 电力与供热保障

2008年以来，电力产量增长2.6%，电力消费增长3%，电站装机容量增长12.8%。2008~2015年，引进28吉瓦新装机容量，包括博古恰内水电站（Boguchanskaya HPP），（Nyaganskaya GRES），南乌拉尔国营地方发电Yuzhnouralskaya GRES，乌斯季-中坎水电站（Ust-Srednekanskaya HPP）。2009年事故发生后，萨彦-舒申斯克耶水电站（Sayano-Shushenskaya HPP）的修复工作已经完成。

约300条电压为220千伏及以上的电力线投入使用并重建。其中最重要的项目是2012年符拉迪沃斯托克亚太经合组织峰会和2014年索契奥运会的能源供应工程。500千伏（特）高压线的结雅水电站——阿穆尔-黑河（Zeyskaya HPP——Amurskaya-Heihe），也是投运的最大电网工程项目之一，为电力出口到中国提供了保障。

2016年5月，完成了容量为800兆瓦的刻赤海峡能量桥的建设，从而保障了克里米亚能源系统与俄罗斯统一能源系统（EEC）之间的沟通。

小型分布式能源工程已经发展起来，包括在供热领域，其在竞争发展中的作用不断增加。

由于交通和住房以及社区服务电气化程度的加深，预计电力消费在能源消费总量中的份额将快速增长。

与此同时，该行业面临很多问题和挑战，其中包括：

——在确保价格和能源基础设施可用性的同时，满足电力和热力的有效需求；

——在技术条件下，所宣称的功耗特性与其后的实际值之间不成比例；

——实现集中供热系统同分布式发电和能源系统智能化发展的有效结合；

——固定资产贬值，缺乏现代化激励措施；

——发电设备的份额急剧增加，包括效率低下、以"强迫"模式运行的发电设备；

——当前能源供热领域现行关系与定价模式不完善，能源动力批发零售市场缺乏竞争；

——某些技术领域（燃气轮机，变压器等）使用的进口设备比例过高；

——关税频繁变动；

——技术过程自动化水平不足，物体易损性增加，与其系统和算法的复杂性有关；

——缺乏高素质人才。

该行业面临的任务包括：

（1）在使用国内技术和设备的基础上引进新的装机容量，同时保持联产模式中的电力和热能的优先次序，淘汰效率低下且过时的电力装备。

（2）发展统一的电网系统，同时确保电力供应的有效可靠性。

（3）对电网进行现代化改造，电力计量和控制方面采用智能系统，发展智能电网技术。

（4）根据发电方式（考虑到设备的可操作性）以及能源资源类型，优化电力和发电能力的结构和载荷能力，这些能源类型被用作改善国家和地区燃料-动力平衡结构，包括在与统一电力系统隔离的偏远地区。

（5）在EAEC统一经济体中电力工业一体化，在俄罗斯东部增加电力装机和电力出口。

在供热领域，改进的关键方向将是供热领域关系模型的变化，即基于"锅炉替代"的原则进行的定价改革，以及：

——实施热力市场化模式，为消费者提供真正的机会来选择不同的供热方案和方法以及使用高效技术促进机制；

在当地热力市场上建立统一的供热机构，以便向消费者提供可靠和具有成本竞争力的供热产品。

电力工业的主要发展方向是批发和零售电力市场长期竞争关系的发展，其中包括：

——电力工业批发和零售市场竞争模式现代化，确保供应商和消费者在市场内形成有效的投资机制和价格传导信号，其中包括直接合同项下增加供应量；

——优化改进长期电力平衡的竞争机制；

——建立有效的行业检测系统，用于监测能源公司在负荷高峰时的电能消耗；

——完善和积极利用经济调节机制，保障发电装置的装机容量，提高电力生产的效率，并为第二阶段电力需求的后续增长建立长期储备；

——鉴于需求弹性化以及电力供应的可靠性和质量要求，通过区分电力供应的不同强度来增加消费者在电力（容量）和系统服务市场中的作用；

——制定刺激消费者积极参与零售电力市场所形成的市场机制，包括电力的使用和储存及其再生产；

——鼓励消费者在统一能源系统中开发本地分布式能源供应，以确保电力系统高峰负荷的电能保障，这是增加电力和容量市场竞争的一个手段，通过自动化交易平台的参与形成本地智能化电力系统；

——国家倡议实施的"能源之路"框架内发展智能电网、智能分布式能源、消费者服务和"电力互联网"。

为解决行业问题，有必要开发和实施吸引电力及供热领域投资的新机制，以及在能源科技革命规划中的创新技术发展，包括清洁煤技术和环保型煤气冷凝机组。

考虑到取消交叉补贴，电力和热力工程将长期实施新的税收政策，旨在为该行业提供必要的财政资源，其中包括：

——通过逐步过渡到合理的电价（税收）来逐步取消电力工业的交叉补贴；

——从全面热能税收调控转变为建立热力价格水平调节系统，推动"锅炉替代"同时考虑到区域特点。

协议监管机制将得到发展。

为确保能源安全和电力生产结构的可靠运行，将对电力行业的主客体的创建和运营、技术特征、设备和人员等方面采取强制性标准。

将采取必要措施来为该行业提供国产设备并减少人才流失。

在第一阶段，为了平衡消费者和能源生产者的利益，现有的电力和热能关系及定价模式将得到改善，主要是通过降低能源消费（税收）交叉补贴，使其达到与贫困家庭的补贴相等的最佳水平。

在第二阶段，该行业的主要举措将是消除个别消费者群体和（或）服务之间的各种类型的交叉补贴，自然垄断的电力组织和受监管组织形成全面稳定的市场化定价机制。

如果这些措施得到实施，到 2020 年电力生产可能增长 4%~5%，到 2035 年增长 30%~38%，发电厂装机容量增加 13%~16%（从 248 吉瓦增加到 281~289 吉瓦）。

为了使燃料动力多元化发展并获得稳定的电力生产结构，预计将开发所有的电力生产类型，同时将考虑到消费者的价格承受能力。水电站装机容量增长可达7%~24%。

第一阶段的集中供热量将略有下降，但总体在2015~2035年将增加3%~5%（从1250Gcal增加到1290万~1315万Gcal）。

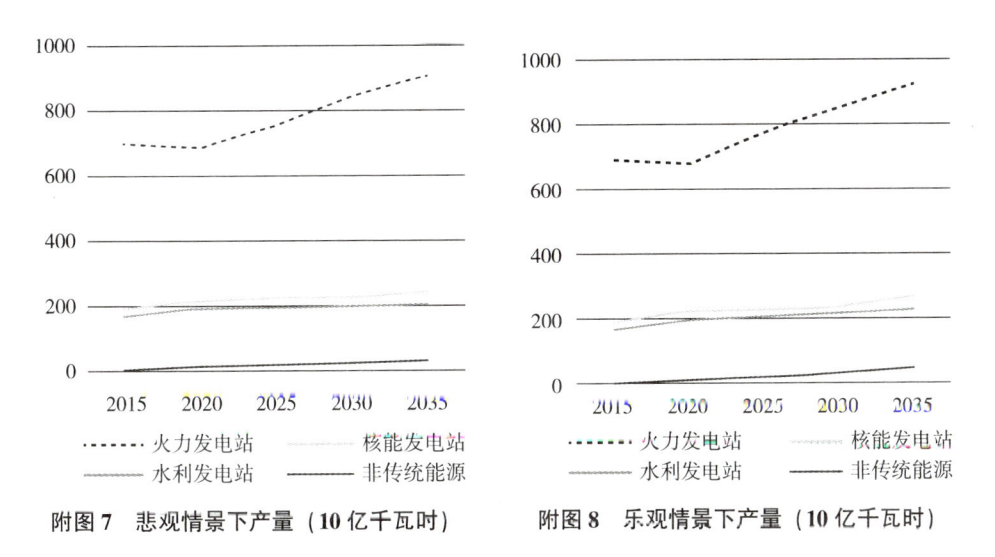

附图7 悲观情景下产量（10亿千瓦时）

附图8 乐观情景下产量（10亿千瓦时）

考虑到东北亚经济发展前景以及该地区电力需求的增长，通过在俄罗斯境内联合建设新一代设施以及高压和特高压洲际电力网络，来探索韩国、朝鲜、日本、中国、蒙古和俄罗斯电力系统逐渐联网的可能性。

3.6 核电和核燃料

2008~2015年，核电厂的发电量增加了11%，核电厂的装机容量增长了9%。自2008年以来，罗夫斯克核电站2号和3号机组已投入运营，加里宁核电站4号机组投入运营。

拥有大容量反应堆的核电站和其他动力装置仍在继续建设，其中包括罗斯托夫核电站4号机组，新沃罗涅日2号核电站的1号和2号机组以及列宁格勒2号核电站的1号和2号机组。

关于2019~2021年比利比诺核电厂停产问题，楚科奇自治区政府与过罗斯原子能公司决定在佩韦克部署一座容量为70兆瓦的浮式核电火力发电站（NPPP）。

自2008年以来，俄罗斯联邦一直积极参与国外核电站（伊朗伊斯兰共和国的布什尔核电站，印度共和国的库丹库拉姆核电站和中华人民共和国的田湾核电站）的建设，签署了关于在白俄罗斯、孟加拉、土耳其、芬兰等国建造核电站的协议。

核电是俄罗斯联邦长期以来在世界领先的高科技产业之一。核电的进一步发展不仅是在保证 EEC 稳定可靠运行，而且保持该行业技术领先地位也很重要。

尤其是俄罗斯联邦率先创建了新的核电技术平台，拥有封闭式核燃料循环的快中子反应堆，可以帮助解决核燃料再生问题，减少放射性废弃物和遵守核不扩散制度。

核能发展在确保国家能源安全方面发挥着重要作用。

核能发展中存在的主要问题是核电站建设成本较高，考虑到环境安全的要求，有必要确保核辐射安全以及处理废核燃料和放射性废弃物。

为了发展核能，需要完成以下行业内任务：

（1）提高总体核能效率和竞争力，在考虑到核电站全生命周期的情况下，提高新核电站的经济竞争力，包括在保证安全的情况下降低单位建造成本。

（2）打造新的核电技术平台，改进封闭式核燃料循环运行的水和反应堆。

（3）增强俄罗斯核技术的出口竞争力，进一步发展核电站、核燃料和电力的出口能力。

以下措施将有助于完成核能发展和核燃料循环的任务：

——以俄罗斯联邦境内铀矿床开发为基础开发核能原料基地，以及在国外项目框架内勘探、开发矿藏和增加铀生产；

——支持基于新一代空气离心机技术的核燃料循环技术的发展，提高联合工厂现代化水平，提高燃料制造效益（确保俄罗斯核燃料在国际市场上的竞争力），为新型燃料的生产创造便利条件；

——保持核工程和建筑安装组织的生产能力，确保国内必要的发电机组调试量和增加出口供应量；

——建立若干用于乏燃料和放射性废弃物管理的封闭式核燃料循环企业；

——提高电力工程企业的经济效益，确保其在新兴市场的有效运营；

——核电站机组停运技术的开发。

到第一阶段结束时，已核准建设的核电站发电量将增长 1.1~1.5 个百分点，然后在两种情况下都将恢复到 2015 年的水平。与此同时，到 2035 年，核电站的装机容量将增加 1.3~1.4 倍，同时适当拆除苏联时期建设的电力机组。

3.7 可再生能源

俄罗斯发展可再生能源（不包括水电）取得的成果主要指的是在将太阳辐射转化为电能新技术发展方面取得的成就。

与集中供电系统相比，可再生能源利用的主要问题是其经济竞争力低下。可再生能源在俄罗斯应用的一个有前途的领域是独立和远程能源领域，以及为承担特别社会责任的用户提供冗余的电力供应系统。

综上所述，可再生能源开发的任务是：

（1）投入运行以可再生资源为基础运行的具有经济效益的发电设备；

（2）发展国内可再生能源基础装备和掌握可再生能源领域先进技术，在俄罗斯促进可再生资源主要发电和相关装备的生产。

为了实现既定目标，通过以可再生能源为基础运行的发电设备来完善促进电能生产的机制，并支持俄罗斯联邦各主体使用可再生能源，加大基础设施建设为可再生能源部门吸引投资创造条件，协调电力工业和可再生能源发展领域的工作。

根据对目前运行状况的分析，将决定是否需要采用进一步支持可再生能源的措施。

此外，下列措施将有助于解决在经济性合理的情况下可再生能源发展问题：

——有效调试可再生能源装置与公共网络间的并网，确保各方利益以及对可靠性和其他必要能源供应参数的要求；

——对基于可再生能源的生产进行贷款利率补贴；

——建立实时监测和统计报告系统，以实现可再生能源电力生产和消费目标；

——可再生能源设备标准化和质量控制；

——促进可再生能源发电装备实现本地化生产并对俄罗斯企业进行技术转让；

——加强技术转移领域的国际合作和促进可再生能源发展的经验交流。

因此，到2035年，可再生能源发电厂的电力生产量有可能增加20倍以上（从2015年的2.3亿千瓦时达到29亿~46亿千瓦时）。

4. 国家能源管理领域发展方向与目标

4.1 地下资源利用

俄罗斯是世界上最大的矿产和原材料资源国之一，这是确保俄罗斯经济和能源安全的基础，能够满足俄罗斯经济在碳氢化合物原料、煤炭和铀方面目前和未来的需求。截至 2015 年 1 月 1 日，A+B+C1 的储量达到（石油）183 亿吨和（天然气）50.2 万亿立方米。

到 2035 年，经过地质勘探，石油储量累计增加量超过 13 亿~15 亿吨，而天然气为 25 万~27 万亿立方米。在这种情况下，石油和天然气的深井钻探量可达 2500 万米。

在 2035 年之前的时间段里，石油和天然气储量增长的主要地区仍将是西西伯利亚、勒拿-通古斯、里海沿岸、季曼-伯朝拉和伏尔加-乌拉尔石油天然气产区（陆地上）。

在一定条件下，西西伯利亚有很长一段时间仍然是俄罗斯的主要产油区，因为：

——即使在石油开采密集的地区，资源基础的勘探程度也不超过 80%，这有望发现大量的"新"的石油储备；

——引进先进开采技术，旨在提高正在开发的油田的石油采收率，这使得开采总量将增加 40 多亿吨；

——开采闲置的 21.5 万口低收益（每天少于 5 吨）和高含（超过 95%）油井，从而使每年将额外获得 1200 万吨石油。

特别是东西伯利亚和远东地区的石油储量有可能大幅增加。预测中的油气资源地理分布以及已达到的地质和地球物理研究水平，有必要加快促进黑海和里海的俄罗斯部分、巴伦支海大陆架、卡拉、伯朝拉和鄂霍次克海的油气储量增长。

尽管煤炭工业保障了燃料使用的供应，但仍有必要扩大优质煤储量的生产，主要是为焦化产业提供优质原料。

到 2035 年，天然铀仍将是满足核电厂对裂变材料需求的主要来源。考虑到目前铀矿市场的情况，俄罗斯原子能集团公司近年来一直在扩大国外低成本区的铀开采产矿区的开采项目，将增加（扩大）核燃料循环初级阶段综合产品——低浓缩铀在世界市场的数量（规模）。其国内产量增加的主要方向将是在后贝加尔、库尔干地区和布里亚特共和国发展当前运行的企业，在萨哈共和国（雅库特）建设新的铀矿开采企业，以及为了储备和挖掘铀矿藏而进行地质勘探。

矿产和原材料基地的再生产是燃料动力（能源）综合体发展的共同先决条件，并应为维持石油和铀目前开采水平提供机会，天然气和煤炭产量显著增加。

矿物和原料基地再生产的关键问题是：

——在未分配的矿物储备资源中，碳氢化合物矿藏实际上缺乏大规模勘探，开发储量小但经济效益高的油田；

——地质勘探投资水平低，导致自2008年以来新矿床勘探力度下降；

——国内地质勘探对进口设备、技术和服务依赖度高。

因此，有必要达到在地下利用方面的目标：

（1）为矿产和原料基地可持续、高效和生态上安全再生产创造条件，主要燃料平衡储备年平均增长率（五年期间）与其年平均开采量之比至少为1。

（2）扩大地质勘探及其他工作，发展北极陆架油气潜力，开发难采储备和非传统类型的碳氢化合物原料。

（3）扩展俄罗斯在地下利用方面的独立工程服务市场。

为了解决这些问题，将采取一些措施，包括：

——在相应规定的联邦预算年度预算拨款范围内，加大国家对此行业的支持，并为吸引私人投资地质勘探工作创造条件，主要是在国家参与研究较少且有前景的地区；

——考虑到矿物类型、工作区域、勘探阶段等因素，对地质勘探工作进行经济鼓励；

——简化开发过程管理程序，包括简化地下资源利用审批程序，其中包括立法，旨在促进地下难采储备和资源的开发；

——支持包括中小型公司在内对地质勘探领域的工作；

——制定明确标准和透明程序，排除不符合标准的矿藏；

——制定和落实国家对矿床开采（量）和成本的监测、控制和核算；

——在初始（试点）工作完成后，促进外国承包商对俄罗斯公司的技术和能力转让；

——确保碳氢化合物矿藏开采计划和相应交通基础设施发展计划同步；

——创建一套工具模型来确保地下利用项目完成最终清理工程，回收被利用的土地并消除采矿作业的环境损害及隐患。

4.2 节能和提高能效

根据各项评估，2008~2014年俄罗斯经济能源应用强度下降7.5%~8.5%。2008~2009年的经济危机对这一结果产生了重大影响，特别是2009年，国内生产总值能源应用强度增长了3%。

在降低单位国内生产总值能源应用强度方面的主要贡献是经济结构优化和工业生产增长。迄今为止，在降低能源强度方面，当前的周期性结构调整的潜力已基本消失，技术升级因缺乏投资、公共政策实施效率低下而受到限制，消费者对提高能源应用效率的动力有限。

结果就是国内最重要的工业产品的能源应用强度比世界平均水平高1.2~2倍，而且是国际最佳水平的1.5~4倍。低能效使工业制成品成本中的能源成本高企，因此俄罗斯工业产品的竞争力较低。

在能源消费中，发展节能技术和提高能效是预测燃料动力（能源）综合体发展前景的关键性条件之一。假设由于采取了适当的措施，GDP年均增长率为2%~3%，能源消费平均增长率将为1.4%~1.6%。预计GDP能源强度将减少1.3~1.5倍（或每年3.15亿~5.8亿吨标准煤）；或其2/3（相当于2.5亿~3.9亿吨标准煤）——由于俄罗斯经济的结构性重组以及非能源密集型制造业、建筑业和服务业的增长（到2035年，原材料和能源密集型产业所占份额相应减少3~4个百分点），或其1/3（相当于1亿~1.9亿吨标准煤）。

特别是预计到2035年，由于内燃机（ICE）的优化和汽车行业新材料的使用，交通运输中单位燃料消耗量将下降。在乐观情景下下降15%，在悲观情景下下降13%。由于设备的现代化升级改造，发电站单位燃料消耗量将下降8%~10%。

在这方面，有必要使所有经济部门最大限度地发挥节能潜力和提高能源效率，这使其更接近世界最佳水平。

这一问题的解决与节能和能效领域的国家管理系统的完善息息相关，并且还能促进国有和私有资本对该领域的投资。

为此，俄罗斯应该采用已经使用的（特许权、税收和其他手段等）和其他新的，但在国际实践中得到充分证明的得以实现的方式（大客户直供协议、合同能源管理、基金保障等）。

按照国际惯例，对关税和价格的调控将成为节能和提高能效领域中技术升级活动的融资来源（也要考虑到社会对其增长合理限制方面）。这将要求所有基础设施部门都采用长期激励的管理方法，从战略规划文件形成阶段开始，并在俄罗斯联邦各主体对监管基础设施机构作出具体关税决定之前，考虑必须提高能源供应质量和可靠性，以及能源主体的运作效率。

将采用部分实现节能和提高能效潜力的措施：

——完善法律框架，包括禁止生产和使用能源效率低的技术设备、建筑物和工艺流程；

——对企业采用最优技术的税收和非税收激励措施，用法律法规手段制定使用最佳可行技术参考书和登记册，以及采购相关节能设备；

——使用各级预算资金、预算外资金以及机构发展资金，向能源节约和能源效率领域（包括贷款利率补贴）提供优惠贷款融资；

——为节能和提高能效项目实施提供国家担保贷款；

——制定建筑物、设备和工程（包括运输车辆）的能效标准；

——完善俄罗斯联邦在商品货物采购和服务领域的合同制度立法，为节能领域的项目和购买节能设备创造法律基础条件；

——在大众媒体，包括在高等教育机构及教育大纲中进行节能和提高能效的宣传。

到 2020 年，解决方案实施的效果在其他条件相同的情况下：俄罗斯国内单位 GDP 能耗加速下降。长期来看，我们可以预计俄罗斯单位 GDP 能耗与西欧、美国、日本和中国的指标接近。

节能政策的一个重要结果也将是严重抑制温室气体排放，并减少环境中能源综合体有害气体的排放。

4.3 环境保护和应对气候变化

2008~2015 年，在能源环境保护和应对气候变化领域，我们已经采取了一些举措包括：

——地下资源利用领域采取更加严格的环保要求；

——制定一系列措施来鼓励公司有效使用石油伴生气；

——根据国际规范和标准采取措施，促进环保型汽车燃料的生产和消费；

——在一系列煤炭行业重组措施框架内，开展土地复垦工作，改善生态状况。

2015 年，俄罗斯温室气体排放量水平（不考虑森林吸收效应）为 1990 年 71%，而考虑森林吸收效应（按照"京都议定书"的要求）为 57%。

尽管如此，其中，由于燃料动力综合体发展的惯性，所采取的措施还不足以彻底改变能源公司减少污染物排放的情况。

2016年，俄罗斯联邦签署了"巴黎气候协议"，规定了2020年后温室气体排放量（下降）标准。为了尽量减少俄罗斯燃料动力综合体对执行这项协议可能造成的负面影响，我们需要采取一些额外监管措施来应对气候变化。

在能源行业发展过程中，环境保护和应对气候变化的主要任务是全面抑制增长，减少由于能源资源开采、生产、运输及消耗对环境、气候和人类造成的负面影响。

实现这一任务的措施包括：

—燃料动力综合体行业技改提升符合最佳技术可行性原则；

—建立关于温室气体排放的国家监测和报告体系；

—在技术标准和经济性的情况下，考虑传统财政经济发展要素，同时，也要考虑气候和水文气象条件变化的风险；

—协调俄罗斯和国际环境立法规范；

—降低新生成的废弃物量，促进累积废弃物的有效利用，确保安全处理，实行土地复垦和其他技术措施组织实施，以弥补对环境造成的损害；

—鼓励相关方面的科研和开发有前景的技术解决方案，以减少对环境及生态环境风险的负面影响；

—对温室气体的排放实行国家监管，包括财政和经济手段；

—执行《关于持久性有机污染物的斯德哥尔摩公约》在燃料动力综合体行业的规定，包括清洁或使用含有持久性有机污染物的设备和废物；

—完善法律法规，以法律条文确保工业和环境安全，预防和处置燃料动力综合体工程紧急情况；

—确保环境信息的公开性和可获取性，及时向利益相关方通报事故及其环境影响和清理手段，加强同公共环保组织和环境运动的互动；

—将可持续发展指标纳入公司关键绩效指标体系，加入非财务报告要素，提高可持续发展报告的质量，提高国际社会公司责任标准。

在解决其他问题的过程中，建立有助于解决这一任务的条件，其中包括：

—为能源资源的生产、运输、储存和使用，发展环保、低碳和资源节约型技术；

—解除合理使用伴生石油气的基本基础设施、技术和其他的限制，并尽量减少燃烧量；

——增加以可再生能源为基础的电力和热能产量，并且在解决废核燃料有效处理问题和核不扩散条约情况下，增加核电站产量；

——根据国际规范和标准，增加高标准汽车燃料（包括燃气燃料）的生产，改善环境绩效；

——提高负责能源工业生产和环境安全的人员技能水平。

能源企业加大对节能领域的投资，使企业产生的温室气体排放量增长幅度不超过 1990 年制定战略规划的 70%。

4.4 进口替代与工业的相互关系

俄罗斯能源（工业）对国外技术、设备、材料、软件和服务等方面的依赖已达到"临界点"，并对俄罗斯的能源安全构成威胁。

特别是涉及水力压裂技术，定向钻井技术，钻井和碳氢化合物生产软件，软泵压管，炼油及石油化工催化剂技术，大功率燃气轮机技术，液压挖掘机和大功率采煤机，自动控制系统，数字信息传输系统，以及电力行业的 IT 设备。

除技术独立之外，进口替代通过恢复和发展俄罗斯一些工业领域和国民经济总体系，促进经济加速增长。

鉴于目前形势及其可能出现的状况，在进口替代和跨部门协作方面必须解决下列问题：

（1）基于新的组织管理技术完善进口替代机制，加强跨部门协作，优化部门、区域公司进口替代体制规划。

（2）建立我们自己的科技工业基地，用于研发生产高质量的电力设备，并在关键技术领域提供服务，以保障燃料动力综合体平稳运行和可持续发展。

为解决上述问题，将采取一系列措施，其中包括：

——通过税收和关税刺激使用符合质量和服务要求的国产设备、部件、材料、软件和服务等；

——为重点投资项目提供优惠贷款和其他资助措施；

——建立以国内设备、材料和服务为导向的工程中心广域网；

——支持燃料动力综合体平稳运行和可持续发展所需的现代国外技术本土化；

——组建联合体和创新集群，将公司、教育和科学组织以及现代基础设施的资源结合起来，以刺激俄罗斯或当地供应商在进口替代重要领域的设备制造及技术研发；

——在公私伙伴关系的基础上创建试验区，用以新技术和新工艺样本研制，包括创新高科技方法，以便从传统和难开采储备中寻找和提取碳氢化合物；创办高技能人才培训中心。

进口替代的中期，特别是长期任务是需要开发和推广不逊于国外的新技术、设备、材料、软件和服务。反过来，为此必须确保燃料动力综合体几乎所有领域的创新发展。

由于具有很高的社会意义，国家应该支持国内采矿机械制造业，并加速设备进口替代，从而提高煤炭工业的安全性。

第一阶段，应当解决短期和大部分中期进口替代任务。

进口替代的重要指标是第一阶段结束时，能源公司所购国内产品的份额至少增加到75%，到2035年增至85%~90%，同时满足所购产品的质量和服务要求。

4.5 科技创新活动

发展和提升创新活动至更高质量水平是解决能源部门几乎所有发展任务的关键。

技术创新是燃料动力综合体领域中创新活动最重要的方向之一。这不仅意味着进行科学研究与试验设计工作，还意味着获得许可、技能、创新设备及工艺。

尽管发展机构众多，尽管政府长期努力，但国家尚未建立起完善的科技创新基础设施，以确保俄罗斯有效参与世界研发体系，并取得显著竞争优势。

在科学、工程和创新活动组织方面，全球变化也完全波及到俄罗斯，并且这些变化在科技发展战略中曾被提及。俄罗斯科技创新活动发展过程中所面临的挑战和问题（包括在燃料动力综合体领域）如下：

——全球技术竞争加剧；

——投资研发效率低下；

——企业创新活力不足（只有1/3的企业具有创新活力，而其中超70%的企业倾向购买新设备）；

——早期累积的科技储备耗尽，从而远远落后于世界科技前沿；

——支持实体经济部门创新发展的金融信贷机制不健全；

——创新水平低（缺乏对创新的兴趣，规避与之相关的风险、减少开支等）；

——在创新发展和技术转让方面缺乏核心竞争力；

——俄罗斯在国际创新型平台中代表性不足；缺乏政策协调发展渠道，以推动国内创新进入世界市场。

大部分的研究与开发（R&D）经费支出是由国家承担：联邦预算支出在国内研发支出中的份额超过80%，其次是大型公司（主要是国企）。同时，将研发支出增长率与取得成果（高科技产品出口形式所得）对比可知，现有科技发展机制效率低下。

在全球能源变革发展的情况下，先进技术的重要性将取决于碳氢能源价格与需求量之间的关系。在价格适中且需求增长率低的情况下，为了降低生产成本及运输成本，提高碳氢能源开采和加工技术方面的能力对于俄罗斯来说至关重要。在高风险地区开发非常规石油储备（取决于地质条件的个别重质油油田、Bazhenov油田，以及未来北极大陆架开发项目）。

在实施突破性方案（"能源革命"）的情况下，为了保持俄罗斯燃料动力综合体的竞争力，需要加快开发包括可再生能源、氢能、储能和智能电网在内的一整套先进技术。与此同时，国家重点项目应以这些技术领域为基础。在这些技术领域中，俄罗斯拥有重要的科技储备和大规模引进类似技术的经验。通过与外国企业进行技术转让、推行本土化、加强国内开采等途径获得缺失的技术要素。

为有效应对技术发展所面临的挑战，并克服燃料动力综合体部门在创新活动中积累的问题，必须解决以下任务：

（1）发展燃料动力综合体行业国家创新体系，保证：

——刺激国内创新需求，减少对外国技术的依赖；

——在俄罗斯能源的关键领域彻底实现创新循环；

——优化国家参与技术研发的运营成本。

（2）加强组织网络，推动创新和技术转让，包括加强整合俄罗斯网络与国际网络。

为了解决这些问题，必须采取一系列措施包括：

——落实《关于能源网国家技术倡议》；

加强能源公司同教育机构、研究中心的相互关系，加强国家和实体企业融资，以便实现长期基础科学研究和落实科技发展规划；

——开发国家技术预测系统，确保预测与能源和动力工程发展战略、燃料动力综合体行业及工业发展大纲的相互联系；

——建立和发展国家燃料动力综合体信息系统，确保形成高质量的统计分析及预测报告；

——在燃料动力综合体技术发展优先领域建立研发中心；

——实现创新活动实验基地和信息支持系统的现代化，并对其成果进行版权保护；

——支持技术试验区的发展，旨在研究高科技创新方式，以便从传统和难开采储备中寻找和提取碳氢化合物；

——配合评估国家燃料动力综合体行业科技发展项目、国企创新发展项目、基础研究和应用研究的效益；

——在发展机构、国有公司和企业的参与下，组织开展燃料动力综合体创新技术产业基金活动；

——扩大项目融资的适用范围；

——在创新领域开展风险交易，支持能源研发成果商业化，包括通过风险投资"管道"，在创新循环周期的各个阶段为有前景的项目持续融资提供保障。

在战略实施的第一阶段，加大对俄罗斯能源部门最关键技术领域进口替代的科技支持至关重要（见第4.4节）。其中，主要工艺有：三次采油技术；有效开发最具吸引力的难采碳氢化合物储备技术；石化；燃气发动机燃料；核电工程；在住房和社区服务、基础设施以及工业方面的能效。

第二阶段，在世界科技和能源发展的任何情况下，俄罗斯能源部门在以下技术领域将是最有希望的（更多详情见燃料动力综合体科技发展预测）：

——地质研究和地质模型构建系统；

——烃原料深度降解及降解物精炼；

——对山（煤）区进行地理信息监控和管理；

——天然气燃料电池热电联产；

——国产大功率燃气涡轮机组和最高效燃气蒸汽机组；

——快中子反应堆；

——快热中子反应堆核燃料封闭式循环工艺；

——风能和太阳能发电设备；

——电力储存器网络。

到2035年，要实现的目标是在货物运输总量、工作总量、服务总量方面，技术创新费用支出水平不低于3%（最初低于2%），并大幅提升这些成本效益。

4.6 社会发展与人力资本

没有燃料动力综合体行业人力资本的快速发展及其有效利用，就无法保证能源部门的长期稳定发展。

必须建立相关体制机制，以便有效抑制劳动力市场人口状况普遍恶化、员工高流动率、高素质专业人才紧缺，解决中等职业教育问题，促进人口（包括专业型的和学术型的）流动，消除教育中心与生产地之间的地区差距，提高教育管理的有效性。

全球和俄罗斯公司优秀的人才培养实践机制应得到普遍推广。将人才资源和人力资本作为资产对待，这应该成为俄罗斯公司在燃料动力综合体所有部门的企业文化标准。还应该将俄罗斯高等教育机构纳入世界最佳能源大学之列。

为确保燃料动力综合体人力资本的开发和有效利用，必须解决以下任务：

燃料动力综合体公司制定和实施人力资本管理长期战略，从而确保燃料动力综合体公司对人力资本进行有效投资，并创造具有吸引力的高绩效工作岗位。

建立追踪和主导行业趋势的职业教育体系，培养专家和技工，以保证系统开发和创新引入，以及在燃料动力综合体行业开发突破性技术。

基于生产、科研、教育一体化，制定并推行国家和企业学习、培训、再培训及高级培训的新形式和方案，包括建立燃料动力综合体行业能力中心。

为了解决既定任务，必须采取以下措施：

政府管理层面：

—考虑到燃料动力综合体行业的技术发展前景，应制定和推行专业标准，还要更新燃料动力综合体行业的职业资格分类制度，并经由行业委员会参与专业资格认证；

—建立燃料动力综合体行业就业预测系统，按职业和地区定期分析劳动力市场；

—制定关于燃料和能源综合体领域的高等教育机构和中等职业教育机构录取控制（人）数的提案。

公司层面：

—建立"校—校—企"人员发展模式，在这一框架内公司将制定投资教育计划、专业标准，并根据人员需求，为教育机构配备现代化设备和实验室基地；

——通过创建具有竞争力的社会方案，普及工程/蓝领职业教育，优化雇主与雇员之间的社会伙伴关系，以及在燃料动力综合体企业中引入企业社会责任国际惯例，来提高燃料动力综合体企业工作的吸引力；

——定期修订公司现行标准和规定，确定燃料动力综合体企业员工标准人数，同时考虑到引进新技术、专业结合的可能性、维护设备安全；

——根据全球企业惯例，组织专业教育机构的员工进行再培训和高级培训；

——为燃料动力综合体企业提供安全的工作条件，降低事故伤害，缩减从事危险、有害工作的能源工作者的比例。

教育机构层面：

——引进和完善现代教育机构组织模式，包括科教和生产集群模式，教育机构（联合）网络互动模式；

——引进现代教学方法，包括网络远程教育、双元制教育；

——实行工程教育改革倡议，旨在强化学生的专业实践和技术理论，以及培养创造和运用新技术新工艺的能力；

——在考虑到市场需求的情况下，实施教育计划，特别是让工业企业参与教育计划的制订，并纳入关于跨学科互动、团队合作和项目管理技能发展的培训课程；

——在能源公司、俄罗斯科学院、工业研究所、研究中心和能力中心建立教学人员见习制；

——通过国际大学认证。

人力资本的有效利用应得到相应的社会机构的支持，包括国家和企业，保证：

——在不断更新换代的基础上积累技术经验，延续科研系统能力；

——根据该部门雇主与职工工会间协议所规定的社会标准，为燃料动力综合体企业员工提供应享受的社会福利、保障和补偿；

——完善俄罗斯主要煤炭和油气产区的社会基础设施，以便于其开发活跃期结束后重新安排活动；

——建立和确保综合系统的有效运作，以预防燃料动力综合体企业中的疾病和工伤（事故），恢复员工健康；

——开展专门的员工休闲娱乐康复计划，以轮流方式进行。

4.7 区域政策

由于俄罗斯在自然、气候以及社会经济条件上存在差异，因此，其能源政策必须考虑到各地区的具体情况，必须协调解决生产力合理分配和保障国家能源安全的战略性国家任务。

目前，俄罗斯区域能源发展形势呈现出明显的不平衡状态。

一方面，俄罗斯欧洲部分中心地区的经济增长和能源消费日益集中，其份额已经超过国内生产总值的 70% 和全国能源消费的 60%。

另一方面，能源资源的开采和生产向北部和东部地区偏移，其份额增长超过 80%。

结果，俄罗斯燃料动力综合体的主要问题之一是远距离陆路燃料运输量空前增长。因此，有必要在能源生产中心附近鼓励设立能源密集型产业，这至少会减缓从俄罗斯亚洲部分到欧洲部分的燃料运输量的增长。

在分布式发电超前发展、当地燃料及可再生能源高效利用和智能网络有效应用的情况下，随着联邦区能源供应可靠性水平的提升，区域能源综合开发也非常重要。

优先确保克里米亚共和国、塞瓦斯托波尔及加里宁格勒州的能源安全，发展能源基础设施建设，以确保远东联邦区、北高加索联邦区的社会经济发展以及北极的开发。其中，远东地区能源供应项目将得以实施。以下措施将有助于解决能源部门的发展问题：

——加强俄罗斯欧洲部分能源节约和提高能源经济效率，其中包括通过价格调节政策实现；

——有效实施东西伯利亚、远东和亚马尔半岛的国家和企业投资项目和计划，开发北极资源；

——下令制定和监督区域能源供应规划的实施，提高能源效率，保持联邦内彼此之间立法的一致性；

——改进国家对区域能源价格和税率的调节方式及标准，尤其是远东地区由于巨大的债务负担，能源开发变得复杂化；

——制订供热系统现代化综合区域方案，旨在为供热部门吸引投资创造条件，实现现代化并减少对工业企业的补贴，优化该地区的燃料动力平衡，包括以锅炉房能源替代方式，同时考虑到其目前和预期的市场价值，以及交付条件和限制；

——减少并随后取消能源交叉补贴；

——刺激能源供应系统的长期投资，包括项目贷款（包括优惠贷款）和利用公私合作机制；

——解除电力流动系统间的网络限制；

——加强北方运输执行监督力度，并对薄弱地区的燃料储备、电力加强监控；

将远东某些地区的电费降至平均水平，以及确保低电价吸引投资的可能性，这对该地区的社会经济发展起着重要作用。

西伯利亚和远东地区水力发电厂电能产量的增长将取决于其技术和经济指标以及对煤炭火力发电厂的竞争力，同时要考虑到生态对环境的影响和负荷承载能力。基于建设发电厂及开采加工工业等高耗能设备，实现发展竞争性的区域能源产业集群，从而将电力项目向综合发展项目过渡。

能源产业集群的创建将促进以下产业发展方向：

——促进形成区域发展组织方案；

——与有意向实施集群开发项目的公司建立战略联盟；

——与潜在用户直接签订长期合同，从而确保发电装备的投资回报，并促进该地区工业正向增长。

燃料动力、水利和能源工业综合体的建设，以及能源出口基础设施的进一步发展将促进俄罗斯东部地区的发展。

预计东西伯利亚和远东地区所有燃料的开采（量）和加工（量）将增加2/3，发展生产可运输式能源密集型产品、相应的交通基础设施和社会基础设施。

根据预测，这将使俄罗斯出口至亚太地区市场的能源产品增加3倍以上，且能源出口呈现多样化，推动区域发展油气化和促进各种高附加值产品的生产。

在"东方天然气计划"和其他大型项目范围内，将建设独立的综合体，用于提取加工多组分（含氦）气体，建设现代化天然气和石油化工厂，组织液化天然气出口，发展油气管道、铁路、电力等社会基础设施。

在开采煤、铀等其他金属和非金属矿床的同时，开发东西伯利亚、远东地区的油气潜力，促进森林资源的利用和水电的发展，这将保证西伯利亚和远东联邦区社会经济超前发展。

在乌拉尔联邦区、俄罗斯欧洲部分的其他地区和西西伯利亚，现有油气区将继续增加天然气产量，但影响石油产量减少的因素仍将存在。为此，要完成既定任务，需要进一步勘探储备，提高采收率，主要开发多组分气田和难开采的石油资源。

为此必须向新技术平台过渡,开发难采储备、小型矿床、低产高含水井,建设天然气加工工厂,加强必要的交通和社会基础设施建设,发展油气化相关工业和生产合成材料。向新技术平台过渡将导致西西伯利亚石油区产量下降,在2025~2035年(至少到2035年)将保持稳定和增长趋势。

为完成重大出口项目,必须实现现代化提高石油、石油产品和天然气管道吞吐能力,完善"统一供气系统",开发俄罗斯东部天然气运输系统,增加地下储气库容量和提高其生产能力,以便在该区域创造足够的天然气储备。

关于北部地区的区域政策是基于这样一个事实,即开发北极海域和北部地区大陆架的碳氢化合物潜力——俄罗斯油气综合体最重要的地缘政治和技术挑战。这项任务很有前景,其解决方案旨在确保2035年俄罗斯碳氢化合物产量充足(弥补其传统油气田开采量的下降),还要刺激生产能力和装备工业发展,以创造用于勘探和生产非常规油气的设备和技术。

有必要掌握新技术生产,以便在极端条件下提取和运输碳氢化合物:水上水下设备(用于在重冰条件下开采大陆架矿藏),液化天然气船,专门用于装运液化天然气的终端设备及其他。在俄罗斯北部地区应建立相应的交通、能源和社会基础设施。

4.8 国际关系

俄罗斯对外能源政策旨在维护和加强自己全球能源市场领导者之一的地位,降低风险提高俄罗斯燃料动力综合体公司对外经济活动效率。

在现有和可能存在的外部挑战下,为实现战略目标有必要在国际关系领域完成以下目标:

(1)推进俄罗斯能源出口方向多元化,改善能源商品结构,从而提高竞争力和巩固俄罗斯公司在海外市场地位。包括为国内能源服务公司(以及俄罗斯法人的合资公司)在外国能源市场(包括终端能源消费市场)的活动提供非歧视、优惠待遇。

(2)完善全球能源市场主要参与国的对外能源政策协调机制,为其提供可预测的条件以确保市场稳定运行,其中这些条件符合俄罗斯利益。

(3)建立欧亚经济联盟共同能源(石油、石油产品、天然气和电能)市场,遵循能源监管的一般原则,保证能源运输、能源服务和技术的自由流动,以及对能源项目的投资。

为此将采取一系列措施来达成上述目标,包括:

——同欧亚经济联盟、独联体、欧盟、上海合作组织、金砖国家、东南亚国家联盟、东亚经济共同体、"亚太经合组织"论坛及联合国亚洲及太平洋经济社会委员会（亚太经社会）的参与国扩大能源合作；还与黑海、里海和北极地区、北美和拉丁美洲国家以及其他国际多边组织扩大能源合作；

——与欧盟就长期能源合作开展建设性对话，维护共同利益；

——加强能源对话，并与俄罗斯能源亚洲消费者建立平衡互利的关系体系；

——积极参与能源问题国际谈判，确保能源出口国、进口国和过境国在国际法以及国际组织活动中的利益平衡原则；

——与石油输出国组织、天然气输出国家论坛等成员开展协调活动，以加强世界油气市场的稳定性和可预测性；

——基于能源结构相似和共同解决问题的前提下，促进与金砖国家和石油输出国组织的技术合作；

——完善国家对燃料动力资源外部市场变化的监控机制；

——为出口多元化创造有利条件；

——支持俄罗斯公司收购海外能源生产、加工和销售方面的资产，保护投资者利益；

——支持俄罗斯企业参与国际能源领域的基础设施项目；

——积极参与有关未来能源技术发展的国际项目；

——可替代或竞争性燃料出口协调政策；

——在世界贸易平台，首先是在亚洲，推广俄罗斯优质石油；

——积极参与确保环境安全和应对地球气候变化领域的国际合作；

——通过必要的国际法律形式确保俄罗斯联邦北冰洋大陆架的外部边界利益；

——加强北极地区的国际合作，旨在维护该地区海上油气资源的经济利益及其生态安全开发；

——开发北极航线，以便将北极生产的能源资源输送至国际市场。

这些措施将有助于保持俄罗斯在能源国际贸易中的主导作用，并加强能源安全。

5. 实施机制

在燃料动力综合体行业发展方向和任务以及国家能源管理领域的章节

中，列出措施清单有助于解决任务分配和实现能源部门发展战略目标。这些清单并非详尽无遗，并且在与企业合作中将根据需要进行改进和补充。因此，将创造平衡的体制、价格和税收条件，在国内和国外充足投资基础上确保能源部门的可持续发展。

该战略实施的主要机制包括：

（1）监管国内能源市场运作，确保：

—完善反垄断管理监督机制；

—开展能源交易；

—为所有市场参与者获得能源基础设施（管道、电力和热力网络）提供平等的条件，在充分竞争的基础上确保可参与者的利益和确保社会责任；

—在欧亚经济联盟框架内，整合国内外能源市场，以增强生产者的竞争力和提高能源供应的灵活性；

—建立电力批发和零售市场运作模式，对市场主体之间的关系进行有效监管。

（2）能源价格和关税调节机制：

—在最接近经济合理长期增长时制定规则（以通胀指数为导向），提高天然气行业和电力行业国家调控价格和关税的上限；

—为国内能源市场创造竞争条件；

—以交易所交易结果作为竞争主体的价格指标，提高国内市场的透明度；

—根据场外交易信息创建俄罗斯主要燃料价格指数，以提高能源部门的定价透明度；

—完善电力、热力电价管理机制，通过配电网计算能源输送服务价格，考虑到其投资回报率，对电网公司活动的结果进行比较分析；

—根据"锅炉替代"原则，在供热领域引入热能转移服务的"参考费率"机制，完善定价机制；

—开展衍生品合约交易（期货、期权、掉期等）以对冲国内公司和交易商的价格风险，并吸引对俄罗斯市场的投资。

（3）税收机制：

—建立稳定和可预测的税收机制；

—合理平衡国家与企业之间的收入（确定最优税负），以及各种活动（优化国内能源市场监管参数和投资条件）；

—吸引投资开采难采储备，开发小型、枯竭和低产油气田以及新开采区；

——鼓励地质勘探。

（4）《俄罗斯联邦国家大纲》和《俄罗斯联邦国家主体规划》保证：

——集中联邦预算财力和物力，俄罗斯联邦主体、国家预算外基金和法律实体的综合预算，实现国家政策在社会经济发展中的引导优先方向和目标，确保俄罗斯联邦国家安全；

——根据既定发展指标实现情况，为国家活动提供资金；

——有效监测相关措施的执行和达到国家大纲目标（指标）。

（5）国有公司治理，包括在国有企业和股份公司长期发展计划协调机制的基础上，其授权资本中俄罗斯联邦所拥有的份额总计超过50%，同时考虑到《战略》和其他部门战略规划文件的目标和任务。

（6）基于联邦和地区发展机构确保有效的公私伙伴关系，加强创新和投资引导机制。

实施该战略的先决条件是确保投资行为足以达到既定目标。

燃料动力综合体、可再生能源、区域供热、自主能源和节能的发展需要能源部门年均投资增长15%~25%。

电力行业在燃料动力综合体行业的总投资份额将从22%降至13%~14%。

在全球资本市场筹集资金限制扩大的条件下，俄罗斯公司融资的主要来源将是自有资金（利润、企业增值和目标金融储备），借款资金-贷款（主要是俄罗斯金融机构）和股票发行基金。

作为法律规定情形（进口替代，反制裁危机措施，远东地区的优先发展等）中的国家支持措施，有可能：

——联邦预算补贴给俄罗斯机构，以补偿与能源基础设施互联成本（建设能源基础设施）；

——偿还俄罗斯信贷机构和国家公司"外经贸银行"贷款的部分利息成本；

——提供国家担保。

燃料动力综合体发展的额外资金来源仍将是国际资本市场和外国贷款投资。

为了吸引投资，还将采取其他专门措施，诸如签订投资合同，进行科研实验资助，以及制定联邦法律法规等。

为了确保《战略》第一阶段的实施，制订了行动计划（"路线图"），其中包括具体行动规划、时间和预期结果。

6. 预期结果

《战略》实施的主要结果将是国家能源部门向更高质量的发展水平转变，最大限度地促进俄罗斯联邦经济社会的发展，并确保有效利用燃料动力（能源）综合体的自然资源、生产和财政经济潜力。

《战略》实施的主要预期成果是：

（1）稳定、可靠和有效地满足日益提高的国内能源需求，由于一次能源生产增加25%，国内一次能源消费预计增长13%~16%，并且获得高附加值产品的燃料加工行业得到进一步发展。

（2）经济活动中的能源使用强度下降1.3~1.5倍，国内生产总值能源强度减少10%~30%。尤其是电力和天然气部门对发电和能源消耗的燃料消耗比例下降。

（3）在未来20年内，俄罗斯在生产和销售能源产品方面保持全球前三名的领先地位，出口政策的灵活性显著提高—出口多元化—地理区域（亚太国家在燃料和能源出口总量中的份额提高到30%~40%）和产品（包括液化气在内的天然气在燃料能源资源总出口中的份额达到27%~29%）；能源出口量增幅超过20%，其中亚太地区国家增加2~3倍。

（4）石油工业，稳定的石油开采（包括凝析油），可以确保现有炼油能力和执行已签订的出口合同。并有可能在世界和国内市场有利的情况下，提高石油炼化能力，提高提取率，开发难采石油资源，扩大陆架上石油开采；到2035年原油出口增加3%~25%，向亚太国家原油出口增长70%~130%。

（5）炼油，通过采用先进技术提高炼油厂的效率，确保炼油深度从74.1%增加到90.5%~91.5%，同时生产高度环保的汽车燃料，轻质油产品的产量从58.6%增加到70%~79%，到2020年，石油加工量减少到2.5亿~2.55亿吨，到2035年，达到2.25亿~2.35亿吨。

（6）在天然气行业，天然气开采量增长达到40%，在鄂毕-塔兹湾地区天然气产量增加1.5倍以上，在亚马尔半岛、东西伯利亚和远东地区及其海域内建立新的开采中心；天然气出口增长1.2~1.8倍，同时确保其地理（向亚太地区增加天然气供应）和产品（液化天然气产量增加3~8倍）的出口多样化。

（7）形成六个石油和天然气化工产业集群：西北、伏尔加、西伯利亚、里海、东西伯利亚和远东，提供天然气深加工和生产高附加值的高端产品。

（8）煤炭行业，在萨哈共和国（雅库特）、图瓦共和国，后贝加尔和东西伯利亚及远东地区，建立新的煤炭开采中心，创造有利条件煤促进炭出口增长1.5倍，主要是向亚太国家以及邻国出口。

（9）电力行业，主要消费领域的电气化加速，电能消耗增加30%~35%；加大行业投资，包括通过引入新设备（在联产模式下，保留生产电能和热能的优先权），淘汰经济效率低下、理论上和实际上过时的电力设备。在核电工业和核燃料循环中，装机容量增长30%，相应地拆除苏联时期建造的电力机组。

（10）以可再生能源为基础的电厂发电量增长超过13~20倍。

（11）到第一阶段结束时，国内装备在燃料动力综合体公司采购中的份额增加到60%或更多，到2035年到达85%以上。

（12）燃料动力综合体的国内设备、材料和建筑工程年度订单数量增加75%（按照2011~2014年平均年产量）。

（13）在克服短期经济衰退后，能源部门的年均投资增长将为15%~25%。

贾渊培　贾汇丽编译

能源发展"十三五"规划

2016年12月

目 录

前言 ··· 193
第一章 发展基础与形势 ·· 194
　一、发展基础 ·· 194
　二、发展趋势 ·· 196
　三、主要问题和挑战 ··· 197
第二章 指导方针和目标 ·· 199
　一、指导思想 ·· 199
　二、基本原则 ·· 199
　三、政策取向 ·· 200
　四、主要目标 ·· 201
第三章 主要任务 ··· 203
　一、高效智能，着力优化能源系统 ·································· 203
　二、节约低碳，推动能源消费革命 ·································· 205
　三、多元发展，推动能源供给革命 ·································· 207
　四、创新驱动，推动能源技术革命 ·································· 214
　五、公平效能，推动能源体制革命 ·································· 216
　六、互利共赢，加强能源国际合作 ·································· 218
　七、惠民利民，实现能源共享发展 ·································· 218
第四章 保障措施 ··· 220
　一、健全能源法律法规体系 ··· 220
　二、完善能源财税投资政策 ··· 220
　三、强化能源规划实施机制 ··· 221

前 言

　　能源是人类社会生存发展的重要物质基础,攸关国计民生和国家战略竞争力。当前,世界能源格局深刻调整,供求关系总体缓和,应对气候变化进入新阶段,新一轮能源革命蓬勃兴起。我国经济发展步入新常态,能源消费增速趋缓,发展质量和效率问题突出,供给侧结构性改革刻不容缓,能源转型变革任重道远。"十三五"时期是全面建成小康社会的决胜阶段,也是推动能源革命的蓄力加速期,牢固树立和贯彻落实创新、协调、绿色、开放、共享的发展理念,遵循能源发展"四个革命、一个合作"战略思想,深入推进能源革命,着力推动能源生产利用方式变革,建设清洁低碳、安全高效的现代能源体系,是能源发展改革的重大历史使命。本规划根据《中华人民共和国国民经济和社会发展第十三个五年规划纲要》(以下简称"十三五"规划纲要)编制,主要阐明我国能源发展的指导思想、基本原则、发展目标、重点任务和政策措施,是"十三五"时期我国能源发展的总体蓝图和行动纲领。

第一章 发展基础与形势

一、发展基础

"十二五"时期我国能源较快发展,供给保障能力不断增强,发展质量逐步提高,创新能力迈上新台阶,新技术、新产业、新业态和新模式开始涌现,能源发展站到转型变革的新起点。

能源供给保障有力。能源生产总量、电力装机规模和发电量稳居世界第一,长期以来的保供压力基本缓解。大型煤炭基地建设取得积极成效,建成一批安全高效大型现代化煤矿。油气储采比稳中有升,能源储运能力显著增强,油气主干管道里程从 7.3 万公里增长到 11.2 万公里,220 千伏及以上输电线路长度突破 60 万公里,西电东送能力达到 1.4 亿千瓦,资源跨区优化配置能力大幅提升。

结构调整步伐加快。非化石能源和天然气消费比重分别提高 2.6 个和 1.9 个百分点,煤炭消费比重下降 5.2 个百分点,清洁化步伐不断加快。水电、风电、光伏发电装机规模和核电在建规模均居世界第一。非化石能源发电装机比例达到 35%,新增非化石能源发电装机规模占世界的 40% 左右。

节能减排成效显著。单位国内生产总值能耗下降 18.4%,二氧化碳排放强度下降 20% 以上,超额完成规划目标。大气污染防治行动计划逐步落实,重点输电通道全面开工,成品油质量升级行动深入实施,东部 11 个省(市)提前供应国五标准车用汽柴油,散煤治理步伐加快,煤炭清洁高效利用水平稳步提升。推动现役煤电机组全面实现脱硫,脱硝机组比例达到 92%,单位千瓦时供电煤耗下降 18 克标准煤,煤电机组超低排放和节能改造工程全面启动。

科技创新迈上新台阶。千万吨煤炭综采、智能无人采煤工作面、三次采油和复杂区块油气开发、单机 80 万千瓦水轮机组、百万千瓦超超临界燃煤机组、特高压输电等技术装备保持世界领先水平。自主创新取得重大进展,三代核电"华龙一号"、四代安全特征高温气冷堆示范工程开工建设,深水油气钻探、页岩气开采取得突破,海上风电、低风速风电进入商业化运营,大规模储能、石墨烯材料等关键技术正在孕育突破,能源发展进入创新驱动的新阶段。

体制改革稳步推进。大幅取消和下放行政审批事项，行政审批制度改革成效明显。电力体制改革不断深化，电力市场建设、交易机构组建、发用电计划放开、售电侧和输配电价改革加快实施。油气体制改革稳步推进。电煤价格双轨制取消，煤炭资源税改革取得突破性进展，能源投资进一步向民间资本开放。

国际合作不断深化。"一带一路"能源合作全面展开，中巴经济走廊能源合作深入推进。西北、东北、西南及海上四大油气进口通道不断完善。电力、油气、可再生能源和煤炭等领域技术、装备和服务合作成效显著，核电国际合作迈开新步伐。双多边能源交流广泛开展，我国对国际能源事务的影响力逐步增强。

专栏1 "十二五"时期能源发展主要成就

指标	单位	2010年	2015年	年均增长
一次能源生产量	亿吨标准煤	31.2	36.2	3%
其中：煤炭	亿吨	34.3	37.5	1.8%
原油	亿吨	2	2.15	1.1%
天然气	亿立方米	957.9	1346	7.0%
非化石能源	亿吨标准煤	3.2	5.2	10.2%
电力装机规模	亿千瓦	9.7	15.3	9.5%
其中：水电	亿千瓦	2.2	3.2	8.1%
煤电	亿千瓦	6.6	9.0	6.4%
气电	万千瓦	2642	6603	20.1%
核电	万千瓦	1082	2717	20.2%
风电	万千瓦	2958	13075	34.6%
太阳能发电	万千瓦	26	4318	177%
能源消费总量	亿吨标准煤	36.1	43	3.6%
能源消费结构 其中：煤炭	%	69.2	64	〔-5.2〕
石油	%	17.4	18.1	〔0.7〕
天然气	%	4	5.9	〔1.9〕
非化石能源	%	9.4	12	〔2.6〕

注：〔 〕内为五年累计值。

二、发展趋势

从国际看,"十三五"时期世界经济将在深度调整中曲折复苏,国际能源格局发生重大调整,围绕能源市场和创新变革的国际竞争仍然激烈,主要呈现以下五个趋势。

能源供需宽松化。美国页岩油气革命,推动全球油气储量、产量大幅增加。液化天然气技术进一步成熟,全球天然气贸易规模持续增长,并从区域化走向全球化。非化石能源快速发展,成为能源供应新的增长极。世界主要发达经济体和新兴经济体潜在增长率下降,能源需求增速明显放缓,全球能源供应能力充足。

能源格局多极化。世界能源消费重心加速东移,发达国家能源消费基本趋于稳定,发展中国家能源消费继续保持较快增长,亚太地区成为推动世界能源消费增长的主要力量。美洲油气产能持续增长,成为国际油气新增产量的主要供应地区,西亚地区油气供应一极独大的优势弱化,逐步形成西亚、中亚—俄罗斯、非洲、美洲多极发展新格局。

能源结构低碳化。世界能源低碳化进程进一步加快,天然气和非化石能源成为世界能源发展的主要方向。经济合作与发展组织成员国天然气消费比重已经超过30%,2030年天然气有望成为第一大能源品种。欧盟可再生能源消费比重已经达到15%,预计2030年将超过27%。日本福岛核事故影响了世界核电发展进程,但在确保安全的前提下,主要核电大国和一些新兴国家仍将核电作为低碳能源发展的方向。

能源系统智能化。能源科技创新加速推进,新一轮能源技术变革方兴未艾,以智能化为特征的能源生产消费新模式开始涌现。智能电网加快发展,分布式智能供能系统在工业园区、城镇社区、公用建筑和私人住宅开始应用,新能源汽车产业化进程加快,越来越多的用能主体参与能源生产和市场交易,智慧能源新业态初现雏形。

国际竞争复杂化。能源国际竞争焦点从传统的资源掌控权、战略通道控制权向定价权、货币结算权、转型变革主导权扩展。能源生产消费国利益分化调整,传统与新兴能源生产国之间角力加剧,全球能源治理体系加速重构。

从国内看,"十三五"时期是我国经济社会发展非常重要的时期。能源发展将呈现以下五个趋势。

能源消费增速明显回落。未来五年，钢铁、有色、建材等主要耗能产品需求预计将达到峰值，能源消费将稳中有降。在经济增速趋缓、结构转型升级加快等因素共同作用下，能源消费增速预计将从"十五"以来的年均9%下降到2.5%左右。

能源结构双重更替加快。"十三五"时期是我国实现非化石能源消费比重达到15%目标的决胜期，也是为2030年前后碳排放达到峰值奠定基础的关键期。煤炭消费比重将进一步降低，非化石能源和天然气消费比重将显著提高，我国主体能源由油气替代煤炭、非化石能源替代化石能源的双重更替进程将加快推进。

能源发展动力加快转换。能源发展正在由主要依靠资源投入向创新驱动转变，科技、体制和发展模式创新将进一步推动能源清洁化、智能化发展，培育形成新产业和新业态。能源消费增长的主要来源逐步由传统高耗能产业转向第三产业和居民生活用能，现代制造业、大数据中心、新能源汽车等将成为新的用能增长点。

能源供需形态深刻变化。随着智能电网、分布式能源、低风速风电、太阳能新材料等技术的突破和商业化应用，能源供需方式和系统形态正在发生深刻变化。"因地制宜、就地取材"的分布式供能系统将越来越多地满足新增用能需求，风能、太阳能、生物质能和地热能在新城镇、新农村能源供应体系中的作用将更加凸显。

能源国际合作迈向更高水平。"一带一路"建设和国际产能合作的深入实施，推动能源领域更大范围、更高水平和更深层次的开放交融，有利于全方面加强能源国际合作，形成开放条件下的能源安全新格局。

三、主要问题和挑战

"十三五"时期，我国能源消费增长换挡减速，保供压力明显缓解，供需相对宽松，能源发展进入新阶段。在供求关系缓和的同时，结构性、体制机制性等深层次矛盾进一步凸显，成为制约能源可持续发展的重要因素。面向未来，我国能源发展既面临厚植发展优势、调整优化结构、加快转型升级的战略机遇期，也面临诸多矛盾交织、风险隐患增多的严峻挑战。

传统能源产能结构性过剩问题突出。煤炭产能过剩，供求关系严重失衡。煤电机组平均利用小时数明显偏低，并呈现进一步下降趋势，导致设备利用效率低下、能耗和污染物排放水平大幅增加。原油一次加工能力过剩，产能利用率不到70%，但高品质清洁油品生产能力不足。

可再生能源发展面临多重瓶颈。可再生能源全额保障性收购政策尚未得到有效落实。电力系统调峰能力不足，调度运行和调峰成本补偿机制不健全，难以适应可再生能源大规模并网消纳的要求，部分地区弃风、弃水、弃光问题严重。鼓励风电和光伏发电依靠技术进步降低成本、加快分布式发展的机制尚未建立，可再生能源发展模式多样化受到制约。

天然气消费市场亟须开拓。天然气消费水平明显偏低与供应能力阶段性富余问题并存，需要尽快拓展新的消费市场。基础设施不完善，管网密度低，储气调峰设施严重不足，输配成本偏高，扩大天然气消费面临诸多障碍。市场机制不健全，国际市场低价天然气难以适时进口，天然气价格水平总体偏高，随着煤炭、石油价格下行，气价竞争力进一步削弱，天然气消费市场拓展受到制约。

能源清洁替代任务艰巨。部分地区能源生产消费的环境承载能力接近上限，大气污染形势严峻。煤炭占终端能源消费比重高达20%以上，高出世界平均水平10个百分点。"以气代煤"和"以电代煤"等清洁替代成本高，洁净型煤推广困难，大量煤炭在小锅炉、小窑炉及家庭生活等领域散烧使用，污染物排放严重。高品质清洁油品利用率较低，交通用油等亟需改造升级。

能源系统整体效率较低。电力、热力、燃气等不同供能系统集成互补、梯级利用程度不高。电力、天然气峰谷差逐渐增大，系统调峰能力严重不足，需求侧响应机制尚未充分建立，供应能力大都按照满足最大负荷需要设计，造成系统设备利用率持续下降。风电和太阳能发电主要集中在西北部地区，长距离大规模外送需配套大量煤电用以调峰，输送清洁能源比例偏低，系统利用效率不高。

跨省区能源资源配置矛盾凸显。能源资源富集地区大都仍延续大开发、多外送的发展惯性，而主要能源消费地区需求增长放缓，市场空间萎缩，更加注重能源获取的经济性与可控性，对接受区外能源的积极性普遍降低。能源送受地区之间利益矛盾日益加剧，清洁能源在全国范围内优化配置受阻，部分跨省区能源输送通道面临低效运行甚至闲置的风险。

适应能源转型变革的体制机制有待完善。能源价格、税收、财政、环保等政策衔接协调不够，能源市场体系建设滞后，市场配置资源的作用没有得到充分发挥。价格制度不完善，天然气、电力调峰成本补偿及相应价格机制较为缺乏，科学灵活的价格调节机制尚未完全形成，不能适应能源革命的新要求。

第二章　指导方针和目标

一、指导思想

全面贯彻党的十八大和十八届三中、四中、五中、六中全会精神，更加紧密地团结在以习近平同志为核心的党中央周围，认真落实党中央、国务院决策部署，紧紧围绕统筹推进"五位一体"总体布局和协调推进"四个全面"战略布局，牢固树立和贯彻落实创新、协调、绿色、开放、共享的发展理念，主动适应、把握和引领经济发展新常态，遵循能源发展"四个革命、一个合作"的战略思想，顺应世界能源发展大势，坚持以推进供给侧结构性改革为主线，以满足经济社会发展和民生需求为立足点，以提高能源发展质量和效益为中心，着力优化能源系统，着力补齐资源环境约束、质量效益不高、基础设施薄弱、关键技术缺乏等短板，着力培育能源领域新技术新产业新业态新模式，着力提升能源普遍服务水平，全面推进能源生产和消费革命，努力构建清洁低碳、安全高效的现代能源体系，为全面建成小康社会提供坚实的能源保障。

二、基本原则

——革命引领，创新发展。把能源革命作为能源发展的核心任务，把创新作为引领能源发展的第一动力。加快技术创新、体制机制创新、商业模式创新，充分发挥市场配置资源的决定性作用，增强发展活力，促进能源持续健康发展。

——效能为本，协调发展。坚持节约资源的基本国策，把节能贯穿于经济社会发展全过程，推行国际先进能效标准和节能制度，推动形成全社会节能型生产方式和消费模式。以智能高效为目标，加强能源系统统筹协调和集成优化，推动各类能源协同协调发展，大幅提升系统效率。

——清洁低碳，绿色发展。把发展清洁低碳能源作为调整能源结构的主攻方向，坚持发展非化石能源与清洁高效利用化石能源并举。逐步降低煤炭消费比重，提高天然气和非化石能源消费比重，大幅降低二氧化碳排放强度和污染物排放水平，优化能源生产布局和结构，促进生态文明建设。

——立足国内，开放发展。加强能源资源勘探开发，增强能源储备应急能力，构建多轮驱动的能源供应体系，保持能源充足稳定供应。积极实施"一带一路"战略，深化能源国际产能和装备制造合作，推进能源基础设施互联互通，提升能源贸易质量，积极参与全球能源治理。

——以人为本，共享发展。按照全面建成小康社会的要求，加强能源基础设施和公共服务能力建设，提升产业支撑能力，提高能源普遍服务水平，切实保障和改善民生。坚持能源发展和脱贫攻坚有机结合，推进能源扶贫工程，重大能源工程优先支持革命老区、民族地区、边疆地区和集中连片贫困地区。

——筑牢底线，安全发展。树立底线思维，增强危机意识，坚持国家总体安全观，牢牢把握能源安全主动权。增强国内油气供给保障能力，推进重点领域石油减量替代，加快发展石油替代产业，加强煤制油气等战略技术储备，统筹利用"两个市场，两种资源"，构建多元安全保障体系，确保国家能源安全。

三、政策取向

更加注重发展质量，调整存量、做优增量，积极化解过剩产能。对存在产能过剩和潜在过剩的传统能源行业，"十三五"前期原则上不安排新增项目，大力推进升级改造和淘汰落后产能。合理把握新能源发展节奏，着力消化存量，优化发展增量，新建大型基地或项目应提前落实市场空间。尽快建立和完善煤电、风电、光伏发电设备利用率监测预警和调控约束机制，促进相关产业健康有序发展。

更加注重结构调整，加快双重更替，推进能源绿色低碳发展。抓住能源供需宽松的有利时机，加快能源结构双重更替步伐。着力降低煤炭消费比重，加快散煤综合治理，大力推进煤炭分质梯级利用。鼓励天然气勘探开发投资多元化，实现储运接收设施公平接入，加快价格改革，降低利用成本，扩大天然气消费。超前谋划水电、核电发展，适度加大开工规模，稳步推进风电、太阳能等可再生能源发展，为实现2030年非化石能源发展目标奠定基础。

更加注重系统优化，创新发展模式，积极构建智慧能源系统。把提升系统调峰能力作为补齐电力发展短板的重大举措，加快优质调峰电源建设，积极发展储能，变革调度运行模式，加快突破电网平衡和自适应等运行控制技术，显著提高电力系统调峰和消纳可再生能源能力。强化电力和天然气需求侧管理，显著提升用户响应能力。大力推广热、电、冷、气一体化集成供能，加快推进"互联网+"智慧能源建设。

更加注重市场规律，强化市场自主调节，积极变革能源供需模式。适应跨省区能源配置需求减弱的新趋势，处理好能源就地平衡与跨区供应的关系，慎重研究论证新增跨区输送通道。用市场机制协调电力送、受双方利益，发挥比较优势，实现互利共赢。坚持集中开发与分散利用并举，高度重视分布式能源发展，大力推广智能化供能和用能方式，培育新的增长动能。

更加注重经济效益，遵循产业发展规律，增强能源及相关产业竞争力。以全社会综合用能成本较低作为能源发展的重要目标和衡量标准，更加突出经济性，着力打造低价能源优势。遵循产业发展趋势和规律，逐步降低风电、光伏发电价格水平和补贴标准，合理引导市场预期，通过竞争促进技术进步和产业升级，实现产业健康可持续发展。

更加注重机制创新，充分发挥价格调节作用，促进市场公平竞争。放开电力、天然气竞争性环节价格，逐步形成及时反映市场供求关系、符合能源发展特性的价格机制，引导市场主体合理调节能源生产和消费行为。推动实施有利于提升清洁低碳能源竞争力的市场交易制度和绿色财税机制。

四、主要目标

按照"十三五"规划《纲要》总体要求，综合考虑安全、资源、环境、技术、经济等因素，2020年能源发展主要目标是：

——能源消费总量。能源消费总量控制在50亿吨标准煤以内，煤炭消费总量控制在41亿吨以内。全社会用电量预期为6.8万亿~7.2万亿千瓦时。

——能源安全保障。能源自给率保持在80%以上，增强能源安全战略保障能力，提升能源利用效率，提高能源清洁替代水平。

——能源供应能力。保持能源供应稳步增长，国内一次能源生产量约40亿吨标准煤，其中煤炭39亿吨，原油2亿吨，天然气2200亿立方米，非化石能源7.5亿吨标准煤。发电装机20亿千瓦左右。

——能源消费结构。非化石能源消费比重提高到15%以上，天然气消费比重力争达到10%，煤炭消费比重降低到58%以下。发电用煤占煤炭消费比重提高到55%以上。

——能源系统效率。单位国内生产总值能耗比2015年下降15%，煤电平均供电煤耗下降到每千瓦时310克标准煤以下，电网线损率控制在6.5%以内。

——能源环保低碳。单位国内生产总值二氧化碳排放比2015年下降18%。能源行业环保水平显著提高，燃煤电厂污染物排放显著降低，具备改造条件的煤电机组全部实现超低排放。

——能源普遍服务。能源公共服务水平显著提高，实现基本用能服务便利化，城乡居民人均生活用电水平差距显著缩小。

专栏2 "十三五"时期能源发展主要指标

类别	指标	单位	2015年	2020年	年均增长	属性
能源总量	一次能源生产量	亿吨标准煤	36.2	40	2.0%	预期性
	电力装机总量	亿千瓦	15.3	20	5.5%	预期性
	能源消费总量	亿吨标准煤	43	<50	<3%	预期性
	煤炭消费总量	亿吨原煤	39.6	41	0.7%	预期性
	全社会用电量	万亿千瓦时	5.69	6.8~7.2	3.6%~4.8%	预期性
能源安全	能源自给率	%	84	>80		预期性
能源结构	非化石能源装机比重	%	35	39	〔4〕	预期性
	非化石能源发电量比重	%	27	31	〔4〕	预期性
	非化石能源消费比重	%	12	15	〔3〕	约束性
	天然气消费比重	%	5.9	10	〔4.1〕	预期性
	煤炭消费比重	%	64	58	〔-6〕	约束性
	电煤占煤炭消费比重	%	49	55	〔6〕	预期性
能源效率	单位国内生产总值能耗降低	%	—	—	〔15〕	约束性
	煤电机组供电煤耗	克标准煤/千瓦时	318	<310		约束性
	电网线损率	%	6.64	<6.5		预期性
能源环保	单位国内生产总值二氧化碳排放降低	%	—	—	〔18〕	约束性

注：〔〕内为五年累计值。

第三章　主要任务

一、高效智能，着力优化能源系统

以提升能源系统综合效率为目标，优化能源开发布局，加强电力系统调峰能力建设，实施需求侧响应能力提升工程，推动能源生产供应集成优化，构建多能互补、供需协调的智慧能源系统。

优化能源开发布局。根据国家发展战略，结合全国主体功能区规划和大气污染防治要求，充分考虑产业转移与升级、资源环境约束和能源流转成本，全面系统优化能源开发布局。能源资源富集地区合理控制大型能源基地开发规模和建设时序，创新开发利用模式，提高就地消纳比例，根据目标市场落实情况推进外送通道建设。能源消费地区因地制宜发展分布式能源，降低对外来能源调入的依赖。充分发挥市场配置资源的决定性作用和更好发挥政府作用，以供需双方自主衔接为基础，合理优化配置能源资源，处理好清洁能源充分消纳战略与区域间利益平衡的关系，有效化解弃风、弃光、弃水和部分输电通道闲置等资源浪费问题，全面提升能源系统效率。

加强电力系统调峰能力建设。加快大型抽水蓄能电站、龙头水电站、天然气调峰电站等优质调峰电源建设，加大既有热电联产机组、燃煤发电机组调峰灵活性改造力度，改善电力系统调峰性能，减少冗余装机和运行成本，提高可再生能源消纳能力。积极开展储能示范工程建设，推动储能系统与新能源、电力系统协调优化运行。推进电力系统运行模式变革，实施节能低碳调度机制，加快电力现货市场及电力辅助服务市场建设，合理补偿电力调峰成本。

实施能源需求响应能力提升工程。坚持需求侧与供给侧并重，完善市场机制及技术支撑体系，实施"能效电厂"、"能效储气库"建设工程，逐步完善价格机制，引导电力、天然气用户自主参与调峰、错峰，增强需求响应能力。以智能电网、能源微网、电动汽车和储能等技术为支撑，大力发展分布式能源网络，增强用户参与能源供应和平衡调节的灵活性和适应能力。积极推行合同能源管理、综合节能服务等市场化机制和新型商业模式。

实施多能互补集成优化工程。加强终端供能系统统筹规划和一体化建

中俄能源合作年度报告(2018)

设,在新城镇、新工业园区、新建大型公用设施(机场、车站、医院、学校等)、商务区和海岛地区等新增用能区域,实施终端一体化集成供能工程,因地制宜推广天然气热电冷三联供、分布式再生能源发电、地热能供暖制冷等供能模式,加强热、电、冷、气等能源生产耦合集成和互补利用。在既有工业园区等用能区域,推进能源综合梯级利用改造,推广应用上述供能模式,加强余热余压、工业副产品、生活垃圾等能源资源回收及综合利用。利用大型综合能源基地风能、太阳能、水能、煤炭、天然气等资源组合优势,推进风光水火储多能互补工程建设运行。

专栏3 能源系统优化重点工程

综合能源基地建设工程:统筹规划、集约开发,优化建设山西、鄂尔多斯盆地、内蒙古东部地区、西南地区和新疆五大国家综合能源基地。稳步推进宁夏宁东、甘肃陇东区域能源基地开发,科学规划安徽两淮、贵州毕节、陕西延安、内蒙古呼伦贝尔、河北张家口等区域能源基地建设,促进区域能源协调可持续发展。

优质调峰机组建设工程:加快推进金沙江龙盘、岗托等龙头水电站建设,建设雅砻江两河口、大渡河双江口等龙头水电站,提高水电丰枯调节能力和水能利用效率。合理规划抽水蓄能电站规模与布局,完善投资、价格机制和管理体制,加快大型抽水蓄能电站建设,新增开工规模6000万千瓦,2020年在运规模达到4000万千瓦。在大中型城市、气源有保障地区和风光等集中开发地区优先布局天然气调峰电站。

风光水火储多能互补工程:重点在青海、甘肃、宁夏、四川、云南、贵州、内蒙古等省区,利用风能、太阳能、水能、煤炭、天然气等资源组合优势,充分发挥流域梯级水电站、具有灵活调节能力火电机组的调峰能力和效益,积极推进储能等技术研发应用,完善配套市场交易和价格机制,开展风光水火储互补系统一体化运行示范,提高互补系统电力输出功率稳定性和输电效率,提升可再生能源发电就地消纳能力。加快发展储电、储热、储冷等多类型、大容量、高效率储能系统,积极建设储能示范工程,合理规划建设供电、加油、加气与储能(电)站一体化设施。

终端一体化集成供能工程:在新增用能区域加强终端供能系统统筹规划和一体化建设,因地制宜实施传统能源与风能、太阳能、地热能、生物质能、海洋能等能源的协同开发利用,统筹规划电力、燃气、热力、供冷、供水管廊等基础设施,建设终端一体化集成供能系统。在既有用能区域推广应用上述供能模式,同时加快能源综合梯级利用改造,建设余热、余压综合利用发电机组。建成北京城市副中心、福建平潭综合实验区、山西大同经济技术开发区等终端一体化集成供能示范工程,余热、余压综合利用规模达到1000万千瓦,建设一批智慧能源示范园区。

续表

> "能效电厂"建设工程：全国范围内扩大实施峰谷、季节、可中断负荷等价格制度，推广落实气、电价格联动机制。在四川、云南、湖北、湖南、广西、福建等水电比重大的省份实施丰枯电价。鼓励发展咨询、诊断、设计、融资、改造、托管等"一站式"合同能源管理服务，积极开展合同能源管理示范工程。

积极推动"互联网+"智慧能源发展。加快推进能源全领域、全环节智慧化发展，实施能源生产和利用设施智能化改造，推进能源监测、能量计量、调度运行和管理智能化体系建设，提高能源发展可持续自适应能力。加快智能电网发展，积极推进智能变电站、智能调度系统建设，扩大智能电表等智能计量设施、智能信息系统、智能用能设施应用范围，提高电网与发电侧、需求侧交互响应能力。推进能源与信息、材料、生物等领域新技术深度融合，统筹能源与通信、交通等基础设施建设，构建能源生产、输送、使用和储能体系协调发展、集成互补的能源互联网。

二、节约低碳，推动能源消费革命

坚持节约优先，强化引导和约束机制，抑制不合理能源消费，提升能源消费清洁化水平，逐步构建节约高效、清洁低碳的社会用能模式。

实施能源消费总量和强度"双控"。把能源消费总量和能源消费强度作为经济社会发展重要约束性指标，建立指标分解落实机制。调整产业结构，综合运用经济、法律等手段，切实推进工业、建筑、交通等重点领域节能减排，通过淘汰落后产能、加快传统产业升级改造和培育新动能，提高能源效率。加强重点行业能效管理，推动重点企业能源管理体系建设，提高用能设备能效水平，严格钢铁、电解铝、水泥等高耗能行业产品能耗标准。

开展煤炭消费减量行动。严控煤炭消费总量，京津冀鲁、长三角和珠三角等区域实施减煤量替代，其他重点区域实施等煤量替代。提升能效环保标准，积极推进钢铁、建材、化工等高耗煤行业节能减排改造。全面实施散煤综合治理，逐步推行天然气、电力、洁净型煤及可再生能源等清洁能源替代民用散煤，实施工业燃煤锅炉和窑炉改造提升工程，散煤治理取得明显进展。

拓展天然气消费市场。积极推进天然气价格改革，推动天然气市场建设，探索建立合理气、电价格联动机制，降低天然气综合使用成本，扩大天然气消费规模。稳步推进天然气接收和储运设施公平开放，鼓励大用户直供。合理布局天然气销售网络和服务设施，以民用、发电、交通和工业等领域为着力点，实施天然气消费提升行动。以京津冀及周边地区、长三角、珠三角、东北地区为重点，推进重点城市"煤改气"工程。加快建设天然气分布式能源项目和天然气调峰电站。2020年气电装机规模达到1.1亿千瓦。

实施电能替代工程。积极推进居民生活、工业与农业生产、交通运输等领域电能替代。推广电锅炉、电窑炉、电采暖等新型用能方式，以京津冀及周边地区为重点，加快推进农村采暖电能替代，在新能源富集地区利用低谷富余电实施储能供暖。提高铁路电气化率，适度超前建设电动汽车充电设施，大力发展港口岸电、机场桥电系统，促进交通运输"以电代油"。到2020年电能在终端能源消费中的比重提高到27%以上。

开展成品油质量升级专项行动。2017年起全面使用国五标准车用汽柴油，抓紧制定发布国六标准车用汽柴油标准，力争2019年全面实施。加快推进普通柴油、船用燃料油质量升级，推广使用生物质燃料等清洁油品，提高煤制燃料战略储备能力。加强车船尾气排放与净化设施改造监管，确保油机协同升级。

创新生产生活用能模式。实施工业节能、绿色建筑、绿色交通等清洁节能行动。健全节能标准体系，大力开发、推广节能高效技术和产品，实现重点用能行业、设备节能标准全覆盖。推行重点用能行业能效"领跑者"制度和对标达标考核制度。积极创建清洁能源示范省（区、市）、绿色能源示范市（县）、智慧能源示范镇（村、岛）和绿色园区（工厂），引导居民科学合理用能，推动形成注重节能的生活方式和社会风尚。

专栏4　能源消费革命重点工程

天然气消费提升行动：扩大城市高污染燃料禁燃区范围，加快实施"煤改气"。以京津冀及周边地区、长三角、珠三角、东北地区为重点，推进重点城市"煤改气"工程，增加用气450亿立方米，替代燃煤锅炉18.9万蒸吨。提高天然气发电利用比重，鼓励发展天然气分布式多联供项目，支持发展燃气调峰电站，结合热负荷需求适度发展燃气热电联项目。扩大交通领域天然气利用，推广天然气公交车、出租车、物流配送车、环卫车、重型卡车和液化天然气船舶。

充电基础设施建设工程：建设"四纵四横"城际电动汽车快速充电网络，新增超过800座城际快速充电站。新增集中式充换电站超过1.2万座，分散式充电桩超过480万个，满足全国500万辆电动汽车充换电需求。

节能行动：大力推广应用高效节能产品和设备，发展高效锅炉、高效内燃机、高

续表

效电机和高效变压器，推进高耗能通用设备改造，推广节能电器和绿色照明，不断提高重点用能设备能效。提高建筑节能标准，加快推进建筑节能改造，推广供热计量，完善绿色建筑标准体系，推广超低能耗建筑。实施工业园区节能改造工程，加强园区能源梯级利用。大力发展城市公共交通，提高绿色出行比例。

清洁能源示范省区建设工程：着眼于提高非化石能源和天然气消费比重，控制煤炭消费，提高清洁化用能水平，加快推进浙江清洁能源示范省，宁夏新能源综合示范区，青海、张家口可再生能源示范区建设，支持四川、海南、西藏等具备条件的省区开展清洁能源示范省建设，支持日喀则等地区发挥资源综合比较优势，推进绿色能源示范区建设，在具备资源条件和发展基础的地区建设一批智慧能源示范城市（乡镇、园区、楼宇）。

三、多元发展，推动能源供给革命

推动能源供给侧结构性改革，以五大国家综合能源基地为重点优化存量，把推动煤炭等化石能源清洁高效开发利用作为能源转型发展的首要任务，同时大力拓展增量，积极发展非化石能源，加强能源输配网络和储备应急设施建设，加快形成多轮驱动的能源供应体系，着力提高能源供应体系的质量和效率。

着力化解和防范产能过剩。坚持转型升级和淘汰落后相结合，综合运用市场和必要的行政手段，提升存量产能利用效率，从严控制新增产能，支持企业开展产能国际合作，推动市场出清，多措并举促进市场供需平衡。加强市场监测预警，强化政策引导，主动防范风险，促进产业有序健康发展。

——煤炭。严格控制审批新建煤矿项目、新增产能技术改造项目和生产能力核增项目，确需新建煤矿的，实行减量置换。运用市场化手段以及安全、环保、技术、质量等标准，加快淘汰落后产能和不符合产业政策的产能，积极引导安全无保障、资源枯竭、赋存条件差、环境污染重、长期亏损的煤矿产能有序退出，推进企业兼并重组，鼓励煤、电、化等上下游产业一体化经营。实行煤炭产能登记公告制度，严格治理违法违规煤矿项目建设，控制超能力生产。"十三五"期间，停缓建一批在建煤矿项目，14个大型煤炭基地生产能力达到全国的95%以上。

> **专栏 5　煤炭发展重点**
>
> 　　严格控制新增产能：神东、陕北、黄陇和新疆基地，在充分利用现有煤炭产能基础上，结合已规划电力、现代煤化工项目，根据市场情况合理安排新建煤矿项目；蒙东（东北）、宁东、晋北、晋中、晋东和云贵基地，有序建设接续煤矿，控制煤炭生产规模；鲁西、冀中、河南和两淮基地压缩煤炭生产规模。
>
> 　　加快淘汰落后产能：尽快关闭 13 类落后小煤矿，以及开采范围与自然保护区、风景名胜区、饮用水水源保护区等区域重叠的煤矿。2018 年前淘汰产能小于 30 万吨/年且发生过重大及以上安全生产责任事故的煤矿，产能 15 万吨/年且发生过较大及以上安全生产责任事故的煤矿，以及采用国家明令禁止使用的采煤方法、工艺且无法实施技术改造的煤矿。
>
> 　　有序退出过剩产能：开采范围与依法划定、需特别保护的相关环境敏感区重叠的煤矿，晋、蒙、陕、宁等地区产能小于 60 万吨/年的非机械化开采煤矿，冀、辽、吉、黑、苏、皖、鲁、豫、甘、青、新等地区产能小于 30 万吨/年的非机械化开采煤矿，其他地区产能小于 9 万吨/年的非机械化开采煤矿有序退出市场。

　　——煤电。优化规划建设时序，加快淘汰落后产能，促进煤电清洁高效发展。建立煤电规划建设风险预警机制，加强煤电利用小时数监测和考核，与新上项目规模挂钩，合理调控建设节奏。"十三五"前两年暂缓核准电力盈余省份中除民生热电和扶贫项目之外的新建自用煤电项目，采取有力措施提高存量机组利用率，使全国煤电机组平均利用小时数达到合理水平；后三年根据供需形势，按照国家总量控制要求，合理确定新增煤电规模，有序安排项目开工和投产时序。民生热电联产项目以背压式机组为主。提高煤电能耗、环保等准入标准，加快淘汰落后产能，力争关停 2000 万千瓦。2020 年煤电装机规模力争控制在 11 亿千瓦以内。

　　全面实施燃煤机组超低排放与节能改造，推广应用清洁高效煤电技术，严格执行能效环保标准，强化发电厂污染物排放监测。2020 年煤电机组平均供电煤耗控制在每千瓦时 310 克以下，其中新建机组控制在 300 克以下，二氧化硫、氮氧化物和烟尘排放浓度分别不高于每立方米 35 毫克、50 毫克、10 毫克。

> **专栏 6　煤电发展重点**
>
> 　　优化建设时序：取消一批、缓核一批、缓建一批和停建煤电项目，新增投产规模控制在 2 亿千瓦以内。

续表

淘汰落后产能：逐步淘汰不符合环保、能效等要求且不实施改造的30万千瓦以下、运行满20年以上纯凝机组、25年及以上抽凝热电机组，力争淘汰落后产能2000万千瓦。

节能减排改造："十三五"期间完成煤电机组超低排放改造4.2亿千瓦，节能改造3.4亿千瓦。其中：2017年前总体完成东部11省市现役30万千瓦及以上公用煤电机组、10万千瓦及以上自备煤电机组超低排放改造；2018年前基本完成中部8省现役30万千瓦及以上煤电机组超低排放改造，2020年前完成西部12省区市及新疆生产建设兵团现役30万千瓦及以上煤电机组超低排放改造。不具备改造条件的机组实现达标排放，对经整改仍不符合要求的，由地方政府予以淘汰关停。东部、中部地区现役煤电机组平均供电煤耗力争在2017年、2018年实现达标，西部地区到2020年前达标。

——煤炭深加工。按照国家能源战略技术储备和产能储备示范工程的定位，合理控制发展节奏，强化技术创新和市场风险评估，严格落实环保准入条件，有序发展煤炭深加工，稳妥推进煤制燃料、煤制烯烃等升级示范，增强项目竞争力和抗风险能力。严格执行能效、环保、节水和装备自主化等标准，积极探索煤炭深加工与炼油、石化、电力等产业有机融合的创新发展模式，力争实现长期稳定高水平运行。"十三五"期间，煤制油、煤制天然气生产能力达到1300万吨和170亿立方米左右。

鼓励煤矸石、矿井水、煤矿瓦斯等煤炭资源综合利用，提升煤炭资源附加值和综合利用效率。采用先进煤化工技术，推进低阶煤中低温热解、高铝粉煤灰提取氧化铝等煤炭分质梯级利用示范项目建设。积极推广应用清洁煤技术，大力发展煤炭洗选加工，2020年原煤入选率达到75%以上。

专栏7 煤炭深加工建设重点

煤制油项目：宁夏神华宁煤二期、内蒙古神华鄂尔多斯二三线、陕西兖矿榆林二期、新疆甘泉堡、新疆伊犁、内蒙古伊泰、贵州毕节、内蒙古东部。

煤制天然气项目：新疆准东、新疆伊犁、内蒙古鄂尔多斯、山西大同、内蒙古兴安盟。

煤炭分质利用示范项目：陕西延长榆神煤油电多联产、陕煤榆林煤油气化多联产、龙成榆林煤油气多联产、江西江能神雾萍乡煤电油多联产等。

——炼油。加强炼油能力总量控制，淘汰能耗高、污染重的落后产能，适度推进先进产能建设。严格项目准入标准，防止以重油深加工等名义变相增加炼油能力。积极开展试点示范，推进城市炼厂综合治理，加快产业改造升级，延长炼油加工产业链，增加供应适销对路、附加值高的下游产品，提高产业智能制造和清洁高效水平。

推进非化石能源可持续发展。统筹资源、环境和市场条件，超前布局、积极稳妥推进建设周期长、配套要求高的水电和核电项目，实现接续滚动发展。坚持集中开发与分散利用并举，调整优化开发布局，全面协调推进风电开发，推动太阳能多元化利用，因地制宜发展生物质能、地热能、海洋能等新能源，提高可再生能源发展质量和在全社会总发电量中的比重。

——常规水电。坚持生态优先、统筹规划、梯级开发，有序推进流域大型水电基地建设，加快建设龙头水电站，控制中小水电开发。在深入开展环境影响评价、确保环境可行的前提下，科学安排金沙江、雅砻江、大渡河等大型水电基地建设时序，合理开发黄河上游等水电基地，深入论证西南水电接续基地建设。创新水电开发运营模式，探索建立水电开发收益共享长效机制，保障库区移民合法权益。2020年常规水电规模达到3.4亿千瓦，"十三五"新开工规模6000万千瓦以上。

发挥现有水电调节能力和水电外送通道、周边联网通道输电潜力，优化调度运行，促进季节性水电合理消纳。加强四川、云南等弃水问题突出地区水电外送通道建设，扩大水电消纳范围。

——核电。安全高效发展核电，在采用我国和国际最新核安全标准、确保万无一失的前提下，在沿海地区开工建设一批先进三代压水堆核电项目。加快堆型整合步伐，稳妥解决堆型多、堆型杂的问题，逐步向自主三代主力堆型集中。积极开展内陆核电项目前期论证工作，加强厂址保护。深入实施核电重大科技专项，开工建设CAP1400示范工程，建成高温气冷堆示范工程。加快论证并推动大型商用乏燃料后处理厂建设。适时启动智能小型堆、商业快堆、60万千瓦级高温气冷堆等自主创新示范项目，推进核能综合利用。实施核电专业人才队伍建设行动，加强核安全监督、核电操作人员及设计、建造、工程管理等关键岗位人才培养，完善专业人才梯队建设，建立多元化人才培养渠道。2020年运行核电装机力争达到5800万千瓦，在建核电装机达到3000万千瓦以上。

——风电。坚持统筹规划、集散并举、陆海齐进、有效利用。调整优化风电开发布局，逐步由"三北"地区为主转向中东部地区为主，大力发展分散式风电，稳步建设风电基地，积极开发海上风电。加大中东部地区和南方地区资源勘探开发，优先发展分散式风电，实现低压侧并网就近消纳。稳步推进"三北"地区风电基地建设，统筹本地市场消纳和跨区输送能力，控制开发节奏，将弃风率控制在合理水平。加快完善风电产业服务体系，切实提高产业发展质量和市场竞争力。2020年风电装机规模达到2.1亿千瓦以上，风电与煤电上网电价基本相当。

——太阳能。坚持技术进步、降低成本、扩大市场、完善体系。优化太阳能开发布局，优先发展分布式光伏发电，扩大"光伏+"多元化利用，促进光伏规模化发展。稳步推进"三北"地区光伏电站建设，积极推动光热发电产业化发展。建立弃光率预警考核机制，有效降低光伏电站弃光率。2020年，太阳能发电规模达到1.1亿千瓦以上，其中分布式光伏6000万千瓦、光伏电站4500万千瓦、光热发电500万千瓦，光伏发电力争实现用户侧平价上网。

专栏8　风能和太阳能资源开发重点

稳步推进内蒙古、新疆、甘肃、河北等地区风电基地建设。在青海、新疆、甘肃、内蒙古、陕西等太阳能资源和土地资源丰富地区，科学规划、合理布局、有序推进光伏电站建设。在四川、云南、贵州等水能资源丰富的西南地区，借助水电站外送通道和灵活调节能力，推进多能互补形式的大型新能源基地开发建设，充分发挥风电、光伏发电、水电的互补效益，重点推进四川省凉山州风火互补、雅砻江风光水互补、金沙江风光水互补、贵州省乌江与北盘江"两江"流域风水联合运行等基地规划建设。

鼓励"三北"地区风电和光伏发电参与电力市场交易和大用户直供，支持采用供热、制氢、储能等多种方式，扩大就地消纳能力。大力推动中东部和南方地区分散风能资源的开发，推动低风速风机和海上风电技术进步。

推广光伏发电与建筑屋顶、滩涂、湖泊、鱼塘及农业大棚及相关产业有机结合的新模式，鼓励利用采煤沉陷区废弃土地建设光伏发电项目，扩大中东部和南方地区分布式利用规模。

——生物质能及其他。积极发展生物质液体燃料、气体燃料、固体成型燃料。推动沼气发电、生物质气化发电，合理布局垃圾发电。有序发展生物质直燃发电、生物质耦合发电，因地制宜发展生物质热电联产。加快地热能、海洋能综合开发利用。2020年生物质能发电装机规模达到1500万千瓦左右，地热能利用规模达到7000万吨标煤以上。

夯实油气资源供应基础。继续加强国内常规油气资源勘探开发，加大页岩气、页岩油、煤层气等非常规油气资源调查评价，积极扩大规模化开发利用，立足国内保障油气战略资源供应安全。

——石油。加强国内勘探开发，促进石油增储稳产。深化精细勘探开发，延缓东部石油基地产量衰减，实现西部鄂尔多斯、塔里木、准噶尔三大石油基地增储稳产。加强海上石油基地开发，积极稳妥推进深水石油勘探开发。支持鄂尔多斯、松辽、渤海湾等地区超低渗油、稠油、致密油等低品位资源和页岩油、油砂等非常规资源勘探开发和综合利用。"十三五"期间，石油新增探明储量50亿吨左右，年产量2亿吨左右。

——天然气。坚持海陆并进，常非并举。推进鄂尔多斯、四川、塔里木气区持续增产，加大海上气区勘探开发力度。以四川盆地及周缘为重点，加强南方海相页岩气勘探开发，积极推进重庆涪陵、四川长宁—威远、云南昭通、陕西延安等国家级页岩气示范区建设，推动其他潜力区块勘探开发。建设沁水盆地、鄂尔多斯盆地东缘和贵州毕水兴等煤层气产业化基地，加快西北煤层气资源勘查，推进煤矿区瓦斯规模化抽采利用。积极开展天然气水合物勘探，优选一批勘探远景目标区。2020年常规天然气产量达到1700亿立方米，页岩气产量达到300亿立方米，煤层气（煤矿瓦斯）利用量达到160亿立方米。

补齐能源基础设施短板。按照系统安全、流向合理、优化存量、弥补短板的原则，稳步有序推进跨省区电力输送通道建设，完善区域和省级骨干电网，加强配电网建设改造，着力提高电网利用效率。科学规划、整体布局，统筹推进油气管网建设，增强区域间协调互济供给能力和终端覆盖能力。加强能源储备应急体系建设。

——电网。坚持分层分区、结构清晰、安全可控、经济高效的发展原则，充分论证全国同步电网格局，进一步调整完善电网主网架。根据目标市场落实情况，稳步推进跨省区电力输送通道建设，合理确定通道送电规模。有序建设大气污染防治重点输电通道，积极推进大型水电基地外送通道建设，优先解决云南、四川弃水和东北地区窝电问题。探索建立灵活可调节的跨区输电价格形成机制，优化电力资源配置。进一步优化完善区域和省级电网主网架，充分挖掘既有电网输送潜力，示范应用柔性直流输电，加快突破电网平衡和自适应等运行控制技术，着力提升电网利用效率。加大投资力度，全面实施城乡配电网建设改造行动，打造现代配电网，鼓励具备条件地区开展多能互补集成优化的微电网示范应用。"十三五"期间新增跨省区输电能力1.3亿千瓦左右。

——油气管网。统筹油田开发、原油进口和炼厂建设布局，以长江经济带和沿海地区为重点，加强区域管道互联互通，完善沿海大型原油接卸码头和陆上接转通道，加快完善东北、西北、西南陆上进口通道，提高管输原油供应能力。按照"北油南下、西油东运、就近供应、区域互联"的原则，优化成品油管输流向，鼓励企业间通过油品资源串换等方式，提高管输效率。按照"西气东输、北气南下、海气登陆、就近供应"的原则，统筹规划天然气管网，加快主干管网建设，优化区域性支线管网建设，打通天然气利用"最后一公里"，实现全国主干管网及区域管网互联互通。优化沿海液化天然气（LNG）接收站布局，在环渤海、长三角、东南沿海地区，优先扩大已建LNG接收站储转能力，适度新建LNG接收站。加强油气管网运行维护，提高安全环保水平。2020年，原油、成品油管道总里程分别达到3.2万和3.3万公里，年输油能力分别达到6.5亿和3亿吨；天然气管道总里程达到10万公里，干线年输气能力超过4000亿立方米。

——储备应急设施。加快石油储备体系建设，全面建成国家石油储备二期工程，启动后续项目前期工作，鼓励商业储备，合理提高石油储备规模。加大储气库建设力度，加快建设沿海LNG和城市储气调峰设施。推进大型煤炭储配基地和煤炭物流园区建设，完善煤炭应急储备体系。

	专栏9　能源基础设施建设重点
电力	跨省区外送电通道：建成内蒙古锡盟经北京天津至山东、内蒙古蒙西至天津南、陕北神木至河北南网扩建、山西盂县至河北、内蒙古上海庙至山东、陕西榆横至山东、安徽淮南经江苏至上海、宁夏宁东至浙江、内蒙古锡盟至江苏泰州、山西晋北至江苏、滇西北至广东等大气污染防治重点输电通道以及金沙江中游至广西、观音岩水电外送、云南鲁西背靠背、甘肃酒泉至湖南、新疆准东至华东皖南、扎鲁特至山东青州、四川水电外送、乌东德至广东、川渝第三通道、渝鄂背靠背、贵州毕节至重庆输电工程。 　　开工建设赤峰（含元宝山）至华北、白鹤滩至华中华东、张北至北京、陕北（神府、延安）至湖北、闽粤联网输电工程。 　　结合电力市场需求，深入开展新疆、东北（呼盟）、蒙西（包头、阿拉善、乌兰察布）、陇彬（陇东、彬长）、青海、金沙江上游等电力外送通道项目前期论证。 　　区域电网：依托外送通道优化东北电网500千伏主网架；完善华北电网主网架，适时推进蒙西与华北主网异步联网；完善西北电网750千伏主网架，覆盖至南疆等地区；优化华东500千伏主网架；加快实施川渝藏电网与华中东四省电网异步联网，推进实施西藏联网工程；推进云南电网与南方主网异步联网，适时开展广东电网异步联网。

续表

石油	跨境跨区原油输配管道：完善中哈、中缅原油管道，建设中俄二线、仪长复线仪征至九江段、日仪增输、日照—濮阳—洛阳等原油管道，完善长江经济带管网布局，实施老旧管道改造整改。论证中哈原油管道至格尔木延伸工程。 跨区成品油输配管道：建设锦州至郑州、樟树至株洲、洛阳至三门峡至运城至临汾、三门峡至西安管道，改扩建格尔木至拉萨等管道。
天然气	跨境跨区干线管道：建设中亚天然气管道D线、西气东输三线（中段）四线五线、陕京四线、中俄东线、中俄西线（西段）、川气东送二线、新疆煤制气外输、鄂安沧煤制气外输、蒙西煤制气外输、青岛至南京、青藏天然气管道等。 区域互联互通管道：建成中卫至靖边、濮阳至保定、东先坡至燕山、武清至通州、建平至赤峰、海口至徐闻等跨省管道，建设长江中游城市群供气支线。
储气库	已建项目扩容达容：大港库群、华北库群、金坛盐穴、中原文96、相国寺等。 新建项目：华北兴9、华北文23、中原文23、江汉黄场、河南平顶山、江苏金坛、江苏淮安等。

四、创新驱动，推动能源技术革命

深入实施创新驱动发展战略，推动大众创业、万众创新，加快推进能源重大技术研发、重大装备制造与重大示范工程建设，超前部署重点领域核心技术集中攻关，加快推进能源技术革命，实现我国从能源生产消费大国向能源科技装备强国转变。

加强科技创新能力建设。加强能源科技创新体系顶层设计，完善科技创新激励机制，统筹推进基础性、综合性、战略性能源科技研发，提升能源科技整体竞争力，培育更多能源技术优势并加快转化为经济优势。深入推进能源领域国家重大专项工程。整合现有科研力量，建设一批能源创新中心和实验室。进一步激发能源企业、高校及研究机构的创新潜能，推动大众创业、万众创新，鼓励加强合作，建立一批技术创新联盟，推进技术集成创新。强化企业创新主体地位，健全市场导向机制，加快技术产业化应用，打造若干具有国际竞争力的科技创新型能源企业。依托现有人才计划，强化人才梯队建设，培育一批能源科技领军人才与团队。

推进重点技术与装备研发。坚持战略导向，以增强自主创新能力为着力点，围绕油气资源勘探开发、化石能源清洁高效转化、可再生能源高效开发利用、核能安全利用、智慧能源、先进高效节能等领域，应用推广一批技术成熟、市场有需求、经济合理的技术，示范试验一批有一定技术积累但工艺和市场有待验证的技术，集中攻关一批前景广阔的技术，加速科技创新成果转化应用。加强重点领域能源装备自主创新，重点突破能源装备制造关键技术、材料和零部件等瓶颈，加快形成重大装备自主成套能力，推动可再生能源上游制造业加快智能制造升级，提升全产业链发展质量和效益。

实施科技创新示范工程。发挥我国能源市场空间大、工程实践机会多的优势，加大资金、政策扶持力度，重点在油气勘探开发、煤炭加工转化、高效清洁发电、新能源开发利用、智能电网、先进核电、大规模储能、柔性直流输电、制氢等领域，建设一批创新示范工程，推动先进产能建设，提高能源科技自主创新能力和装备制造国产化水平。

	专栏10　能源科技创新重点任务
关键技术	推广应用：页岩气水平井分段压裂、蒸汽辅助重力泄油、煤层气井高效排水降压、百万吨级煤炭间接液化、生物柴油、高效低成本晶体硅电池、大容量特高压直流输电、智能电网、第三代核电技术、能源装备耐热耐腐蚀材料、新型高效储能材料。 示范试验：非常规油气评价、干热岩资源勘查与开发利用、新一代煤炭气化、规模化煤炭分质利用、非粮燃料乙醇、生物质集中高效热电联产、柔性直流输电、先进超超临界火电机组高温金属材料研制与部件制造、大功率电力电子器件制造及应用、精细陶瓷、石墨烯储能器件、光伏电池材料。 集中攻关：煤炭绿色无人开采、深井灾害防治、非常规油气精确勘探和高效开发、深海和深层常规油气开发、新型低阶煤热解分质转化、绿色煤电、生物航空燃油、核电乏燃料后处理、新型高效低成本光伏发电、光热发电、超导直流输电、基于云技术的电网调度控制系统、新能源并网技术、微网技术、新型高效电池储能、氢能和燃料电池。

续表

重大装备	煤炭：薄煤层机械化开采装备、重大事故应急抢险技术装备、大型空分装置、超大型煤炭气化装置、大型煤炭液化装置、大型合成气甲烷化装置。 油气：旋转导向钻井系统、国产水下生产系统、万吨级半潜式起重铺管船、海上大型浮式生产储油系统、非常规油气勘探开发技术装备、重大海上溢油应急处置技术装备。 电力：节能/超低排放型超临界循环流化床锅炉、燃气轮机、百万千瓦级水电机组、核电主泵和爆破阀等关键设备、低速及7-10兆瓦级风电机组、光热发电核心设备、高效锅炉、高效电机、超大规模可再生能源集成装备、大规模储能电池。
重大示范工程	煤炭：智慧煤矿、煤制芳烃、煤基多联产、百万吨级煤油共炼、煤油气资源综合利用、煤电铝一体化、煤制清洁燃料。 油气：非常规油气开发、深层稠油开发、1500米以下深海油气开发。 电力：清洁高效燃煤发电、自主知识产权重型F级燃气轮机发电、华龙一号、CAP1400、60万千瓦高温气冷堆、CFR600快堆、模块化小型堆、智能电网、大规模先进储能。 新能源：大型超大型海上风电、大型光热发电、多能互补分布式发电、生物质能梯级利用多联产、海岛微网、深层高温干热岩发电、海洋潮汐发电、天然气水合物探采。

五、公平效能，推动能源体制革命

坚持市场化改革方向，理顺价格体系，还原能源商品属性，充分发挥市场配置资源的决定性作用和更好发挥政府作用，深入推进能源重点领域和关键环节改革，着力破除体制机制障碍，构建公平竞争的能源市场体系，为提高能源效率、推进能源健康可持续发展营造良好制度环境。

完善现代能源市场。加快形成统一开放、竞争有序的现代能源市场体系。放开竞争性领域和环节，实行统一市场准入制度，推动能源投资多元化，积极支持民营经济进入能源领域。健全市场退出机制。加快电力市场建设，培育电力辅助服务市场，建立可再生能源配额制及绿色电力证书交易制度。推进天然气交易中心建设。培育能源期货市场。开展用能权交易试点，推动建设全国统一的碳排放交易市场。健全能源市场监管机制，强化自然垄断业务监管，规范竞争性业务市场秩序。

推进能源价格改革。按照"管住中间、放开两头"的总体思路，推进能源价格改革，建立合理反映能源资源稀缺程度、市场供求关系、生态环境价值和代际补偿成本的能源价格机制，妥善处理和逐步减少交叉补贴，充分发挥价格杠杆调节作用。放开电力、油气等领域竞争性环节价格，严格监管和规范电力、油气输配环节政府定价，研究建立有效约束电网和油气管网单位投资和成本的输配价格机制，实施峰谷分时价格、季节价格、可中断负荷价格、两部制价格等科学价格制度，完善调峰、调频、备用等辅助服务价格制度，推广落实气、电价格联动机制。研究建立有利于激励降低成本的财政补贴和电价机制，逐步实现风电、光伏发电上网电价市场化。

深化电力体制改革。按照"准许成本加合理收益"的原则，严格成本监管，合理制定输配电价。加快建立相对独立、运行规范的电力交易机构，改革电网企业运营模式。有序放开除公益性调节性以外的发用电计划和配电增量业务，鼓励以混合所有制方式发展配电业务，严格规范和多途径培育售电市场主体。全面放开用户侧分布式电力市场，实现电网公平接入，完善鼓励分布式能源、智能电网和能源微网发展的机制和政策，促进分布式能源发展。积极引导和规范电力市场建设，有效防范干预电力市场竞争、随意压价等不规范行为。

推进油气体制改革。出台油气体制改革方案，逐步扩大改革试点范围。推进油气勘探开发制度改革，有序放开油气勘探开发、进出口及下游环节竞争性业务，研究推动网运分离。实现管网、接收站等基础设施公平开放接入。

加强能源治理能力建设。进一步转变政府职能，深入推进简政放权、放管结合、优化服务改革，加强规划政策引导，健全行业监管体系。适应项目审批权限下放新要求，创新项目管理机制，推动能源建设项目前期工作由政府主导、统一实施，建设项目经充分论证后纳入能源规划，通过招投标等市场机制选择投资主体。

深入推进政企分开，逐步剥离由能源企业行使的管网规划、系统接入、运行调度、标准制定等公共管理职能，由政府部门或委托第三方机构承担。强化能源战略规划研究，组织开展能源发展重大战略问题研究，提升国家能源战略决策能力。

健全能源标准、统计和计量体系，修订和完善能源行业标准，构建国家能源大数据研究平台，综合运用互联网、大数据、云计算等先进手段，加强能源经济形势分析研判和预测预警，显著提高能源数据统计分析和决策支持能力。

六、互利共赢，加强能源国际合作

统筹国内国际两个大局，充分利用两个市场、两种资源，全方位实施能源对外开放与合作战略，抓住"一带一路"建设重大机遇，推动能源基础设施互联互通，加大国际产能合作，积极参与全球能源治理。

推进能源基础设施互联互通。加快推进能源合作项目建设，促进"一带一路"沿线国家和地区能源基础设施互联互通。研究推进跨境输电通道建设，积极开展电网升级改造合作。

加大国际技术装备和产能合作。加强能源技术、装备与工程服务国际合作，深化合作水平，促进重点技术消化、吸收再创新。鼓励以多种方式参与境外重大电力项目，因地制宜参与有关新能源项目投资和建设，有序开展境外电网项目投资、建设和运营。

积极参与全球能源治理。务实参与二十国集团、亚太经合组织、国际能源署、国际可再生能源署、能源宪章等国际平台和机构的重大能源事务及规则制定。加强与东南亚国家联盟、阿拉伯国家联盟、上海合作组织等区域机构的合作，通过基础设施互联互通、市场融合和贸易便利化措施，协同保障区域能源安全。探讨构建全球能源互联网。

七、惠民利民，实现能源共享发展

全面推进能源惠民工程建设，着力完善用能基础设施，精准实施能源扶贫工程，切实提高能源普遍服务水平，实现全民共享能源福利。

完善居民用能基础设施。推进新一轮农村电网改造升级工程，实施城市配电网建设改造行动，强化统一规划，健全技术标准，适度超前建设，促进城乡网源协调发展。统筹电网升级改造与电能替代，满足居民采暖领域电能替代。积极推进棚户区改造配套热电联产机组建设。加快天然气支线管网建设，扩大管网覆盖范围。在天然气管网未覆盖地区推进液化天然气、压缩天然气、液化石油气直供，保障民生用气。推动水电气热计量器具智能化升级改造，加强能源资源精细化管理。积极推进城市地下综合管廊建设，鼓励能源管网与通信、供水等管线统一规划、设计和施工，促进城市空间集约化利用。

精准实施能源扶贫工程。在革命老区、民族地区、边疆地区、集中连片贫困地区，加强能源规划布局，加快推进能源扶贫项目建设。调整完善能源开发收益分配机制，增强贫困地区自我发展"造血功能"。继续强化定点扶贫，加大政府、企业对口支援力度，重点实施光伏、水电、天然气开发利用等扶贫工程。

提高能源普遍服务水平。完善能源设施维修和技术服务站，培育能源专业化服务企业，健全能源资源公平调配和应急响应机制，保障城乡居民基本用能需求，降低居民用能成本，促进能源军民深度融合发展，增强普遍服务能力。提高天然气供给普及率，全面释放天然气民用需求，2020年城镇气化率达到57%，用气人口达到4.7亿。支持居民以屋顶光伏发电等多种形式参与清洁能源生产，增加居民收入，共享能源发展成果。

大力发展农村清洁能源。采取有效措施推进农村地区太阳能、风能、小水电、农林废弃物、养殖场废弃物、地热能等可再生能源开发利用，促进农村清洁用能，加快推进农村采暖电能替代。鼓励分布式光伏发电与设施农业发展相结合，大力推广应用太阳能热水器、小风电等小型能源设施，实现农村能源供应方式多元化，推进绿色能源乡村建设。

专栏11　民生工程建设重点

配电网：建成20个中心城市（区）核心区高可靠性供电示范区、60个新型城镇化配电网示范区。基本建成结构合理、技术先进、灵活可靠、经济高效、环境友好的新型配电网，中心城市（区）用户年均停电时间不超过1小时；城镇地区用户年均停电时间不超过10小时。乡村地区用户年均停电时间不超过24小时，综合电压合格率达到97%，动力电基本实现全覆盖。

农村电网：开展西藏、新疆以及四川、云南、甘肃、青海四省藏区农村电网建设攻坚，加强西部及贫困地区农村电网改造升级，推进东中部地区城乡供电服务便利化进程。到2017年底，完成中心村电网改造升级，实现平原地区机井用电全覆盖，贫困村全部通动力电。到2020年，全国农村地区基本实现稳定可靠的供电服务全覆盖，供电能力和服务水平明显提升，农村电网供电可靠率达到99.8%，综合电压合格率达到97.9%，户均配变容量不低于2千伏安。

光伏扶贫：完成200万建档立卡贫困户光伏扶贫项目建设。

离网式微电网工程：在海岛、边防哨卡等电网未覆盖地区建设一批微电网工程。

第四章 保障措施

一、健全能源法律法规体系

建立健全完整配套的能源法律法规体系，推动相关法律制定和修订，完善配套法规体系，发挥法律、法规、规章对能源行业发展和改革的引导和约束作用，实现能源发展有法可依。

二、完善能源财税投资政策

完善能源发展相关财政、税收、投资、金融等政策，强化政策引导和扶持，促进能源产业可持续发展。

加大财政资金支持。继续安排中央预算内投资，支持农村电网改造升级、石油天然气储备基地建设、煤矿安全改造等。继续支持科技重大专项实施。支持煤炭企业化解产能过剩，妥善分流安置员工。支持已关闭煤矿的环境恢复治理。

完善能源税费政策。全面推进资源税费改革，合理调节资源开发收益。加快推进环境保护费改税。完善脱硫、脱硝、除尘和超低排放环保电价政策，加强运行监管，实施价、税、财联动改革，促进节能减排。

完善能源投资政策。制定能源市场准入"负面清单"，鼓励和引导各类市场主体依法进入"负面清单"以外的领域。加强投资政策与产业政策的衔接配合，完善非常规油气、深海油气、天然铀等资源勘探开发与重大能源示范项目投资政策。

健全能源金融体系。建立能源产业与金融机构信息共享机制，稳步发展能源期货市场，探索组建新能源与可再生能源产权交易市场。加强能源政策引导，支持金融机构按照风险可控、商业可持续原则加大能源项目建设融资，加大担保力度，鼓励风险投资以多种方式参与能源项目。鼓励金融与互联网深度融合，创新能源金融产品和服务，拓宽创新型能源企业融资渠道，提高直接融资比重。

三、强化能源规划实施机制

建立制度保障,明确责任分工,加强监督考核,强化专项监管,确保能源规划有效实施。

增强能源规划引导约束作用。完善能源规划体系,制定相关领域专项规划,细化规划确定的主要任务,推动规划有效落实。强化省级能源规划与国家规划的衔接,完善规划约束引导机制,将规划确定的主要目标任务分解落实到省级能源规划中,实现规划对有关总量控制的约束。完善规划与能源项目的衔接机制,项目按核准权限分级纳入相关规划,原则上未列入规划的项目不得核准,提高规划对项目的约束引导作用。

建立能源规划动态评估机制。能源规划实施中期,能源主管部门应组织开展规划实施情况评估,必要时按程序对规划进行中期调整。规划落实情况及评估结果纳入地方政府绩效评价考核体系。

创新能源规划实施监管方式。坚持放管结合,建立高效透明的能源规划实施监管体系。创新监管方式,提高监管效能。重点监管规划发展目标、改革措施和重大项目落实情况,强化煤炭、煤电等产业政策监管,编制发布能源规划实施年度监管报告,明确整改措施,确保规划落实到位。

石油发展"十三五"规划

目 录

- 前言 ·· 225
- 一、规划背景 ·· 226
  - （一）发展基础 ·· 226
  - （二）发展形势 ·· 227
- 二、指导思想和目标 ·· 228
  - （一）指导思想 ·· 228
  - （二）基本原则 ·· 229
  - （三）发展目标 ·· 229
- 三、重点任务 ·· 230
  - （一）加强勘探开发保障国内资源供给 ················ 230
  - （二）推进原油、成品油管网建设 ······················· 232
  - （三）加快石油储备能力建设 ······························ 233
  - （四）坚持石油节约利用 ···································· 234
  - （五）大力发展清洁替代能源 ······························ 234
  - （六）加强科技创新和提高装备自主化水平 ·········· 234
- 四、规划实施 ·· 235
  - （一）组织实施 ·· 235
  - （二）保障措施 ·· 236
- 五、环境保护 ·· 238
  - （一）环境影响分析 ·· 238
  - （二）环境保护措施 ·· 239

前　言

　　能源是我国经济社会发展的重要基础。石油作为重要的化石能源之一，随着我国国民经济持续稳定发展和人民生活水平的不断提高，其需求一定时期内仍将稳定增长。

　　世界经济在深度调整中曲折复苏，全球能源格局正在发生深刻变革，国内外石油供需总体宽松，国际油价剧烈波动且低位徘徊。国内经济进入新常态，经济发展方式加快转变，能源生产和消费革命成为长期战略。全面深化体制改革和"一带一路"建设，为行业发展和国际合作拓展了新的空间。我国石油工业发展面临挑战的同时迎来重要战略机遇期。

　　根据《中华人民共和国国民经济和社会发展第十三个五年规划纲要》和《能源发展"十三五"规划》的总体要求，为促进石油产业有序、健康、可持续发展，国家发展改革委、能源局组织编制了《石油发展"十三五"规划》（以下简称《规划》）。

　　本《规划》包括上游资源勘探开发、中游原油成品油管网等基础设施建设，兼顾下游石油节约和替代，是"十三五"期间我国石油产业健康发展的重要指引。在实施过程中，将根据实际情况对本规划进行适时调整、补充。

中俄能源合作年度报告（2018）

一、规划背景

（一）发展基础

储量快速增长，产量稳中有升。新一轮全国常规油气资源动态评价成果表明，我国陆上和近海海域常规石油地质资源量1085亿吨。截至2015年底，连续9年新增探明石油地质储量超过10亿吨，累计探明地质储量371.7亿吨，探明程度34%，处于勘探中期。2000年起，国内石油产量连续6年稳定在2亿吨以上。

消费持续稳定增长。2015年国内石油表观消费量5.47亿吨，占国内能源消费总量的18%，"十二五"期间年均增速4.8%，较"十一五"低约3个百分点。2015年国内成品油消费量3.38亿吨，"十二五"期间年均增速6.2%，较"十一五"低近1个百分点。2015年石油净进口3.33亿吨，"十二五"期间年均增速7%，较"十一五"低6个百分点。

综合保障能力显著提升。西北、东北、西南和海上四大进口战略通道布局基本完成，油源供应、进口渠道和运输方式逐步实现多元化。"十二五"期间国内新投运原油长输管道总里程5000公里，新投运成品油管道总里程3000公里。截至2015年底累计建成原油长输管道2.7万公里、成品油管道2.1万公里，基本满足当前国内原油、成品油资源调配需求。

技术创新和装备自主化再上台阶。创新了连续型油气聚集等地质理论，发展完善了低渗及稠油高效开发、三次采油等世界领先的技术系列，大型成套压裂机组、近钻头端地质导向系统等核心技术装备国产化取得突破。掌握了300米水深勘探开发成套技术，具备了1500米水深自主勘探开发能力和3000米水深工程技术装备及作业能力，建成投运"海洋石油981"深水半潜式钻井平台。

体制机制改革取得阶段性成果。按照党的十八届三中全会《关于全面深化改革重大问题的决定》精神，我国油气体制改革稳步推进。常规油气勘探开发体制改革率先在新疆启动试点，勘探开发和基础设施建设领域混合所有制试点稳步推进，投资主体进一步多元化；初步组建起行业监管队伍，基础设施第三方公平开放开始实施；原油进口权逐步放开，期货市场建设加快推进，成品油价格形成机制进一步完善。

总体来看，"十二五"时期我国石油产业发展面对全球能源格局深刻调整、国际油价剧烈波动的复杂外部环境，积极适应国内经济发展新常态，实现了稳步增长。同时，随着全面深化体制改革的推进和"一带一路"建设、京津冀协同发展战略、长江经济带发展战略的实施，石油行业迎来新的发展契机，将在"十三五"时期得到新的稳步发展。

专栏1 "十二五"时期石油行业发展成就

指标	单位	2010年	2015年	年增长率
累计探明储量	亿吨	312.8	371.7	3.51%
产量	亿吨/年	2.03	2.14	1.06%
表观消费量	亿吨/年	4.32	5.47	4.83%
石油净进口量	亿吨/年	2.39	3.33	6.86%
原油管道里程	万公里	2.2	2.7	4.18%
原油一次管输能力	亿吨/年	3.9	5.3	6.33%
成品油管道里程	万公里	1.8	2.1	3.13%
成品油一次管输能力	亿吨/年	1.4	2.1	8.45%

（二）发展形势

1. 面临的机遇

全球石油供需形势总体宽松。美国页岩革命带动了页岩油、致密油等非常规、低品位资源勘探开发，2015年全球石油产量43.6亿吨，储采比55。预计"十三五"全球石油供应持续宽松、油价维持低位、需求稳定增长、消费重心东移。新常态下我国经济长期向好的基本面没有改变，"十三五"时期石油需求仍将稳步增长，但增速进一步放缓，石油在一次能源消费中的占比保持基本稳定。

体制机制改革全面深化。国内外油气供需总体宽松的态势，为深化油气行业改革提供了难得的历史机遇。"十三五"时期我国油气体制改革将在放宽市场准入、完善管网建设运营机制、落实基础设施公平接入、市场化定价、完善行业管理和监管等方面深入推进，充分发挥市场在资源配置中的决定性作用。

国际合作迎来新机遇。当前地缘政治和国际能源格局深刻调整的战略机遇期为我国积极拓展国际石油合作，参与全球能源治理提供了新空间。党中央提出建设"丝绸之路经济带"和"21世纪海上丝绸之路"的合作倡议，能源合作是其中重要的内容之一，有助于加大与相关国家在油气勘探开发、投资贸易、技术服务等领域合作，加强能源基础设施互联互通，共同维护跨境管道安全。

2. 面临的挑战

石油供应安全面临挑战。国内石油总体进入低品位资源勘探开发的新阶段，产量大幅增长难度大，开放条件下的石油供应安全仍是面临的重要问题。原油进口主要集中在中东等地缘政治不稳定地区、海上运输过于依赖马六甲海峡、陆上跨国管道突发事件等风险依然存在。石油储备规模及应急响应水平、国际石油合作质量还不能完全适应近年来国际油价波动幅度加大、频率加快的市场格局。

国内石油勘探投入不足。油气领域勘探开发主体较少，区块退出和流转机制不健全，竞争性不够。加之不同地区地质认识和资源禀赋差异，各公司勘探主要集中在资源丰度高地区，风险勘探积极性不高，部分地区勘探投入不足。一些国内企业通过"走出去"已获得国外区块，积累了技术和管理经验，但国内准入仍存在诸多限制，制约了多元化资本投入。

行业可持续发展存在制约。国内老油田已进入开发中后期，历史包袱和社会负担重、人员冗余，经营成本相对较高。大型国有企业经营机制不灵活、治理结构不完善，管理水平较国际一流企业仍存在较大差距。石油海外投资迅速增长，但控制和抵御风险能力不强，盈利能力持续下滑，国际话语权较弱。伴随2014年以来油价大幅下跌，国内石油行业市场化体系不健全、竞争力不足等体制性问题凸显。同时，低油价下企业大幅削减投资，油田作业量减少，员工收入下降，可能带来老油区社会不稳定等风险隐患。

项目建设和管道安全面临压力。随着我国城乡经济发展和城镇化率提高，石油产能建设及基础设施项目与城乡规划、土地利用、生态保持的冲突时有发生，用地保障难度加大，部分管道路由难以协调。管道建设与其他基础设施相遇相交日益增多，管道占压和第三方破坏、损伤比较严重，管道安全运营风险加大，管道检验检测和完整性管理还未推广，检验检测技术水平不适应安全需求。渤海等近海海域用海矛盾日益突出。国家对海洋石油开发及管输环境保护和作业安全提出更高要求。

二、指导思想和目标

（一）指导思想

全面贯彻党的十八大和十八届三中、四中、五中、六中全会精神，深入落实习近平总书记系列重要讲话精神，牢固树立创新、协调、绿色、开放、共享的发展理念，以能源供给侧结构性改革为主线，遵循"四个革命、一个合作"能源发展战略思想，紧密结合"一带一路"建设、京津冀协同发展战略、长江经济带发展战略的实施，贯彻油气体制改革总体部署，发挥市场配置资源的决定性作用，加强国内勘探开发，完善优化管网布局，强化科技创新，构建安全稳定、开放竞争、绿色低碳、协调发展的现代石油产业体系，保障经济社会可持续发展。

（二）基本原则

供应保障与节约利用相互支撑。加大国内勘探开发，开拓海外、多元进口、强化贸易，构建国内基础稳固、海外布局多元的供给体系，保障石油供应安全。坚持节约优先，提高石油利用效率，推广替代能源，引领石油消费低速增长。

深化改革与加强监管相互结合。着力破除制约行业发展的体制机制障碍，实现勘探开发有序准入和基础设施公平开放，完善价格形成机制，发挥市场在资源配置中的决定性作用。加快"立改废"，完善法规体系，强化行业监管和市场监管，注重发挥协会、第三方研究机构、社会媒体的积极作用。

整体布局与区域发展相互衔接。统筹国内外资源，结合国家石化产业基地布局和各地区市场需求，整体规划、优化流向、适度超前，推进原油、成品油管网建设，加强主干管网及区域管网互联互通，打破地域分割和行政垄断。落实"一带一路"建设、京津冀协同发展战略、长江经济带发展战略，拓展石油产业发展新空间。

开发利用与环境保护相互协调。处理好资源开发利用与土地利用、环保、城乡规划、海洋主体功能区划、海洋功能区划等相关规划的统筹衔接，加强生产、运输和利用等全产业链生态环境保护，完善节能环保管理体系，强化源头控制和污染物治理，推进产业绿色、可持续发展。

（三）发展目标

1. 储量目标

"十三五"期间，年均新增探明石油地质储量10亿吨左右。

2. 石油供应

2020年国内石油产量2亿吨以上，构建开放条件下的多元石油供应安全体系，保障国内2020年5.9亿吨的石油消费水平。

3. 基础设施能力

"十三五"期间，建成原油管道约 5000 公里，新增一次输油能力 1.2 亿吨/年；建成成品油管道 12000 公里，新增一次输油能力 0.9 亿吨/年。到 2020 年，累计建成原油管道 3.2 万公里，形成一次输油能力约 6.5 亿吨/年；成品油管道 3.3 万公里，形成一次输油能力 3 亿吨/年。

专栏 2 "十二五"时期石油行业发展成就

指标	单位	2015 年	2020 年	年增长率	属性
累计探明储量	亿吨	371.7	420	2.47%	预期性
产量	亿吨/年	2.14	2 以上	—	预期性
石油表观消费量	亿吨/年	5.47	5.9	1.52%	预期性
石油净进口量	亿吨/年	3.33	3.9	3.21%	预期性
原油管道里程	万公里	2.7	3.2	3.46%	预期性
原油管输能力	亿吨/年	5.3	6.5	4.17%	预期性
成品油管道里程	万公里	2.1	3.3	9.46%	预期性
成品油管输能力	亿吨/年	2.1	3	3.51%	预期性

三、重点任务

（一）加强勘探开发保障国内资源供给

陆上和海上并重，加强基础调查和资源评价，加大新区、新层系风险勘探，深化老区挖潜和重点地区勘探投入，夯实国内石油资源基础。巩固老油田，开发新油田，加快海上油田开发，大力支持低品位资源开发，实现国内石油产量基本稳定。

1. 加强基础地质调查和资源评价

深化东（中）部、发展西部、加快海域，重点加强主要含油气盆地的地质勘查。深化成熟勘查区块的精细勘查，加强老油区的新领域深度挖潜。坚持新地区、新领域、新深度、新层位油气地质调查，提交一批后备选区。加强非常规资源地质调查，推动基础理论创新和复杂地区勘查技术突破。东（中）部以松辽和渤海湾等含油气盆地新层系、深层、古潜山、滩海为重点，主要目标为构造-岩性和地层岩性圈闭；西部地区以鄂尔多斯、四川、塔里木、准噶尔、柴达木等含油气盆地的叠合盆地前陆克拉通古隆起为重点，主要目标为大中型构造和地层-岩性圈闭，加强羌塘盆地等新区勘查。海域勘查以寻找新的大中型油气田为目标，重点勘查渤海海域、珠江口盆地北部和北部湾盆地等，加大深水区勘查力度。

2. 加强勘探实现石油增储稳产

石油企业要切实加大勘探力度，保障"十三五"勘探工作量投入，实现"十三五"期间新增探明地质储量50亿吨左右。东（中）部陆上老油区立足松辽和渤海湾盆地，深化精细勘探、增储挖潜，"十三五"期间力争新增探明地质储量11亿吨左右。西部地区以鄂尔多斯、塔里木、准噶尔、柴达木、吐哈盆地等为重点，加快优质资源储量探明，"十三五"期间力争新增探明地质储量27亿吨左右。加快海洋油气勘探力度，"十三五"期间新增探明地质储量12亿吨左右。

实现国内石油产量基本稳定。稳定松辽盆地、渤海湾盆地等东（中）部生产基地，积极发展先进采油技术，提高原油采收率，努力减缓大庆、胜利、辽河等老油田产量递减，2020年东（中）部地区实现石油产量8300万吨以上。巩固发展鄂尔多斯、塔里木和准噶尔盆地等西部石油生产基地，增储稳产、力争增产，2020年西部地区实现石油产量7000万吨以上。加快海洋油气开发步伐，2020年海域石油产量4700万吨以上。

支持低品位资源勘探开发工程示范和科技攻关。重点开展鄂尔多斯、松辽、渤海湾、新疆、海上等地区的超低渗、致密油（页岩油）、稠油、油页岩、油砂等低品位资源勘探开发工程示范，加强低成本开发技术攻关。

专栏3　勘探开发重点项目

东（中）部：加大老区精细挖潜，强化三次采油和稠油转换开发。松辽盆地推进外围效益产能建设，致密油水平井示范区建设，加快二氧化碳驱油工业化试验。渤海湾盆地重点推进济阳坳陷等隐蔽油气藏勘探，重点突破古潜山、深层、新类型油藏领域。围绕东部富油凹陷重点区带的新层系、新类型与外围新区加强评价勘探，扩大储量规模。

西部：鄂尔多斯盆地深化安塞、靖安、西峰等老区精细挖潜，推进姬塬、华庆、西峰-合水、镇北的超低渗资源规模动用，探索长7致密油工业化开发技术，加强鄂南地区古生界探索。塔里木盆地加强塔北-塔中碳酸盐、塔河周边与深层、顺北、巴楚等区域规模储量发现，探索塔西南等新区。准噶尔盆地持续深化准西北缘、准中、准南山前带等重点增储区带勘探，加快西北缘新区建产。

海域：渤海建成辽东湾、渤西南、渤中、渤东四大生产区，深化渤海、南海等老油田精细开发，加强常规、非常规稠油热采。

（二）推进原油、成品油管网建设

整体规划、科学布局、充分发挥市场在资源配置中的决定性作用，优化管输流向，加强多元供应，提高管输比例和运行效率，有效降低物流成本。原油管道重在优化和提升陆上、海上原油进口能力，成品油管道重在解决区域油品不平衡问题和提高管输比例。加强科技创新，提高管道装备制造和工程技术水平，推进装备国产化，加快实现管道系统智能化、网络化。落实管道第三方公平开放，优先考虑利用现有管道向目标市场输送资源。加强管道保护和安全隐患治理。着力构建布局合理、覆盖广泛、安全高效的现代石油管道网络。

1. 推进原油管道建设

统筹原油管道与炼化基地、储备基地协同发展，保障炼厂原油供应、储备基地收储和动用。

（1）拓展陆上原油进口通道

建成中俄原油管道二线和中缅原油管道国内段，研究完善中哈原油管道增输配套设施，开展中哈原油管道延伸到格尔木项目前期工作。

（2）优化和提升海上原油接转能力

优化码头布局，提高东部沿海原油码头接卸能力，配套建设外输管道。统筹长江经济带管网布局，加快建设沿江主干管道，配套输配体系和仓储设施，开展大亚湾-长岭原油管道项目前期工作。鼓励新取得进口配额的原油加工企业通过管道输送进口原油，规划配套新建管道。

（3）推进其他原油管道建设

统筹国内资源开发，配套新建国内原油输送通道。与规划建设的炼化基地、炼油项目、国储基地等配套新建管道。

（4）实施管道隐患治理及改造

以东北、华北、华南等地区老旧管道为重点，加快实施以新代老、隐患治理等管道改造整改工程。

专栏4 原油管道重点项目

陆上进口通道：中俄原油管道二线，中哈原油管道增输配套、中缅原油管道（国内段）及配套。开展中哈原油管道延伸到格尔木项目前期工作。

长江经济带海上原油进口通道：仪长复线仪征-九江段、日仪增输、连云港-仪征原油管道。开展大亚湾-长岭原油管道项目前期工作。

> 其他海上进口通道：日照-濮阳-洛阳、董家口-齐鲁-东营、日照港-沾化、董家口-潍坊-鲁中鲁北原油管道。
>
> 改造整改工程：临邑-济南原油管道复线（以新代老）、廉江-茂名原油管道（以新代老）、庆铁三四线站场改造、铁大线（铁岭-鞍山段）增输、铁大线（鞍山-大连段）改造、鲁宁线安全隐患整治等。（见附表1）

2. 加快成品油管道建设

就近供应、区域互联。推进东北到华北华中、华南到西南等跨区管道建设，解决油品资源不平衡和运输瓶颈问题。加快布局云南等西南地区、山西等华北地区成品油管道，提高区域成品油管输供应。依托长三角炼化基地集群和沿江炼厂，加快完善长江经济带管网布局，减少长江水路运输。与规划建设的炼油及升级改造项目、煤制油项目、成品油中转库和储备库、航油油库等配套新建管道。统筹军事需求，根据军队油料需求计划和分输地要求，在管道适当位置预留分输口或结合已有站场建设分输设施，改扩建格尔木-拉萨成品油管道。

结合不同运输方式在石油运输中的优势和特点，加强管道运输与公路、铁路、水运等运输方式的高效衔接，提升油品周转效率。在满足管道输送能力规模和经济性的前提下，鼓励建设替代现有水运、公路、铁路的管道项目。落实管道第三方公平开放，优先考虑利用现有管道向目标市场输送资源，鼓励企业间油品资源串换。提升管道运输技术与运行管理自动化水平，提高油品顺序输送能力。

> **专栏5　成品油管道重点项目**
>
> 东北到华北、华中：锦州-郑州成品油管道。
> 长江经济带：樟树-株洲成品油管道。
> 西南和华南：湛江-北海成品油管道。改扩建格尔木-拉萨成品油管道及配套。
> 华北和华中等其他地区：洛阳-三门峡-运城-临汾、三门峡-西安、永坪-晋中成品油管道。适时推进蒙西、蒙东煤制油外输管道建设。（见附表2）

（三）加快石油储备能力建设

1. 加快国家石油储备基地建设

推进国家石油储备二期、三期项目建设。加强国家对政府储备基地的统一管理。加快成品油政府储备基础设施建设。

2. 稳步落实储备规划

协调推进国家石油储备基地收储工作。积极利用符合规定的企业库容代储国家储备原油。鼓励社会资本参与商业仓储设施投资运营。

3. 健全石油储备制度

尽快出台《国家石油储备条例》，建立企业义务储备，推动建立完善政府储备、企业义务储备和企业生产经营库存有机结合、互为补充的储备体系，多方式、多途径提高国家石油保障能力。

（四）坚持石油节约利用

推进石油行业能效提升，优化基础设施、产能建设项目等用能工艺，选用高效节能设备，切实加强节能管理。努力提高原油商品率，采取增加伴生气回注、油气混输技术、伴生气凝液回收技术等措施加强油田伴生气回收利用。

持续开展工业、交通和建筑等重点领域节能，推进终端燃油产品能效提升和重点用能行业能效水平对标达标。实施内燃机、锅炉等重点用能设备能效提升计划，推进工业企业余热、余压利用。实施更加严格的燃油标准。加快发展轨道交通和水运等资源节约型、环境友好型运输方式。

（五）大力发展清洁替代能源

大力推广电能、天然气等对燃油的清洁化替代。积极支持天然气汽车、船舶发展，加快电动汽车等节能环保和新能源汽车应用。在"禁煤区"将排放不达标的燃油工业锅炉和窑炉列入禁燃范围，重点开展20蒸吨/小时以下的燃油工业锅炉天然气、电能替代。实施港口气化示范工程，推广港口岸电系统。

推进煤制油、煤制气产业示范。已建成的示范项目实现安全、环保、稳定运行，自主技术和装备可靠性得到验证，煤制清洁燃料和化工原料得到市场认可和应用，装备自主化率进一步提高，推动形成技术路线完整、产品种类齐全的煤炭深加工产业体系。

促进生物质能的开发和利用。合理扩大生物乙醇汽油生产和消费，适当发展生物柴油、生物航煤等先进生物燃料，提升可再生燃料比重。超前部署微藻制油等技术和产业化攻关。

（六）加强科技创新和提高装备自主化水平

发挥企业创新主体地位和主导作用，加强基础研究，强化原始创新、集成创新和引进消化后再创新。依托国家科技重大专项"大型油气田及煤层气开发专项",重点攻克陆上深层、海洋深水油气勘探开发,推动重大理论突破、重大技术创新和重大装备本地化,全面实现"6212"(6 大技术系列、20 项重大技术、10 项重大装备、22 项示范工程)科技攻关目标。加快技术集成、配套、示范与推广,重点攻关低成本和环境友好型开发技术装备体系,推进新区建产和难动用储量经济性开发。

研发一批支撑深水、深层、非常规油气资源开发的重大装备,全面提升我国石油工业装备制造能力和国际竞争力。开展功能材料、纳米材料、大数据分析等前瞻性技术在石油领域的应用研究。到 2020 年,形成国际先进水平的石油工程装备、配套工具系列和研发制造技术。

专栏 6　成品油管道重点项目

技术系列攻关:陆上特殊岩性及深层油气勘探开发、1500 米以下深海洋中深层油气勘探开发、老油田提高采收率、非常规低品位油藏经济开发、海洋应急处置及溢油污染处理等。

重大装备研发:百万道级地震采集系统、多维高精度成像测井系统、测井交互精细融合处理平台、深井自动化钻机、旋转导向钻井系统、深井超深井连续管作业装备、国产水下生产系统、11000 吨半潜式起重铺管船、海上大型浮式生产储油系统、新型优快钻完井和安全控制工具、井下智能控制工具、石油储运大机泵配套系统、计量系统、自动控制系统等。

示范工程:鄂尔多斯盆地大型低渗透岩性地层油气藏开发、塔里木盆地碳酸盐岩油气田提高采收率关键技术示范、大庆长垣特高含水油田提高采收率示范、辽河、新疆稠油/超稠油开发技术示范、CO_2 捕集驱油与埋存技术示范、南海流花油田群开发、渤海油田高效开发、鄂尔多斯、准噶尔、松辽、渤海湾盆地济阳坳陷致密油开发等。

四、规划实施

(一) 组织实施

1. 加强组织领导

完善全国石油规划体系,各省(区、市)可根据本规划制定本地区石油发展规划,并与本规划相衔接。在国家发展改革委统筹指导下,国家能源局作为规划的组织实施部门,推动各项指标和任务落实。国务院各有关部门要按照职能分工，加强沟通配合，制定和完善相关配套政策措施，为规划实施创造有利条件。省级发展改革、能源主管部门要切实履行职责，组织协调实施。

2. 细化任务落实

研究制定《油气规划管理办法》，加强国家规划与省级规划、企业规划间的衔接，确保发展指标、重点任务、重大项目落地，规划有序推进。各省（区、市）要将本规划确定的各项指标、主要任务和重大工程列入本地区能源发展规划和石油发展专项规划，分解落实目标任务，明确进度安排协调和目标考核机制，精心组织实施。各企业作为规划的实施主体，根据本规划确定的主要目标和重大任务，细化调整企业实施方案，积极有序推进规划项目论证实施。

3. 做好评估调整

规划实施过程中适时对规划执行情况进行梳理、评估，结合实施情况对规划项目进行微调。坚持规划中期评估制度，严格评估程序，委托第三方机构开展评估工作，对规划滚动实施提出建议，及时总结经验、分析问题、制定对策。规划确需调整的，国家发展改革委、能源局根据经济社会发展和规划执行情况，适时修订并发布。

（二）保障措施

1. 完善法规体系和政策支持

加快法律法规体系建设，清理和修改不适合新形势和改革要求的法律法规和规范性文件。对非常规、低丰度、深水资源、三次采油、油气热采，落实差别化税费政策。进一步完善油气资源税费在中央与地方之间的分配方式和比例，促进形成资源开发惠及地方的机制。推动建立独立第三方行业研究机构，加快完善油气统计体系，研究推动油气大数据平台建设。

2. 全面深化油气体制改革

实行勘查区块竞争出让制度和更加严格的区块退出机制，公开公平向符合条件的各类市场主体出让相关矿业权，允许油气企业之间以市场化方式进行矿业权转让，逐步形成以大型国有油气公司为主导，多种经济成分共同参与的勘查开采体系。

鼓励改革试点和模式创新。持续推进新疆油气勘查开采改革试点，总结经验、完善制度并加快向全国推广。总结和发展新疆、川渝、鄂尔多斯盆地等地区常规油气、页岩气、致密气勘探开发企地合作、合资混改、引入竞争等创新模式。

深化下游竞争性环节改革。坚持放宽限制与加强监管并重，完善石油进口管理体制，调整成品油出口管理方式，发挥价格机制对优化能源结构、节约能源资源和促进环境保护的引导作用，完善成品油价格形成机制。

理顺资源开发税费关系，在统筹研究相关税费改革的基础上，研究建立矿产资源国家权益金制度，实施好资源税政策，合理确定负担水平。探索管道等基础设施建设运营惠及地方机制。

3. 进一步深入推进石油企业改革

完善国有油气企业法人治理结构，规范投资管理、强化风险控制，提高项目决策和运营管理水平。优化国有企业考核机制，加强对服务国家战略、保障国家石油供应安全和国民经济运行任务的考核，监管和推动石油企业可持续发展。

鼓励具备条件的油气企业发展股权多元化和多种形式的混合所有制。推进国有油气企业工程技术、工程建设和装备制造等业务进行专业化重组，作为独立的市场主体参与竞争，促进内部资源优化高效配置，瘦身健体、降本增效。

推进配套改革，加快剥离国有企业办社会职能和解决历史遗留问题，为国有企业公平参与市场竞争创造条件。支持老油区改革，积极鼓励和引导老油区转型升级。中央财政通过安排国有资本经营预算支出等方式给予必要支持。

4. 保障勘探开发和基础设施建设

落实《找矿突破战略行动总体方案（2016-2020年）》，加大财政资金基础地质调查投入力度，加快油气资源勘查市场开放，引导和鼓励社会资本投入，强化矿业权监管和科技支撑，通过激发市场活力使勘查和勘探投入保持在较高水平。石油企业要立足国内，切实保障"十三五"勘探工作量投入不低于"十二五"水平，加快储量探明和经济高效动用，推动石油增储稳产。

加强管网等基础设施投资建设，加强管网互联互通。加强勘探开发和基础设施布局规划与土地利用、环保、城乡规划、海洋主体功能区划、海洋功能区划等相关规划的统筹衔接。各省（区、市）要简化优化项目核准等手续，支持国家重大基础设施项目建设。相关部门和各省（区、市）应统筹勘探开发、基础设施用地，确保用地需求纳入国家和各省土地利用总体规划。建立用海协调机制，解决近海海域油气勘探开发用海矛盾。加强海上重大溢油应急能力建设，强化溢油数值预报技术研发，促进水面溢油收集、处置成套装备的示范应用，完善海上溢油应急处置体系。

创新基础设施项目投融资机制，拓宽投融资渠道，鼓励采取公开招标方式，推动项目建设运营和投资主体多元化。加大企业债券等对基础设施建设支持力度，研究推动利用金融手段支持基础设施的措施。推动基础设施项目在符合条件的前提下向经济欠发达、民族地区、革命老区等优先安排并给予支持。

5. 继续深化国际合作

更好地利用两个市场、两种资源，依托"一带一路"建设，加强统筹规划，维护国家石油供应安全。提升国际石油合作质量和效益，优化投资节奏和资产结构，探索境外投资领域、投资主体多元化和合作方式多样化，加强能源与金融的深度合作，提升企业"走出去"水平。优化和推进俄罗斯-中亚、中东、非洲、美洲、亚太等区域油气合作，推动中国优势装备、技术、标准、服务全面走出去。加强"一带一路"沿线国家基础设施互联互通合作，重视跨境管道安全保护，完善与过境国的机制建设，保障跨境管道安全平稳供应。保障国家进口石油运输船队建设。积极参与全球能源治理，推动原油期货市场建设，深化国际能源双边和多边合作，加强与国际能源署、能源宪章等国际组织的合作，增强我国在国际贸易和全球能源治理中的话语权。

6. 保障管道安全运行

各省（区、市）能源主管部门要加强对本行政区域管道保护工作的领导，督促落实本行政区域内市级、县级人民政府主管管道保护工作的部门。县级以上地方人民政府主管管道保护工作的部门要依法履行职责。落实管道保护企业主体责任，严格依法开展管道建设和维护工作，加强检测与巡查。研究制定海洋石油天然气管道保护条例和石油天然气管道保护法实施细则，加大管道保护法执行力度。建立中央与地方各部门上下联动保护机制，确保管道安全运行。加强管道与铁路、公路等其他重大建设工程相遇相交关系处理。加大管道安全隐患整改财政支持力度。

五、环境保护

（一）环境影响分析

部分油田处在人口稠密、水网发达、生态脆弱等环境相对敏感区域，随着经济社会发展和城镇化水平提升，企业生产面临压力。水体影响分析。油田勘探开发对陆上矿区水体环境有一定的影响,主要污染物为COD和石油类。海上原油生产对环境的影响主要体现在泥浆钻屑、铺设海管、电缆过程中掀起的海底沉积物、生活污水、含油生产污水、可能存在的溢油事故等。

大气影响分析。油田大气环境污染主要是挥发性有机物、二氧化硫、氮氧化物、烟尘、硫化氢等,可能存在生产设备密封点泄漏、储罐和装卸过程挥发损失、废水废液废渣系统逸散等无组织排放及非正常工况排污。

土壤影响分析。油田生产过程中造成土壤石油类污染的主要原因是油泥沙、钻井废弃泥浆、岩屑和落地油和管线穿孔造成土壤污染。油田和管道建设中可能对防洪设施、水资源造成影响,大量占压和扰动地表、破坏地貌植被,易造成水土流失。油田生产中的落地原油、油泥,以及注水开采、水力压裂活动等可能长期损害水土保持功能。

(二)环境保护措施

环境保护工作除了建设环保防控体系外,还应推进产业结构优化升级,以提高能效、降低资源和能源消耗为重点,努力形成"低投入、低消耗、低排放、高效率"的发展模式。

完善节能环保管理体系,强化节能环保监督管理。全面贯彻落实节约能源、污染防治等有关法律法规、管理规定和标准。做好建设项目的环境影响评价、节能审查评估工作。加强建设项目防洪影响和水资源论证工作,切实落实建设项目水土保持方案制度和"三同时"制度,认真实施水土保持预防和治理措施,控制人为水土流失。

强化源头控制,加大污染治理力度。实施工艺改进、生产环节和废水废液废渣系统封闭性改造,设备泄漏检测与修复(LDAR)、罐型和装卸方式改进等措施,对易泄漏环节制定针对性改进措施,从源头减少挥发性有机物的泄漏排放。加强锅炉污染治理,确保稳定达标排放。推进清洁生产,开展综合利用,大力推广二氧化碳驱油和埋存技术。加大环保投入和科研开发,加强环保监控系统建设,强化环保队伍建设。

加强用地用海协调。对可能与石油发展规划实施有用地用海矛盾、相互制约的土地功能区划或功能海域(自然保护区、海洋保护区、森林公园、农渔业区、港口航运区等),需提前做好协调和沟通工作。

中俄能源合作年度报告(2018)

附表

1. "十三五"原油管道重点项目表

项目分类		管道名称	长度 公里	管径 毫米	设计输量 万吨/年	备注
陆上进口通道及配套	1	中俄原油管道二线	941	813	1500	在建
	2	中缅原油管道（国内段）及安宁支线	658	813/610	1000	在建
	3	铁大线改造（鞍山-大连段）	362	813/711	2000	在建
海上进口通道及配套	1	董家口-齐鲁-东营	364	762/508	1500	
	2	仪长复线仪征—九江段	560	864/559	2000	在建
	3	日照-濮阳-洛阳	782	914/813	1800	
	4	廉江-茂名	75	711	2000	
	5	连云港—仪征	400	813	2000	
	6	日照港-沾化	485	700	1000	
	7	董家口-潍坊-鲁中鲁北	311	700 双线	3800	在建
	8	大亚湾-长岭	1100	813	2000	

说明：1. 大亚湾-长岭原油管道视炼厂项目建设和市场发展情况适时建设。

2. "十三五"成品油管道重点项目表

项目序号	管道名称	长度 公里	管径 毫米	设计输量 万吨/年	备注
1	锦州-郑州	1646	660/610/559	1300	在建
2	樟树-株洲	300	406	450	
3	洛阳-三门峡-运城-临汾	480	508/323	600	
4	三门峡-西安	230	323	300	
5	永坪-晋中	360	406	320	
6	湛江-北海	210	457	500	
7	格尔木-拉萨成品油管道扩（改）建	1110	323（156）	80（15）	

说明：1. 格尔木-拉萨成品油管道扩（改）建工程方案抓紧研究论证，2020年前工程完工。

2. 结合区域生态环境现状和特点、煤制油实际发展规模深入论证蒙东、蒙西煤制油外输管道规模的环境合理性，视煤制油项目进展情况适时建设。

天然气发展"十三五"规划

目　录

前言 ········· 243
一、规划背景 ········· 244
　（一）发展基础 ········· 244
　（二）发展形势 ········· 246
二、指导思想和目标 ········· 247
　（一）指导思想 ········· 247
　（二）基本原则 ········· 248
　（三）发展目标 ········· 248
三、重点任务 ········· 249
　（一）加强勘探开发增加国内资源供给 ········· 249
　（二）加快天然气管网建设 ········· 251
　（三）加快储气设施建设提高调峰储备能力 ········· 252
　（四）培育天然气市场和促进高效利用 ········· 253
四、规划实施 ········· 254
　（一）组织实施 ········· 254
　（二）保障措施 ········· 255
五、环境保护 ········· 258
　（一）环境影响分析 ········· 258
　（二）环境保护措施 ········· 259

前　言

天然气是一种优质、高效、清洁的低碳能源，可与核能及可再生能源等其他低排放能源形成良性互补，是能源供应清洁化的最现实选择。加快天然气产业发展，提高天然气在一次能源消费中的比重，是我国加快建设清洁低碳、安全高效的现代能源体系的必由之路，也是化解环境约束、改善大气质量，实现绿色低碳发展的有效途径，同时对推动节能减排、稳增长惠民生促发展具有重要意义。

《巴黎协定》和 2030 年可持续发展议程为全球加速低碳发展进程和发展清洁能源明确了目标和时间表。随着我国加快推动能源生产和消费革命，新型城镇化进程不断提速和油气体制改革有力推进，天然气产业正迎来新的发展机遇。

根据《中华人民共和国国民经济和社会发展第十三个五年规划纲要》和《能源发展"十三五"规划》的总体要求，为扩大天然气供应利用规模，促进天然气产业有序、健康发展，国家发展改革委、能源局组织编制了《天然气发展"十三五"规划》（以下简称《规划》）。

本《规划》包括上游资源勘探开发、中游基础设施建设和下游市场利用，涵盖了常规天然气、煤层气和页岩气等内容，是"十三五"时期我国天然气产业健康发展的指导纲领。在实施过程中，将根据实际情况对本《规划》进行适时调整、补充。

中俄能源合作年度报告(2018)

一、规划背景

(一) 发展基础

天然气储产量快速增长。根据新一轮全国油气资源动态评价成果,截至2015年底,我国常规天然气地质资源量68万亿立方米,累计探明地质储量约13万亿立方米,探明程度19%,处于勘探早期。"十二五"期间全国累计新增探明地质储量约3.9万亿立方米,2015年全国天然气产量1350亿立方米,储采比29。"十二五"期间累计产量约6000亿立方米,比"十一五"增加约2100亿立方米,年均增长6.7%。

非常规天然气加快发展。页岩气勘探开发取得突破性进展,"十二五"新增探明地质储量5441亿立方米,2015年产量达到46亿立方米,焦石坝、长宁—威远和昭通区块实现了商业化规模开发。煤层气(煤矿瓦斯)抽采利用规模快速增长,"十二五"期间累计新增探明地质储量3505亿立方米,2015年全国抽采量140亿立方米,利用量77亿立方米,煤层气产量(地面抽采)约44亿立方米,利用量38亿立方米。

进口天然气快速增加。天然气进口战略通道格局基本形成。西北战略通道逐步完善,中亚A、B、C线建成投产;西南战略通道初具规模;东北战略通道开工建设;海上进口通道发挥重要作用。"十二五"期间累计进口天然气超过2500亿立方米,是"十一五"天然气进口量的7.2倍,2015年进口天然气614亿立方米。

天然气在一次能源消费结构中占比提高,用气结构总体合理。2015年全国天然气表观消费量1931亿立方米,"十二五"期间年均增长12.4%,累计消费量约8300亿立方米,是"十一五"消费量的2倍,2015年天然气在一次能源消费中的比重从2010年的4.4%提高到5.9%。目前天然气消费结构中,工业燃料、城市燃气、发电、化工分别占38.2%、32.5%、14.7%、14.6%,与2010年相比,城市燃气、工业燃料用气占比增加,化工和发电用气占比有所下降。

基础设施布局日益完善。"十二五"期间累计建成干线管道2.14万公里,累计建成液化天然气(LNG)接收站9座,新增LNG接收能力2770万吨/年,累计建成地下储气库7座,新增工作气量37亿立方米。截至2015年底,全国干线管道总里程达到6.4万公里,一次输气能力约2800亿立方米/

年,天然气主干管网已覆盖除西藏外全部省份,建成LNG接收站12座,LNG接收能力达到4380万吨/年,储罐罐容500万立方米,建成地下储气库18座,工作气量55亿立方米。全国城镇天然气管网里程达到43万公里,用气人口3.3亿人,天然气发电装机5700万千瓦,建成压缩天然气/液化天然气(CNG/LNG)加气站6500座,船用LNG加注站13座。

技术创新和装备自主化取得突破进展。初步掌握了页岩气综合地质评价技术、3500米以浅钻完井及水平井大型体积压裂技术等,桥塞实现国产化。形成了复杂气藏超深水平井的钻完井、分段压裂技术体系。形成了高煤阶煤层气开发技术体系,初步突破了煤矿采动区瓦斯地面抽采等技术。自主设计、建成了我国第一座深水半潜式钻井平台,具备了水深3000米的作业能力。国产X80高强度钢管批量用于长输管道建设,高压、大口径球阀开始应用于工程实践,大功率电驱和燃驱压缩机组投入生产使用。

体制机制改革取得阶段性成果。油气体制改革稳步推进,页岩气矿权以招标方式对多种主体开放,常规天然气上游领域改革率先在新疆进行试点。初步组建起行业监管队伍,基础设施向第三方公平开放开始实施,混合所有制改革力度不断加大,数条跨省主干管道引入多种投资主体。天然气价格改革步伐明显加快,实现了存量气与增量气价格并轨,理顺了非居民用气价格。

专栏1 "十二五"时期天然气行业发展成就			
指标	2010年	2015年	年均增速
累计探明储量(万亿立方米)	9.1	13	7.4%
产量(亿立方米/年)	952	1350	7.2%
表观消费量(亿立方米/年)	1075	1931	12.4%
天然气占一次能源消费的比例(%)	4.4	5.9	6.0%
天然气进口量(亿立方米/年)	170	614	29.3%
天然气管道里程(万公里)	4.26	6.4	8.5%
管道一次运输能力(亿立方米)	960	2800	23.9%

"十二五"期间我国天然气产业发展取得了很大成绩,同时也面临一些问题。勘探开发投入不足,效率偏低,勘探开发对象日益复杂,上产稳产难度大。非常规天然气开发经济性有待进一步提高。基础设施公平开放不够,储气调峰设施建设严重滞后,城市储气能力亟须加强。气田开发和天然气基础设施建设协调难度加大,管道安全状况不容乐观。

总体来看,"十二五"前期我国天然气产业保持高速发展势头,从2013年下半年开始,受宏观经济增速放缓、国际油价大幅下跌、气价机制尚未理顺等因素影响,天然气需求增速出现阶段性放缓。

(二)发展形势

与过去十年天然气需求快速增长、供不应求的状况不同,"十三五"期间,随着国内产量的增加和进口能力的增强,天然气供求总体上将进入宽平衡状态。同时,受产业链发展不协调等因素影响,局部地区部分时段还可能出现供应紧张状况。随着油气体制改革深入推进,天然气行业在面临挑战同时迎来新的发展机遇。

1. 发展机遇

能源生产和消费革命将进一步激发天然气需求。在经济增速换挡、资源环境约束趋紧的新常态下,能源绿色转型要求日益迫切,能源结构调整进入油气替代煤炭、非化石能源替代化石能源的更替期,优化和调整能源结构还应大力提高天然气消费比例。十八大提出大力推进生态文明建设,对加大天然气使用具有积极促进作用。《巴黎协定》的实施,将大大加快世界能源低碳化进程,同时,国家大力推动大气和水污染防治工作,对清洁能源的需求将进一步增加。

新型城镇化进程加快提供发展新动力。"十三五"城镇化率目标为,城镇化率每提高一个百分点,每年将增加相当于8000万吨标煤的能源消费量。当前我国城镇化水平仍然偏低,新型城镇化对高效清洁天然气的需求将不断增长,加快推进新型城镇化建设将积极促进天然气利用。

资源基础为天然气增产提供保障。我国天然气资源探明程度仅19%,仍处于勘探早期,剩余经济可采储量3.8万亿立方米,国内天然气产量仍将继续保持增长趋势。目前我国已相继发现并建成了四川、鄂尔多斯、塔里木、柴达木和近海海域等大型气区。四川磨溪气田已建成投产,南海陵水气田、川西彭州气田、川南页岩气田等一批大中型气田处于前期评价或产能建设期,这批气田将成为今后天然气上产的主要构成。页岩气等非常规气初步实现商业化开发。

国际天然气供应逐渐总体宽松。近年来,国际油气勘探开发技术不断取得突破,美国页岩气革命使世界天然气供需格局发生深刻变化,天然气供应宽松,价格大幅下跌,国际天然气供应宽松态势为我国引进境外天然气资源创造了良好外部条件。

油气体制改革步伐加快。油气体制改革将在放宽市场准入、完善管网建设运营机制、落实基础设施公平接入、形成市场化价格机制、完善行业管理和监管等方面深入推进，更充分发挥市场在资源配置中决定性作用，公平竞争开放有序的现代油气市场体系将逐步形成。

2. 面临的挑战

大幅增加天然气消费量难度较大。"十三五"期间中国能源转型面临很大挑战，天然气是中国能源转型最为重要和现实的抓手，但相比于其他能源，其发展也面临严峻挑战。提高天然气在一次能源消费结构中的比例存在较大不确定性，按照原有发展模式显然无法实现，需各方强有力的协同，并研究制定大力鼓励天然气利用的支持政策。

国内勘探投入不足。国内天然气资源丰富、探明率低，还处在勘探早期，具备快速增储上产的物质基础。由于地质工作程度和资源禀赋不同，油气领域勘探开发主体较少，区块退出和流转机制不健全，竞争性不够等原因，石油公司勘探主要集中在资源丰度高的地区，新区新层系风险勘探，页岩气等非常规资源勘探投入不足。一些国内企业通过"走出去"已获得国外区块，积累了技术和管理经验，但国内准入仍存在诸多限制，制约了多元资本投入。同时，国际油价持续下跌，石油企业上游领域投资减少，更直接影响国内天然气储产量增加。

体制机制制约和结构性矛盾问题突出。随着天然气产业快速发展，产业结构性矛盾日益突出，部分原有政策已不适应新的发展形势，储气能力严重滞后，保供难度日益增加。勘探开发和管道输送环节主体少，竞争不足，管道运营不透明，难以实现第三方市场主体公平接入。行业行政垄断和区域分割比较严重，输配环节过多，费用过高，最终用户没有获得实惠。市场化体制机制不健全，竞争性环节竞争不够充分，价格变化难以完全真实反映市场供求关系。进口高价合同气难以消纳，企业背负经营压力，天然气供应风险加大。法律法规体系不健全不完善，行业监管越位和缺位现象同时并存。

基础设施建设任务繁重，管道保护工作难度加大。"十三五"期间天然气管道及储气设施建设任务艰巨，协调难度加大。随着城镇化率逐年提高，城镇范围不断扩大，管道建设运行过程中与城乡规划的矛盾时有发生，管道占压情况比较严重，第三方破坏、损伤现象突出，管道安全风险加大。

二、指导思想和目标

（一）指导思想

全面贯彻党的十八大和十八届三中、四中、五中、六中全会精神，深入

中俄能源合作年度报告（2018）

落实习近平总书记系列重要讲话精神，牢固树立创新、协调、绿色、开放、共享的发展理念，以能源供给侧结构性改革为主线，遵循"四个革命、一个合作"能源发展战略思想，紧密结合"一带一路"建设、京津冀协同发展、长江经济带发展战略，贯彻油气体制改革总体部署，发挥市场配置资源的决定性作用，创新体制机制，统筹协调发展，以提高天然气在一次能源消费结构中的比重为发展目标，大力发展天然气产业，逐步把天然气培育成主体能源之一，构建结构合理、供需协调、安全可靠的现代天然气产业体系。

（二）基本原则

国内开发与多元引进相结合。天然气供应立足国内为主，加大国内资源勘探开发投入，不断夯实资源基础，增加有效供应；构筑多元化引进境外天然气资源供应格局，确保供气安全。

整体布局与区域协调相结合。加强统筹规划，加快天然气主干管网建设，推进和优化支线等区域管道建设，打通天然气利用"最后一公里"，实现全国主干管网及区域管网互联互通。

保障供应与高效利用相结合。坚持高效环保、节约优先，提高利用效率，培育新兴市场，扩大天然气消费。加快推进调峰及应急储备建设，保障管道安全。以人为本，提高天然气安全保供水平，保障民生用气需求。

深化改革与加强监管相结合。加快油气体制改革进程，不断创新体制机制，推动市场体系建设，勘探开发有序准入，基础设施公平开放，打破地域分割和行业垄断，全面放开竞争性环节政府定价。加强行业监管和市场监管，明确监管职责，完善监管体系。

自主创新与引进技术相结合。加强科技攻关和研发，积极引进勘探开发、储存运输等方面的先进技术装备，加强企业科技创新体系建设，在引进、消化和吸收的基础上，提高自主创新能力，依托重大项目加快重大技术和装备自主化。

资源开发与环境保护相协调。处理好天然气发展与生态环境保护的关系，注重生产、运输和利用中的环境保护和资源供应的可持续性，减少环境污染。

（三）发展目标

1. 储量目标

常规天然气。"十三五"期间新增探明地质储量3万亿立方米，到2020

年累计探明地质储量 16 万亿立方米。

页岩气。"十三五"期间新增探明地质储量 1 万亿立方米，到 2020 年累计探明地质储量超过 1.5 万亿立方米。

煤层气。"十三五"期间新增探明地质储量 4200 亿立方米，到 2020 年累计探明地质储量超过 1 万亿立方米。

2. 供应能力

2020 年国内天然气综合保供能力达到 3600 亿立方米以上。

3. 基础设施

"十三五"期间，新建天然气主干及配套管道 4 万公里，2020 年总里程达到 10.4 万公里，干线输气能力超过 4000 亿立方米/年；地下储气库累计形成工作气量 148 亿立方米。

4. 市场体系建设

加快推动天然气市场化改革，健全天然气产业法律法规体系，完善产业政策体系，建立覆盖全行业的天然气监管体制。

专栏2 "十三五"天然气行业发展主要指标

指标	2015 年	2020 年	年均增速	属性
累计探明储量（常规气，万亿方）	13	16	4.3%	预期性
产量（亿方/年）	1350	2070	8.9%	预期性
天然气占一次能源消费比例（%）	5.9	8.3~10	—	预期性
气化人口（亿人）	3.3	4.7	10.3%	预期性
城镇人口天然气气化率（%）	42.8	57	—	预期性
管道里程（万公里）	6.4	10.4	10.2%	预期性
管道一次运输能力（亿立方米）	2800	4000	7.4%	预期性
地下储气库工作气量（亿立方米）	55	148	21.9%	约束性

三、重点任务

（一）加强勘探开发增加国内资源供给

按照"海陆并进、常非并举"的工作方针，加强基础调查和资源评价，持续加大国内勘探投入，围绕塔里木、鄂尔多斯、四川和海域四大天然气生产基地，加大新区、新层系风险勘探，深化老区挖潜和重点地区勘探投入，夯实国内资源基础；在加强常规天然气开发的同时，加大致密气、页岩气、煤层气等低品位、非常规天然气科技攻关和研发力度，突破技术瓶颈，实现规模效益开发，形成有效产能接替。

1. 加强基础地质调查和资源评价

加强常规、非常规天然气资源调查评价，重点加强主要含油气盆地的地质勘查，进一步深化成熟勘查区块的精细勘查，加强老气区的新领域深度挖潜。坚持新地区、新领域、新深度、新层位油气地质调查，提交一批后备选区。加强页岩气、煤层气等非常规资源地质调查工作，推动基础理论创新和复杂地区勘查技术突破。

2. 加快常规天然气增产步伐

陆上常规天然气。以四川、鄂尔多斯、塔里木盆地为勘探重点，强化已开发气田稳产，做好已探明未开发储量、新增探明储量开发评价和目标区优选建产工作，2020年产量约1200亿立方米。加强东部深层勘探开发，保持稳产力争增产。加快鄂尔多斯、四川两大盆地致密气上产步伐，2020年产量达到370亿立方米。

海域天然气。加快勘探开发，力争形成百亿方级天然气生产基地。

专栏3　常规天然气勘探开发重点项目

陆上常规天然气：四川盆地加强磨溪地区龙王庙组气藏动态跟踪评价和高石梯地区震旦系气藏勘探开发一体化，加快川东北、普光、元坝、彭州海相等气田开发，努力保持既有气田稳产；塔里木盆地以克拉2气田、迪那气田和大北气田稳产、库车地区克深气田项目上产为重点；鄂尔多斯盆地以老区靖边和榆林、大牛地、杭锦旗气田开发为重点，保持苏里格气田"5+1"稳产。

致密砂岩气：以鄂尔多斯盆地上古生界、四川盆地须家河组、松辽盆地登娄库组、渤海湾盆地深层、塔里木盆地深层为重点。

---

3. 非常规天然气重点突破页岩气、煤层气

以南方海相为勘探重点，推广应用水平井、"工厂化"作业模式，全面突破海相页岩气效益开发技术，实现产量大幅增长；探索海陆过渡相和陆相页岩气勘探开发潜力，寻找新的核心区，为进一步上产奠定基础。2020年页岩气产量力争达到300亿立方米。

重点开展沁水、鄂尔多斯盆地煤层气勘查工作，努力在新疆等西北地区低

阶煤煤层气获得新的突破，探索滇东黔西含气盆地群高应力区煤层气资源勘查，为全国范围煤层气大规模开发提供坚实的资源基础。加快煤层气地面抽采，推进煤矿瓦斯规模化抽采利用。2020年，煤层气（地面抽采）产量100亿立方米。

推进煤制气产业示范。推动已建成的煤制天然气示范工程系统优化完善，在高负荷条件下实现连续、稳定和清洁生产。新建示范项目至少承担单系列生产规模的自主甲烷化技术工业化示范任务。

专栏4　非常规天然气勘探开发重点项目

页岩气：加快四川长宁-威远、重庆涪陵、云南昭通、陕西延安等国家级示范区建设，威远-荣县、荣昌-永川、贵州黔北、黔东北、湖南湘中、江西修武等其他潜力区块勘探开发。

煤层气：建设沁水盆地、鄂尔多斯盆地东缘和贵州毕水兴等煤层气产业化基地；加快内蒙古、新疆等地区煤层气勘探开发，扩大资源后备阵地。

（二）加快天然气管网建设

"十三五"是我国天然气管网建设的重要发展期，要统筹国内外天然气资源和各地区经济发展需求，整体规划，分步实施，远近结合，适度超前，鼓励各种主体投资建设天然气管道。依靠科技进步，加大研发投入，推动装备国产化。加强政府监管，完善法律法规，实现管道第三方准入和互联互通，在保证安全运营前提下，任何天然气基础设施运营企业应当为其他企业的接入请求提供便利。

1. 完善四大进口通道

西北战略通道重点建设西气东输三线（中段）、四线、五线，做好中亚D线建设工作。东北战略通道重点建设中俄东线天然气管道。西南战略通道重点建设中缅天然气管道向云南、贵州、广西、四川等地供气支线。海上进口通道重点加快LNG接收站配套管网建设。

2. 提高干线管输能力

加快向京津冀地区供气管道建设，增强华北区域供气和调峰能力。完善沿长江经济带天然气管网布局，提高国家主干管道向长江中游城市群供气能力。根据市场需求增长安排干线管道增输工程，提高干线管道输送能力。

3. 加强区域管网和互联互通管道建设

进一步完善主要消费区域干线管道、省内输配气管网系统，加强省际联络线建设,提高管道网络化程度,加快城镇燃气管网建设。建设地下储气库、煤层气、页岩气、煤制气配套外输管道。强化主干管道互联互通,逐步形成联系畅通、运行灵活、安全可靠的主干管网系统。

专栏 5　长输管道重点项目

"十二五"结转项目:西气东输三线(中段)、闽粤支干线、西气东输四线、中俄东线天然气管道、新疆煤制气外输管道、陕京四线、楚雄-攀枝花天然气管道、青藏天然气管道。

完善四大进口通道:中亚 D 线、西气东输五线。

干线管网建设:川气东送二线、鄂尔多斯-安平-沧州管道、青岛-南京管道、国家主干管道向长江中游城市群供气支线等。

区域管网和互联互通管道:建成中卫-靖边、濮阳-保定、东仙坡-燕山、武清-通州、海口-徐闻、建平-赤峰、杭锦旗-银川、重庆-贵州-广西、威远-荣昌-南川-涪陵等天然气管道;加强省内供气支线建设,扩大市场覆盖范围。

储气库、煤层气、页岩气、煤制气外输管道:文 23-豫鲁支干线、陕 43-靖边配套管道,适时启动蒙西、蒙东煤制气配套管道。(见附表)

(三) 加快储气设施建设提高调峰储备能力

储气设施与天然气管道相连,是天然气管网系统重要的组成部分,是保障天然气安全、稳定供应的重要手段。依据全国天然气管网布局建设储气设施,主干管道应配套建设地下储气库,地下储气库和 LNG 接收站应与全国管网相联通,加强城市燃气应急调峰能力建设,构建储气调峰服务市场。

1. 重点推动天然气储备调峰能力建设

围绕国内主要天然气消费区域,在已初步形成的京津冀、西北、西南、东北、长三角、中西部、中南、珠三角等八大储气基地基础上,加大地下储气库扩容改造和新建力度,支持 LNG 储气设施建设,逐步建立以地下储气库为主,气田调峰、CNG 和 LNG 储备站为辅,可中断用户调峰为补充的综合性调峰系统,建立健全由供气方、输配企业和用户各自承担调峰储备义务的多层次储备体系。到 2020 年形成地下储气库工作气量 148 亿立方米。有序发展 LNG 接收站调峰,加快建立和完善城市应急储气调峰设施,鼓励多种主体参与储气能力建设。加强需求侧管理,利用调峰气价、阶梯气价等价格手段,拓展可中断用户,激励各类用户参与调峰。

> **专栏6　地下储气库重点项目**
>
> 　　已建、在建储气库扩容达容：中石油大港、华北储气库群、呼图壁、板南、苏桥、相国寺、陕224、双6、金坛、刘庄盐穴储气库、中石化中原文96、金坛盐穴储气库等。
>
> 　　新建地下储气库项目：逐步建成中石油文23、中石化文23、江汉盐穴、卫城、朱家墩，研究推进适时建设陕43、克75、淮安、长春气顶、双坨子、应城、樟树、平顶山盐穴、赵集、光明台及中俄东线天然气管道配套储气库等。

2. 推进液化天然气（LNG）接收站及分销设施建设

根据全国天然气资源流向和各消费区域市场实际需求，结合港口规划统筹优化沿海LNG接收站布局。在天然气需求量大、应急调峰能力要求高的环渤海、长三角、东南沿海地区，优先扩大已建LNG接收站储转能力，适度新建LNG接收站。

已建LNG接收站扩建项目优先考虑增加储气能力，以满足中心城市及辐射地区的应急调峰需求，鼓励在已有站址上进一步扩大规模。

新建LNG接收站优先考虑投资主体多元化、第三方准入条件落实、承担应急调峰任务、装备本地化的项目。加强项目储备，根据市场需求与项目条件适时启动。

综合考虑LNG资源供应、船用加注需求、港口规划和通航等条件，在沿海港口、湖泊和内河船舶污染物排放超标、环保要求高的水域布局LNG船舶加注站码头，加大船用LNG燃料推广力度，开展LNG江海转运试点。

（四）培育天然气市场和促进高效利用

加大天然气利用、推动天然气消费工程对产业健康发展具有重要作用，"十三五"要抓好大气污染治理重点地区等气化工程、天然气发电及分布式能源工程、交通领域气化工程、节约替代工程等四大利用工程，天然气占一次能源消费比重力争提高到10%左右。

1. 大气污染治理重点地区等气化工程

以京津冀、长三角、珠三角、东北地区为重点，推进重点城市"煤改气"工程，扩大城市高污染燃料禁燃区范围，大力推进天然气替代步伐，替代管网覆盖范围内的燃煤锅炉、工业窑炉、燃煤设施用煤和散煤。在城中村、城乡结合部等农村地区燃气管网覆盖的地区推动天然气替代民用散煤，其他农村地区推动建设小型LNG储罐，替代民用散煤。加快城市燃气管网建设，提高天然气城镇居民气化率。实施军营气化工程，重点考虑大型军事基地用气需求，为驻城市及周边部队连通天然气管网，支持部队开展"煤改气"专项行动。

2. 天然气发电及分布式能源工程

借鉴国际天然气发展经验，提高天然气发电比重，扩大天然气利用规模，鼓励发展天然气分布式能源等高效利用项目，有序发展天然气调峰电站，因地制宜发展热电联产。在可再生能源分布比较集中和电网灵活性较低区域积极发展天然气调峰机组，推动天然气发电与风力、太阳能发电、生物质发电等新能源发电融合发展。2020年天然气发电装机规模达到1.1亿千瓦以上，占发电总装机比例超过5%。

3. 交通领域气化工程

完善交通领域天然气技术标准，推动划定船舶大气污染物排放控制区并严格执行减排要求，研究制定天然气车船支持政策。积极支持天然气汽车发展，包括城市公交车、出租车、物流配送车、载客汽车、环卫车和载货汽车等以天然气（LNG）为燃料的运输车辆，鼓励在内河、湖泊和沿海发展以天然气（LNG）为燃料的运输船舶。2020年气化各类车辆约1000万辆，配套建设加气站超过1.2万座，船用加注站超过200座。

4. 节约替代工程

鼓励应用先进工艺、技术和设备高效利用天然气。鼓励低浓度瓦斯、通风瓦斯发电或热电联供，高浓度瓦斯力争全部利用。天然气生产企业要采取措施加强油田伴生气回收利用，努力提高天然气商品率；天然气运输企业要研究采用移动压缩机回收管道计划性维检修时放空气，减小放空量，避免浪费；优化大口径长输管道燃气轮机运行方式，降低燃气消耗。出台环保政策鼓励天然气利用。

四、规划实施

（一）组织实施

1. 加强组织领导

加强全国天然气管网统筹规划，完善全国天然气规划体系。在国家发展改革委统筹指导下，国家能源局作为规划的组织实施部门，推动各项指标和任务落实。国务院各有关部门要按照职能分工，加强沟通配合，制定和完善相关配套政策措施，为规划实施创造有利条件。省级发展改革、能源主管部门要切实履行职责，组织协调实施。

2. 细化任务落实

研究制定《油气规划管理办法》，加强国家规划与省级规划、企业规划间的衔接，确保发展指标、重点任务、重大项目落地。各省（区、市）要将本规划确定的各项指标、主要任务和重大工程列入本地区能源发展规划和天然气发展专项规划，分解落实目标任务，明确进度安排协调和目标考核机制，精心组织实施。各企业作为规划的实施主体，根据本规划确定的主要目标和重大任务，细化调整企业实施方案，积极有序推进规划项目论证实施。

3. 做好评估调整

规划实施过程中适时对规划执行情况进行梳理、评估，结合实施情况对规划项目进行微调。坚持规划中期评估制度，严格评估程序，委托第三方机构开展评估工作，对规划滚动实施提出建议，及时总结经验、分析问题、制定对策。规划确需调整的，国家发展改革委、能源局根据经济社会发展和规划执行情况，适时修订并发布。

（二）保障措施

1. 加大政策支持力度

对非常规、低丰度、深水天然气资源落实差别化税费政策。进一步完善油气资源税费在中央与地方之间的分配方式和比例，促进形成资源开发惠及地方的机制。研究延长页岩气补贴政策并研究给予致密气开发、生物天然气一定财政补贴。引导多种主体建设储气调峰设施。清理不适应新形势的政策措施，研究出台推进天然气利用的指导意见。

2. 全面深化油气体制改革

实行勘查区块竞争出让制度和更加严格的区块退出机制，公开公平向符合条件的各类市场主体出让相关矿业权，允许油气企业之间以市场化方式进行矿业权转让，逐步形成以大型国有油气公司为主导、多种经济成分共同参与的勘查开采体系。

鼓励改革试点和模式创新。持续推进新疆油气勘查开采改革试点，总结经验、完善制度并加快向全国推广。加大页岩气矿业权出让，鼓励多元投资主体进入。总结和发展新疆、川渝、鄂尔多斯盆地等地区常规油气、页岩气、致密气勘探开发企地合作、合资混改、引入竞争等创新模式。支持有条件的省（区、市）开展天然气体制改革综合试点或专项试点。在资源开发和基础设施建设运营领域积极有序发展混合所有制经济。

推动天然气管网运输和销售分离，大力推进天然气基础设施向第三方市场主体开放。放开非居民用气价格，进一步完善居民用气定价机制，加强天然气管输价格和成本监审，有效降低输配气成本，扩大天然气利用规模。建立完善上中下游天然气价格联动机制，加大天然气下游市场的开发培育力度，供气企业合理承担普遍服务义务，形成终端市场的竞争环境。依据市场化原则允许符合条件的企业参与天然气进口。鼓励符合产品质量标准的生物天然气进入天然气管网和车用燃气等领域。

理顺资源开发税费关系，在统筹研究相关税费改革的基础上，研究建立矿产资源国家权益金制度，实施好资源税政策，合理确定负担水平。改革管道运营企业税收收入分配机制。加强行业管理，推动建立独立第三方行业研究机构。研究推动油气大数据平台建设。

3. 进一步深入推进石油企业改革

完善国有油气企业法人治理结构，规范投资管理、强化风险控制，提高项目决策和运营管理水平。优化国有企业考核机制，加强对服务国家战略、保障国家油气供应安全和国民经济运行任务的考核，监管和推动石油企业可持续发展。

鼓励具备条件的油气企业发展股权多元化和多种形式的混合所有制。推进国有油气企业工程技术、工程建设和装备制造等业务进行专业化重组，作为独立的市场主体参与竞争，促进内部资源优化高效配置，瘦身健体，降本增效。

推进配套改革，加快剥离国有企业办社会职能和解决历史遗留问题，为国有企业公平参与市场竞争创造条件。中央财政通过安排国有资本经营预算支出等方式给予必要支持。

4. 保障勘探开发和基础设施建设

落实《找矿突破战略行动总体方案（2016-2020年）》，加大财政资金基础地质调查投入力度，加快资源勘查市场开放，引导和鼓励社会资本投入，强化矿业权监管和科技支撑，通过激发市场活力使勘查和勘探投入保持在较高水平。油气企业要立足国内，切实保障"十三五"勘探工作量投入不低于"十二五"，加快储量探明和经济高效动用，推动天然气快速增储上产。

加强管网、储气库等基础设施投资建设，加强管网互联互通，提高天然气区域互济及应急调峰能力。统筹衔接天然气基础设施布局规划与土地利用、环保、水利、城乡规划等相关规划，健全西北、东北"管廊带"，集约节约利用资源。各省（区、市）应统筹勘探开发、天然气基础设施用地，确保用地需求纳入各省土地利用总体规划。各省（区、市）要简化核准办理手续，支持国家重大基础设施建设。建立用海协调机制，解决近海海域油气勘探开发用海矛盾。

创新天然气基础设施项目管理机制，开展通过招投标等方式选择投资主体试点工作。开展地下储气库库址普查筛选和评价。加大企业债券等对基础设施建设支持力度。研究推动利用金融手段支持天然气基础设施建设的措施。推动基础设施项目在符合条件的前提下向经济欠发达、民族地区、革命老区等优先安排并给予支持。

5. 保障管道安全运行

各省级人民政府要加强对本行政区域管道保护工作的领导，督促本行政区域内的市级、县级人民政府指定主管管道保护工作的部门，县级以上地方人民政府主管管道保护的部门要依法履行职责。要落实管道保护企业主体责任，严格依法开展管道建设和维护工作，加强检测与巡查。研究制定石油天然气管道保护法实施细则、海洋石油天然气管道保护条例，加大管道保护法的执行力度。建立中央与地方各部门上下联动保护机制，确保管道安全运行。加强管道与铁路、公路等其他重大建设工程相遇相交关系处理。加大管道安全隐患整改支持力度。

6. 加快市场体系建设

加快推进油气体制改革进程，鼓励各类市场主体有序进入天然气行业，形成多元化主体公平竞争局面，提高效率增强活力。打破垄断，有序放开竞争性业务，完善价格形成机制，发挥市场对资源配置的决定性作用，推动天然气交易中心建设，提高国际定价话语权。深入推进简政放权，加强简政放权后续监管，督促国家产业政策和标准规范落地。健全监管机制，加强事中事后监管和对市场准入、交易行为、垄断环节、价格成本等重点环节监管，加大区域管网及配气市场监管力度。

7. 加强科技创新和提高装备自主化水平

依托大型油气田及煤层气开发国家科技重大专项，推动油气重大理论突破、重大技术创新和重大装备本地化，全面实现"6212"（6大技术系列、20项重大技术、10项重大装备、22项示范工程）科技攻关目标。重点攻克页岩气、煤层气经济有效开发的关键技术与核心装备，攻克复杂油气田进一步提高采收率的新技术，同时加强科研项目与示范工程紧密衔接。依托大型骨干企业，吸收包括民企在内的全社会优势力量，以企业为主体、产学研相结合，发挥示范项目引领作用。加快高层次人才培养和创新团队建设，提高油气科技自主创新能力。加快燃气轮机研发制造自主化进程，燃机核心技术研发能力和关键部件生产能力取得重大突破，有序推进自主燃机国产化应用。进一步提升天然气长输管线压缩机组和 LNG 接收站关键装备技术等水平并推动示范应用，进一步提高海洋油气装备研发制造能力。加强天然气水合物基础研究工作，重点攻关开发技术、环境控制等技术难题，超前做好技术储备。

8. 深入推进国际合作

深化双边、多边天然气合作，落实"一带一路"建设，加强与天然气生产国的合作，形成多元化供应体系，保障天然气供应安全。建立完善跨境天然气管道沿线国家保证供应多层面协调机制，重视跨境管道安全保护，保障安全平稳供气。促进与东北亚天然气消费国的合作，推动建立区域天然气市场，提高天然气价格话语权。积极参与全球能源治理，加强与国际组织的合作，为我国天然气发展创造更好的国际环境。

五、环境保护

（一）环境影响分析

1. 提高能效和节能减排效果显著

目前，我国一次能源消费结构仍以煤炭为主，二氧化碳排放强度高，环境压力大。"十三五"期间，随着天然气资源开发利用加快，天然气占一次能源消费的比重将提高，可有效降低污染物和二氧化碳排放强度。发电和工业燃料上天然气热效率比煤炭高约 10%，天然气冷热电三联供热效率较燃煤发电高近 1 倍。天然气二氧化碳排放量是煤炭的 59%、燃料油的 72%。大型燃气－蒸汽联合循环机组二氧化硫排放浓度几乎为零，工业锅炉上二氧化硫排放量天然气是煤炭的 17%、燃料油的 25%；大型燃气-蒸汽联合循环机组氮氧化物排放量是超低排放煤电机组的 73%，工业锅炉的氮氧化物排放量天然气是煤炭的 20%；另外，与煤炭、燃料油相比，天然气无粉尘排放。若 2020 年天然气消费量达到 3600 亿立方米，比 2015 年增加 1670 亿立方米，同增加等量热值的煤炭相比，每年可减排二氧化碳 7.1 亿吨、二氧化硫 790 万吨。

2. 可持续发展作用重大

天然气广泛使用对保护生态环境，改善大气质量，提高公众生活质量和健康水平，实现可持续发展具有重要作用。天然气覆盖面的扩大和天然气普及率的提高，使越来越多的人民群众能共享天然气的清洁性，生活质量得到提高，对我国经济社会可持续发展将发挥重要作用。

（二）环境保护措施

坚持统筹规划、合理布局、保护环境、造福人民，实现天然气开发利用与安全健康、节能环保协调发展。认真执行环境影响评价制度和节能评估审查制度，加强项目环保评估和审查、节能评估和审查。加强国家重要生态功能区或生态脆弱区等生态保护重点地区环境监管力度。加强建设项目防洪影响和水资源论证工作，切实落实建设项目水土保持方案制度和"三同时"制度，认真实施水土保持预防和治理措施，控制人为水土流失。加强集约化开发力度，尽量减少耕地、林地占用。大力发展生物天然气，促进农作物秸秆、畜禽粪便等农业废弃物资源的利用。完善高酸性气田安全开发技术，加强对常规天然气开采及净化等过程大气污染治理，减少无组织排放和非正常排放，确保满足环境管理相关要求。加强对页岩气开发用水和煤制天然气生产用水及其处理的管理及环境监测。大力推广油田伴生气和气田试采气回收技术、天然气开采节能技术等。采取严格的环境保护措施降低对环境敏感区的影响，优化储运工艺，加强天然气泄漏检测，减少温室气体逃逸排放。加大 LNG 冷能利用力度。

中俄能源合作年度报告(2018)

附表

天然气主干管道规划表

序号	管道名称	长度 公里	管径 毫米	设计输量 亿方/年	设计压力 兆帕	备注
1	西三线	3807				
	东段干线（吉安—福州）	817	1219/1016	150	10	在建
	中段干线（中卫—吉安）	2062	1219	300	12	
	闽粤支干线	575	813	56	10	
	中卫—靖边支干线	353	1219	300	12	
2	西四线（伊宁—中卫）	2431				
	伊宁—吐鲁番段	760	1219	300	12	
	吐鲁番—中卫段	1671	1219	300	12	
3	西五线（乌恰—中卫）	3200				
	乌恰—连木沁段	1495	1219	300	12	
	连木沁—中卫段	1705	1219	300	12	
4	中亚D线（含境外段）	1000	1219	300	12	
5	陕京四线	1274	1219	300	12（10）	
6	中俄东线					
	黑河—长岭（含长春支线）	737/115	1422/1016	380	12	
	长岭—永清	1110	1422/1219	150	12	
	安平—泰安	321	1219	200	10	
	泰安—泰兴	715	1219	200	10	
7	楚雄—攀枝花管道	186	610	20	6.3	
8	新疆煤制气外输管道	8972	1219/1016	300	12（10）	
9	鄂尔多斯—安平—沧州管道	2422	1219/1016	300	12（10）	
	濮阳—保定支干线	443	1016	100	10	
10	青岛—南京管道	553	914	80	10	
11	川气东送二线管道	550	1016	120	10	
12	蒙西煤制气外输管线	1200	1219	300	12	
13	琼粤海口—徐闻管道	265	914	100	10	
14	青藏天然气管道	1140	610	12.7	6.3	

续表

序号	管道名称	长度 公里	管径 毫米	设计输量 亿方/年	设计压力 兆帕	备注
15	重庆—贵州—广西管道	780	1016	100	10	
16	广西LNG配套管道	1106	813/610	40	10	在建
17	天津LNG配套管道	475	1016/813	40	10	在建
	武清—通州支线	56	711	30	10	
18	深圳LNG调峰接收站配套管道	65	813	107	9.2	
19	唐山LNG接收站外输管道复线	161	1219	200	10	
20	威远—荣昌—南川—涪陵	440	711/813/1016	50/60/80	10	